宁波文化研究工程 · 特色文化研究 TS11.201104

“宁波帮”家族企业制度创新研究

NING BO BANG JIA ZU QI YE ZHI DU CHUANG XIN YAN JIU

吕洪霞 著

ZHEJIANG UNIVERSITY PRESS
浙江大学出版社

目　录

实践篇

绪　论

一、研究的背景和意义

在我国历史上的经济社会发展中,“商帮”的兴起是一个引人瞩目的重要现象。形成于明清时期的“十大商帮”为当时中国经济社会的市场繁荣和走向世界作出了重大的贡献,其中“宁波帮”是一大劲旅。20世纪二三十年代是旅沪宁波人势力盛极之时,其时在沪宁波人仅从商者就有5万多人。他们以宁波旅沪同乡组织为基础,充分发挥经商的才能和优势,逐渐渗透到上海经济的各个领域,特别是五金、机器、煤油、洋广杂货、新药业、燃料等行业;在上海金融、航运业中,宁波人更是占据了举足轻重的地位。“要之上海本国商人之势力,当以宁波商人据王位。”①30年代,据统计的上海工商界名人1836人中,宁波籍人士就有453人,占四分之一②,宁波人在上海的“王位”由此可见一斑。此时,以贸易为先导、金融为依托、航运为纽带、工业为基础的商人集团——“宁波帮”已发展成熟,并享誉海内外。30年代的“宁波帮”在工商业、金融业等领域,不仅影响了江浙、上海的进程,而且可以毫不夸张地说,影响了中国工商业、金融业的进程。

“宁波帮”作为一个杰出的商人群体,其顽强的生命力,来自家族血缘和乡土地缘,来自民族凝聚力和爱国责任感,更来自几千年积淀下来的充

① 《商务馆报》1906年第12期,第8页。

② 中国征信所编:《上海工商人名录》,1936年。

满开拓意识的优秀的历史文化传统。“宁波帮”带着商人的精明开放却不失书生的道德操守,在传统儒学教化之下,完成了从传统商业到现代商业的转型,在中国的近代经济舞台上长袖善舞,扮演着不可替代的角色。

新制度经济学理论认为:对于经济发展和经济绩效来讲,制度至关重要,它比技术更重要,可以说是影响经济发展和经济绩效的首要因素。过去,人们曾大大低估了制度在经济社会发展中的作用。事实上,发展中国家与发达国家的差异主要是一种制度上的差异,正是制度瓶颈,使发展中国家的各种要素难以通过市场机制得到有效配置。经济发展,实质上是更有效地利用资源的制度变迁的过程。新制度经济学有利于解释长期的、持续的经济发展,解释为什么有些国家发展,而有些国家处于停滞不前的状态。从这个视角审视“宁波帮”家族企业群体的形成、拓展及其“久盛不衰”的历史演变,我们可以梳理出一条清晰的宁波家族企业的表现为“制度演变”的“儒学”、“区域文化”、“中西交融文化”作用与影响的“脉络”;从这个视角分析现今宁波本土家族企业的现状,我们可以寻找出其在企业制度(包括传承制度)构建中的成功与缺欠。

目前,我国经济社会正处于又一个关键的“转型”的历史关口,本研究将对提升宁波家族企业的建设和健康传承发展,继续解放思想,推动经济社会的顺利转型,迎接经济发展的再一次腾飞,具有重要的现实意义。

二、国内外研究现状述评

(一)“宁波帮”文化中优质的企业文化基因

“宁波帮”的内在文化基因是一种宝贵的精神财富。宁波人的商业思想深受黄宗羲的“工商皆本”和王阳明的“士农工商异业而同道”经世理念的熏陶。“是宁波悠长的文脉,催化出宁波特有的商脉,又因经商习俗的催动,改变着当地知识界的经世想法。”“在这块浸透了浙东学派‘经世致用’思想的土地上,两股力量相融相生,孕育出宁波人正统而叛逆、守旧而纳新的独特区域文化,而宁波的经商文化就是这一区域文化在商业领域的折射。”已有研究认为,“宁波帮”的成功经验大致有“七靠”:一靠诚信;二靠义利兼顾;三靠敢为天下先;四靠中西结合的先进管理;五靠融合劳资关系;六靠吃得苦中苦的勤俭;七靠“帮”字当头的共济。这“七靠”实是“宁波帮”的经营理念,换言之,这也是“宁波帮”的企业文化。

企业文化是企业家的人格化。“宁波帮”注重诚信，有“宁可做蚀，弗可做绝”的商谚。早在300多年前，宁波人乐显扬创办北京同仁堂药店之时，就提出了“炮制虽繁必不敢省人工，品味虽贵必不敢减物力”的诚信经营之道，树立了“修合无人见，存心有天知”的自律意识，确保了同仁堂金字招牌的长盛不衰。

由百年创业史凝结而成的宁波商业精神，顺理成章地成为当代宁波商人珍视的宝贵财富。时过境迁，这种经过历史洗礼的精神面貌不仅没有湮没，相反，当代宁波人投身市场经济的伟大实践呼唤着这种优秀商业精神的回归。新生代宁波商人从一开始就高度关注并大力弘扬、实践这种精神，创造出了无愧于先人的宏大事业。今天的新“宁波帮”，继承先辈商业灵魂最为突出的，也是“注重诚信”、“团队合作”以及“感恩回报”等核心理念，比如奥克斯、培罗成、方太、陆龙兄弟等，几乎都将“诚信”纳入企业文化核心概念。同时，新生代“宁波帮”无一例外对本土公益事业无比执著，大红鹰、雅戈尔、罗蒙等，多年来投入数亿元于公益事业。

新生代“宁波帮”商人的成功之道，在经营模式上也有着一脉相承的延续。第一，新商帮采用的家族血缘关系管理模式是交易成本最低、最可靠的纽带。第二，大多有独到的家族商业智慧和运筹帷幄的超常本领，能把握遵循两种规范文化的两个度：恪守诚信伦理与法律，既不游离于诚信伦理与法律，又不墨守成规；既积极实施政府公关，又不超越法度，体现了高超的商业智慧。第三，在完成原始积累后逐渐夯实商业精神的基石——以诚信、守法及人文精神统领企业。这些商业智慧成为这些企业商业文化的组成部分。新商帮成功的规律是：企业的竞争力与其商业文化的培育和实施成正比。例如，雅戈尔的李如成、杉杉的郑永刚、方太的茅理翔等企业家就都很重视在企业运作的过程中通过塑造优秀商业文化提升竞争力。虽然新生代宁波企业家在文化建设上绩效各异，但不可否认：高度重视企业文化并努力实践之，这是他们的共识！

宁波新商帮的发展模式的背后是：相信文化的力量。此文化，即传统商帮文化与时代特征相结合所形成的商业精神。宁波乃至浙江特有的文化、特有的人文精神支撑着企业的发展，而当前成功的新商帮都着重抓五个方面的培育：

第一，企业价值观——新商帮价值观更多体现科学发展观，引入了企业伦理关怀、企业伦理宪章的实施，重视发展指数，以全面反映人的处境和综合状况，以自由看待发展等。如贝发的核心价值观是诚信：诚实、守信，坚守承诺。奋进：积极、进取，有不屈不挠的上进心，有战胜任何困难的自信心；奉献：大公无私，舍个人保大局，万事以集体为重；创新：敢于否定自己，自我挑战，勇于接受挑战。奥克斯的价值观：永不满足，持续改进；机会——来自业绩；获胜——在公平竞争中击败对手；精确、高效、务实、简单。杉杉秉承的是“正直、负责、创新、奉献”之价值观，等等。

第二，企业骨干培训——包括对企业家、管理层精英、员工科学发展观的培训。

第三，习俗的培育——把企业的规章制度变为每个员工的自觉行为习惯和意志，培育企业自己的“德目”：对己——自信；对人——欣赏；对企业——忠诚；对工作——敬业。

第四，建立文化网络——形成管理价值链。

第五，整合企业文化环境——根据企业文化背景和自身的特点、企业发展过程中发生的变化来进行文化整合。

宁波新商帮发展模式成功的精髓，可归结为四条：

第一，创建商业文化价值观先行原则——人高于物，社会高于利润，整体高于局部。

第二，创建企业文化必须遵循循序渐进的原则——文化本身是渐进的。

第三，创建企业文化必须遵循永不放弃、持之以恒的原则。

第四，理念：重教——懂得知识和人才是未来企业唯一的竞争优势。

（二）家族企业传承研究

1. 国外的相关研究

在诸多研究中，不少学者试图通过案例分析和对比研究来寻求最佳传承实践，进而帮助家族企业打破“富不过三代”的宿命论。Churchill 和 Hatten基于父子生命周期提出了四阶段传承模型，Handler 提出了四阶段角色调整模型，Murray 提出了传承周期模型，而美国著名的家族企业研究专家 Gersick 则与其同事于 1997 年提出了著名的家族企业三环模型。并且，考虑到家族企业所面临的大多数问题都是动态变化的这一问题，Gersick 等人(1999)进一步提出了家族企业的三极发展模式。该模型深刻地揭示了家庭、企业的生命周期与企业所有权结构变迁之间的关系，将家族企业所有权的传承过程分为六个不同阶段。Murray(2003)提出了家族企业传承周期模型。他认为家族企业的代际传承是一个包含多阶段的过程,整个过程需要持续3~8年的时间,并称之为传承周期。Christensen指出,一个企业如果代际传承缺乏计划将导致公司业绩低下。他在分析多家小企业相关数据基础上,列举了企业传承缺乏计划性的主要原因包括企业规模等七个因素。Dyck等指出,一个深思熟虑的传承计划可以提高企业利益相关者合作的可能,同时能增加继任过程的满意度。Sharma等指出,传承过程的满意度受包括传承计划在内的五大因素影响。Pramodita等指出,家族企业成功的传承包含传承过程的满意度和传承后公司的业绩表现两个维度。在传承时机选择方面,学者们也做了大量的研究。其中,Dyck等通过对一个后来被认为是失败的代际传承过程进行长达30个月的实时跟踪研究后,用4×100m接力赛形象比喻了传承过程,指出顺序、时机、交接技巧及沟通是影响传承的四个因素;Miljkovic在假定继承人已指定的前提下,以期望效用的现值最大化为目标函数,用期权方法推导了最佳传承时机的理论模型。

2.国内的相关研究

(1)国内学者的相关研究

国内学者的相关研究主要体现在:陈凌、应丽芬(2003)《家族企业传承的模式理论》;范升红、徐伟军、姚明龙(2004)的《子承父业:国内家族企业代际传承的必由之路》。结合国外经典模型评介与创新,何心展(2002)提出了完善资本市场的继承时机模型;窦军生和邬爱其(2005)研究了家族企业传承过程演进;张瑞、徐明(2006)进行了中国家族企业"子承父业"传承模式的若干问题探析。此外,中山大学李新春和储小平等教授学者也做了大量相关研究,企业界有关人士也做了卓有成效的研究,如方太集团茅理翔等。

(2)目前,对家族企业管理权继任的研究较多,对所有权继承的系统研究则非常缺乏

家族资本是家族企业与非家族企业之间最为显著的区别之一,忽略了所有权的代际传承无疑是家族企业继承研究的致命伤。有学者认为,家族企业所有权的转移,相对于管理权转移来说较为简单,因为对父母而言,将他们的希望和梦想永续的最好方式就是将他们一生所从事和建立的事业传递给他们的子孙并代代相传,这是人类的天性。然而,所有权的转移是复杂

的，并非像看上去那样简单，漠视所有权继承研究的后果则会将“继承”直接等同于“继任”。为此，有必要厘清中国传统文化视角下的几种传承制度：

诸子析产制：在历史上，中国的诸子析产制是从秦代商鞅变法开始的。商鞅为了加强秦国在争霸当中的实力，扩大农业人口和士兵的来源，采取措施强行拆散父子兄弟同居的大家庭，推行一对夫妇组成的小家庭。每个儿子单立户头之后都要生产、生活、纳税、服役，负担相同，加之血缘关系相同，所以从大家庭中分出去的财产也大致相同，这便形成了所谓的诸子平均析产方式。在这种制度下，家产随着每一次分家而逐渐缩小。

家督继承制：“家督”一词最早见于中国的《史记》“家有长子曰家督”。日本人在借用了这一词汇后，赋予了超过其本意的内涵。家督继承制认为：家系是由祖先到子孙的一脉延伸，而不顾兄弟之间的关系，具有对旁系亲属的排他性；家长地位和权利由长子继承，他与其他兄弟姐妹是上下等级关系；家产和家业由继承人单独继承，即使有的家庭中次子以下其他成员也可得到少量财产，但份额极为有限；继承人作为父母的赡养者，结婚后要与父母一起生活，其他子女则在结婚后离开父母独立成家。

长子继承制：长子继承制(primogeniture)是中世纪时期西欧封建土地所有制下的一种财产继承制度。所谓长子继承制就是封建主死后，他的所有地产由其最大的儿子继承。这种继承制度的目的在于确保地产的继承者继续向封建主尽服军役的义务。

(3)伴随着中国经济社会的日益变化，人们对家族企业传承有了与时俱进的认识，在研究上也形成了家族企业传承的新思维

“创二代”的形成——第二代获更多发展机遇，进而提出“创二代”。很多出国留学的“下一代”，他们在国外或国内有很多发展机会。“下一代”在当地完成学习后，取得很多发展机会，若要他们回来继承父业，或放弃自己的理想、兴趣或发展机遇，他们未必甘心情愿；加上今天男女平等，“下一代”中的女性也摆脱了传统羁绊，按能力获得发展机会。因此，继承家族事业的人，有极大诱因不再“萧规曹随”，继续走“子承父业”的老路。相应地，这些受过良好教育的“下一代”会在国外创业，或回到国内另起炉灶，而非直接继承父辈的企业。

“家族基金”模式兴起——以家族基金延续不朽。虽然中国人始终受到儒家思想的影响，希望家族生意和声名“不朽”，家族创业者热盼后继有人，将自己的事业薪火相传，发扬光大。但显然如今新一代并非如此想，即

使勉强“接棒”,也未必专心一意。若然接棒者不能全心全意投入,可以预见这盘家族生意,在今日竞争激烈的环境下,一定经营得不好,甚至可能在“接棒”的下一代手中陷入困局,在竞争中遭受到淘汰。换言之,“子承父业”的传承模式正在受到残酷现实的冲击。面对新的发展趋势,家族企业的掌舵人必须采用崭新的思维来面对传承问题。于是,考虑把手上这盘生意卖出去,套现后,利用资源成立一个以家族命名的基金,建立另一个平台,使家族的声名和荣耀代代相传的“家族基金”模式应运而生。在这个“传承模式”中,家族出售股权时,可以考虑保持若干股份以代理委托的形式,仍与企业维持一定的联系。特别值得指出的是,对中小企业家或所经营的是夕阳企业来说,趁目前还有价值——有价有市,出售这盘生意,无疑是另一个理性的“传承”选择。因为采取这个策略,既取得了资源,成立一个家族基金,同时又让下一代可因应情况另辟蹊径发展,可使家族的资源得到更有效和充分的利用,故而无论对维持家族的财富还是名声来说,都是一个理性的选择。

三、研究的基本思路和主要内容

“宁波帮”是“首富+首善”的象征,他们所代表的是一种特有的地域文化——“宁波帮”文化。“宁波帮”文化是基于儒家文化,融浙东文化和海洋文化之精华而形成的具有地域特征的一种文化。它源于“宁波帮”的从商实践,扩展于“宁波帮”的从商之道,凝练于“宁波帮”的精神品格。为使这种文化更好地应用于当今,针对宁波本土家族企业的企业制度构建和传承问题,本书力图探求“宁波帮”文化中的有关元素,并挖掘其与新制度经济学的吻合特征,以及顺应科学发展观的特点,进而分析、提出当今宁波本土家族企业在企业制度构建和传承问题上的建议,并以现实的案例进一步作出诠释。

本书分上下篇,上篇为理论探讨,包括四章内容;下篇为实践篇,包括三章内容。其中,第一章“宁波帮”——中国经济社会发展的一个“亮点”,阐述了通过综观“宁波帮”发展史的作者认为“宁波帮”是中国近代经济社会发展的一个“闪光点”,更是当今宁波发展的“支撑点”。其优秀的文化基因是本章探究的重点。第二章“宁波帮”家族企业制度与现代企业制度的融合,重点探究基于“宁波帮”文化孕育发展的家族企业在企业制度建设方面与新制度经济学的吻合度。第三章当今宁波本土家族企业制度建设现状，主要从当今宁波本土家族企业的产权制度、公司治理结构，以及传承制度的现状分析入手，探求基于“宁波帮”精神引导下的创新思路。第四章科学发展是宁波本土家族企业的唯一选择，重在探究基于“宁波帮”文化孕育发展的家族企业在企业制度构建和传承方面的利弊影响，进而明确科学发展观是宁波本土家族企业秉承“宁波帮”文化优秀因素、大力发展企业的现实指导。第五、六、七章，以现实的企业案例进一步诠释上篇所提出的针对宁波本土家族企业制度构建与传承的理论思考。

四、主要研究方法

（一）实证分析与规范分析相结合

规范分析和实证分析是两种不同而又经常被结合使用的分析方法。实证分析主要阐明一种经济现象产生的内在机理，回答“是什么”或“实质是什么”之类的问题，不作出“好”或“坏”的判断。规范分析力图对这种经济现象存在的合理性作出价值判断，即回答经济运行“应该是什么”或“应该怎么样”之类的问题。本书研究的基点是“宁波帮”家族企业，对家族企业的研究偏重于实证分析，并基于“宁波帮”文化视角，在对“宁波帮”家族企业制度创新与传承方面进行实证分析的基础上，再进行规范分析。

（二）动态分析与静态分析相结合

制度创新和传承本身就是动态的过程，而探求“宁波帮”文化与企业制度构建的关系、与企业传承的关系，又是静态的凝练。

（三）问卷调查和个案访谈相结合

由于“宁波帮”家族企业的各异性，要想从中探寻其趋同性，必须通过问卷调查一定数量的家族企业，通过分析，找出规律，以保证研究的普遍性、真实性和客观性。在分析的对象中，又可选取具有典型意义的家族企业，进行深入的访谈研究，使研究更具说服力。

五、主要创新点

第一，首次尝试将“宁波帮”的有关研究与家族企业的有关研究紧密联系起来，基于典型地域文化特征的研究视角，探究家族企业的制度创新与传承。

第二,研究中发现,基于"宁波帮"文化孕育发展的近代"宁波帮"家族企业的制度特征,是中国近代企业制度的典型代表。伴随着"宁波帮"对中国近代经济社会的较大影响,"宁波帮"家族企业制度的创新性、先进性,也促进了中国近代企业制度的成型。

第三,以科学发展观为指导,本研究提出了"宁波帮"文化基因中不利于家族企业传承的影响因素,进而以案例诠释传承的博弈思考。

第四,基于费孝通先生的"差序格局"理论,本研究认为,家族企业接班人的选择会表现出"差序有别",并且该序列为家族企业接班人的培养提供了基本思路——在接班人接班之前应有在社会或企业一线锻炼的经验,并且历时一个阶段。

理论篇

“宁波帮”商人把中国的儒家文化与自己的实际经营活动巧妙地结合在一起，总结出了富有智慧的经商理念，充分体现于“宁波帮”精神。它是一种优秀的文化基因，其精华在于：(1)热爱乡土、实业救国的民族精神；(2)见利思义、诚信为本的商业道德；(3)克勤克俭、艰苦奋斗的创业精神；(4)家族团结、同乡扶助的团队精神；(5)以人为本、以和为贵、以德为范的管理思想。

第一章 “宁波帮”
——中国经济社会发展的一个“亮点”

在我国东海之滨一块傍海依山、有水有田、群岛天成的古越沃土上，“宁波帮”——一个以家族企业群体为主体形成的宁波商贾群体，构成了宁波甚至中国近代经济政治社会的“主体”支撑。

第一节 “宁波帮”认识的演变

早在1908年，《中国经济全书》就对“宁波帮”、“绍兴帮”、“杭州帮”作过介绍，其中对“宁波帮”有这样的说法：“上海之所谓‘宁波帮’者，即表示在上海的宁波商人之意，如所谓湖南帮者，即系表示一般湖南商人之意，其他称为某帮某帮者，皆如此也。”①

20世纪30年代，人们借助于对一些宁波工商人士的研究，对“宁波帮”有了更细致的了解。上海通社在30年代初中期编辑了《上海研究资料》续集，其中徐蔚南的《上海四明公所研究》一文，对宁波工商人士在上海成立的同乡组织四明公所进行研究，论述了四明公所的发展沿革、所从事的主要事业及其对“宁波帮”形成发展的影响。冯薰的《论宁波过账制度与现水之利弊及其改良办法》，对宁波工商人士在金融业中所实施的过账制度配

① 魏友棐：《十年来(1921—1933)上海钱庄事业之变迁》，《钱业月报》1933年第1期。

现水的利弊做了分析。① 杨荫溥的《上海金融组织概要》、魏友棐的《十年来(1921—1933)上海钱庄事业之变迁》,在介绍上海钱业的变迁中,提出“宁绍帮仍执钱业之牛耳”的观点,对民国22年(1933)72家商帮作了统计分析,其中绍兴帮37家占第一,“宁波帮”16家居第二,并对宁波钱庄家族的选用人才、父子相传等内容作了介绍。② 孙筹成的《新药界先进黄楚九先生事略》③,介绍了黄楚九在上海创办大世界和艾罗补脑汁、九虎人丹等情况。1937年,《教育与职业》杂志刊载了由方涛天撰写的《航业家虞洽卿先生传略》,对虞洽卿所从事的航运业做了表功和赞美。

王承志的《中国金融资本论》对1936年55家钱庄经理作了分析,认为绍兴帮最多,有27家;“宁波帮”为16家;苏州洞庭帮7家;上海本地帮3家;镇江帮2家。1933年,商务印书馆出版姚公鹤的《上海闲话》,书中也谈到宁波工商人士的情况,认为宁波商人最初聚居在上海南市,商业金融经营活动以南市为中心,“南市内外咸爪街尽甬人字号,如在宁波”④,并对汇丰银行的买办王槐山作了介绍,认为王槐山是“第一任汇丰之买办,声名乃亦洋溢于沪上矣”。

由宁波同乡会编印的《宁波旅沪同乡会月刊》,是“旅沪乡人之喉舌”,辟有“本会纪事”、“七邑拾闻”、“经济”、“谈丛”等栏目,介绍在上海的宁波人活动情况,认为宁波人在近代蜂拥来沪,进入上海社会各个阶层,“上自缙绅硕贤,下至负贩杂技,曹进曹退,纷若归市”,尤其是航运业中的海员和机器业中的技术工匠“几乎无往而非宁波人”,上海成为宁波人的“第二故乡”,并对南京、汉口、郑州等地的宁波商人作了评述。上海机联会所编的《机联会刊》和《工商史料》也有不少有关“宁波帮”的内容,诸如中化社、五洲固本皂药厂的科学管理,陈万运的三友实业社和胡西园的中国亚浦耳电器厂的广告宣传等。《钱业月报》对秦润卿等的宁波钱庄作了评述。

20世纪30年代出版的《中华全国中日实业家兴信录》对“宁波帮”的一些代表人物方椒伯、朱志尧、袁履登、史悠凤、王时新等作了介绍,尤其是明确指出朱志尧是奉化人:“朱志尧,浙江奉化人。从他父亲这一代起便是(法)东方汇理银行的买办,十几年前才卸职的。”

---

① 刘鸿生:《救济新工业应提倡同业合并》,《工商问题之研究》,中国工商管理协会,1931年。
② 刘鸿生:《一年的国产煤业》,《中国国货年鉴》,国货事业出版社1935年版。
③ 钟树元:《江浙财团的支柱——“宁波帮”》,(香港)《经济导报》1948年第4期。
④ [日]西里喜行:《清末的宁波商人》,《东洋史研究》1967年第9期。

一些“宁波帮”实业家自撰的论文，是我们深化认识“宁波帮”的重要材料。比如，刘鸿生在 1931 年撰写了《救济新工业应提倡同业合并》，要求企业走合并道路，以增强企业实力，而一旦实行同业合并，“虽前途利纯，仍应视管理之是否合宜以为断，而消弭同业竞争，增厚对外力量，则目前固已卓有成效矣”。1935 年，刘鸿生又在《中国国货年鉴》上发表《一年来的国产煤业》，认为要发展煤矿业，就要有便利的交通措施。当时的民族煤矿业发展缓慢，其原因是“国内交通，未尽便利，水利运输，时多阻梗，纵增产量，无从输出，实亦一大主因”，并认为人民购买力主要在农村，只有让广大农村摆脱金融枯竭、生产凋敝的困境，才能使人民的购买力逐步增进，金融业的状况能进入常轨，“工商业之复兴，可以逆睹”。

1947 年，担任钱业会的总董、主席多年的秦润卿，作了《五十年来上海钱庄业之回顾》，对钱庄业的起源、银行的兴起和钱庄的关系作了叙述，提到赵朴斋、张宝楚、庄尔芗、冯泽夫、袁联清、李墨君及谢纶辉等人先后任职通商银行的情况。

国外学者的相关研究为我们认识“宁波帮”开拓了思路。20 世纪 30 年代初，日本的森次勋的《上海财阀之鸟瞰》提到“宁波帮”是近代新兴商业行业的开拓者。“输入贸易方面，金属、染料、棉布、砂糖、机械、杂货等外国输入品之经营，数十年来为宁波人绝对独占，逐年有增长之势。”山上金男的《浙江财阀论》也对浙江财阀的含义作了解释，认为狭义的解释是指以上海为根据地的浙江籍金融及实业家的总称，可分为浙东帮和浙西帮，宁绍地区属浙东帮，杭嘉湖地区属浙西帮，并且认为一般所说的浙江财阀都是这一含义，而“宁波帮”是浙江财阀的基础。进入 20 世纪 40 年代以后，香港的钟树元的《江浙财团的支柱——“宁波帮”》对江浙财团的分析中也认为“宁波帮”是“江浙财团的支柱”。由于南京国民政府的建立，“宁波帮”借助各种因素，促成江浙财团与南京政府的结合，使之成为江浙财团中的主角，甚至成为江浙财团的皇亲国戚的新贵族。文中对虞洽卿及三北集团也有评析。日本学者根岸佶在 1953 年出版的《中国的行会》一书中认为，“宁波帮”是乡党观念异常强烈的乡帮，它把局部的乡谊联系到同省毗邻的地区以至整个浙江省人在上海的范围，形成“大宁波帮”。

1984 年 8 月 1 日，邓小平的一句“把全世界的‘宁波帮’都动员起来建设宁波”，把人们对“宁波帮”的关注推向了高潮。

1985 年，徐鼎新的《半个世纪前的一场电光源之战》，介绍了 20 世纪 20

年代宁波商人在西园开办的中国亚浦耳电器厂曲折发展的情况。1986 年《瞭望》杂志发表了吴克强等撰写的《饮誉四海“宁波帮”》,不过这是一篇有新闻性质的文章,严格说并不是学术论文。以后有不少研究“宁波帮”的论文问世,主要有叶炳南的《“宁波帮”的心态分析》;王遂今的《近代“宁波帮”为什么能崛起》;陆志濂的《张尊三传略》;沈雨梧的《为“宁波帮”开路的严信厚》、《爱国主义者包达三》;乐承耀的《“宁波帮”筹建的一家银行》、《严信厚与通久源纱厂》;干谷的《童涵春堂兴隆史》;张敏杰的《论“宁波帮”》。

浙江省政协文史委相继编辑出版《浙江籍资本家的兴起》、《“宁波帮”企业家的崛起》两本文史资料,前著选有 16 篇文章,涉及“宁波帮”研究的有 6 篇,其中 3 篇研究虞洽卿,2 篇研究宋汉章,1 篇研究秦润卿;后者选有文章 26 篇,涉及“宁波帮”的形成、特色和“宁波帮”主要代表严信厚、叶澄衷、朱葆三、宋炜臣、刘鸿生、项松茂、竺梅先及镇海方氏家族和李氏家族等内容。

据初步统计,到 1989 年,宁波市区及各县区发表的研究宁波商人及商帮的文章多达 20 余篇。譬如,《宁波文史资料》第 4 期刊载了茅普亭的《旧时宁波的经济动脉——钱庄》和朱裕湘的《宁波人与旧时行业》,第 6 期登载了屠一泉的《王宽诚的生平》和陆志濂的《包玉刚与环球航运集团》;鄞县文史资料有《鄞县乡贤乐振葆》、《张中之其人其事》;《余姚文史资料》刊登了《我所了解的黄楚九先生》;《慈溪文史资料》第 2 辑载有《三北虞洽卿》等文章。尤其是《宁波文史资料》第 5 期,几乎都是有关“宁波帮”及四明公所、宁波同乡会的内容。

进入 21 世纪,“宁波帮”研究又进入一个新阶段,随之人们对“宁波帮”的认识也趋于成熟。

李瑊的《上海的宁波人》,2000 年 10 月由上海人民出版社出版。该书是专门研究“移民在上海”的论著,也是其博士学位论文课题,比较系统地考察了宁波人在上海的经营活动,揭示了旅居上海的宁波人的迁沪动因、社会构成、心态结构及其参与上海和融入上海的情况。

由丁言伟、丁言模编著的《百年商旅——“宁波帮”》,2001 年由广东经济出版社出版,描述了“宁波帮”的形成、发展及朱葆三、叶澄衷、虞洽卿、秦润卿、刘鸿生、黄楚九等“宁波帮”代表人士,不仅介绍他们的经营之术、生财之道,而且使世人更多地了解了中国商人的智慧。

由金谱森、孙善根主编的《“宁波帮”大辞典》,由宁波出版社于 2001 年

3月出版，有31人参与编写，几经寒暑，倾注了作者不少心血，它以辞典的形式，对走过了几百年辉煌至今雄风犹存的“宁波帮”进行了比较系统的梳理与回顾。

张守广的《超越传统——宁波的近代化历程》于2002年由西南师范大学出版社出版。这是他在博士学位论文《宁波商帮研究》基础上，进一步对“宁波帮”深入研究的成果。该书从纵、横两个方面对“宁波帮”的发展和特点作了较为深入的考察与分析，对宁波商帮自晚明形成至民国时期数百年间由小到大、由传统到近代化的发展轨迹，并对“宁波帮”经营地域、行业、商帮组织、群体意识诸方面进行了考察。

由乐承耀等所撰的《“宁波帮”经营理念研究》，2004年7月由宁波出版社出版。该书有九章，具有四个特点：一是突破了以往研究仅限上海或近代的界限，用时空的观点来研究“宁波帮”，地域以上海为主，扩大到京津汉渝、长三角，时间从近代到当代。二是从以往的零星的、分散的到系统的、集中的，对“宁波帮”经营思想进行了深入研究。三是用马克思主义观点为指导，对“宁波帮”的经营理念进行分析，诸如用科技是第一生产力以及创新、开放、科学人才观等观点，结合实际进行分析。四是对当代的一些宁波籍人物，尤其是一些实业家作了一定描述，如丁磊（网络奇才）、石钟韶（新中大总裁）、任伟泉（北大方正电子有限公司董事长）、陆弘亮（UT斯达康总裁）、郑永刚（杉杉集团老总）等。

由马卫光任主编，顾松辉、周千军任副主编的《百年“宁波帮”》，2004年7月由西泠印社出版社出版。该书由百年辉煌、港澳台和海外宁波同乡社团及相关友好组织简介、国内同乡社团和相关组织简介、近现代宁波籍重要人物小传、海外宁波籍人物名录、当代宁波籍人物名录六个部分组成，全面系统地展现了“宁波帮”发展史，呈现了“宁波帮”的精神和风采，其目的是重温“宁波帮”发展历程，弘扬“宁波帮”精神，在新时期更好地激发海内外宁波人响应邓小平同志号召，服务新宁波、建设新宁波。在这里，我们可以看到，对“宁波帮”的认识不单单是工商界人士，而且扩大到科技、教育、文化等领域。这一点在该书的序言中说得很明白：“四明八百里，风流七千年。古城宁波，是人文荟萃、英才辈出之地，孕育过无数思想家、科学家和军事家。尤其是近代以来，领风气之先的大批宁波人冲破传统世俗的羁绊与人多地少的生存困境，走出家门，外出创业，他们奋力开拓，顽强拼搏，活跃于近代中国社会的各个领域，特别是为振兴民族工商业，推动中国经济社会的发展作出了重大的贡献。更有那些富有强烈进取意识的宁波人漂洋过海,前往世界各地和港台地区创业。他们含辛茹苦,以自己的勤劳和智慧为所在国家和地区经济社会的发展发挥了重要作用,有的成了工商巨子、学界精英、社会名流。正是这些让故乡引以为豪的仁人志士,形成了享誉中外的‘宁波帮’。”

以上主要的研究过程与研究成果,令我们对“宁波帮”有了宽泛的、动态的认识。

一、“宁波帮”的时代特征

宁波先辈商人早在明清时期就已走遍中国的大江南北。据史料记载,早在明末清初,各种宁波同乡组织就已经开始出现,如在北京设立的“鄞县会馆”、“浙慈会馆”等;乾隆年间有“宁绍会馆”(1771 年)、“浙宁公所”(1786 年)等乡谊组织。鸦片战争后,面对列强的坚船利炮与洋货涌入,勇敢而机智的宁波商人以上海为活动场所,在中国近、现代史上创造出海运、金融、建筑、医药、文教等行业的奇迹。上海从一个小村落起步发展与在沪宁波人的创业奋斗密不可分,可以说没有“宁波帮”就没有当初上海的发展。

1909 年,在上海的慈溪商人洪宝斋倡议筹建了“四明旅沪同乡会”,翌年更名为“宁波旅沪同乡会”。这是近、现代宁波商人从个体走向群体的开始,标志着近、现代“宁波帮”作为一个群体组织在上海乃至全国亮出了它的牌子。

20 世纪 20—40 年代是“宁波帮”的活跃期,他们以上海为阵地,在包括上海在内的全国乃至全世界留下了他们的创业足迹,缔造了一个又一个的辉煌业绩:他们参与商贸活动,足迹遍布中国和世界各地;他们开创现代金融业,在上海创造出中国金融奇迹;他们投资建筑业,在上海留下近半数且至今仍有名气的楼宇……他们更是爱国忧民,提倡购买国货,编纂教科书,办报纵论时政,涉足娱乐事业,等等,成为各行各业的翘楚。

1949 年后,因中国内地政治经济环境变迁,“宁波帮”的活动场所转到了港台等地。在香港,以王宽诚、董浩云、包玉刚、陈廷骅、曹光彪、邵逸夫等为代表,“宁波帮”在航运业、贸易业、轻纺业、影视业等作出了相当的成就。在台湾,翁明昌、应昌期、张敏钰、张东平等,为台湾的经济重建与起飞作出了相当的贡献。他们与在美国、日本、新加坡等地的宁波籍人士和宁波人后裔一样,延续了“宁波帮”艰苦奋斗、诚信经营、务实开拓等创业精神，成为港台及海外“宁波帮”引以为傲的骨干力量。

改革开放后的中国内地急需大量的外资、侨资和港澳台资投入现代化建设事业。在祖国大陆改革开放的新形势下，他们回到祖国，回到家乡，捐资办学，投资设厂，开始了新的征程。邓小平先生在北戴河提出一个响亮的口号：“要把全世界的‘宁波帮’都动员起来建设宁波！”这极大地激发了“宁波帮”回乡建设的热情。“宁波帮”作为一支有别于其他的力量，在祖国现代化建设事业这面大旗下再度聚集在一起，开始创造新的辉煌。据有关报道，自祖国大陆改革开放的31年以来，宁波市海外华侨华人、港澳同胞在内地捐赠金额高达72亿元人民币，其中在宁波市的捐赠金额达12亿元人民币。

二、“宁波帮”的定义

顺应时代的发展，本书认为，如果仅将“宁波帮”定义为20世纪20—40年代活跃于上海的“宁波商帮”，“宁波帮”无疑只是一个具有当时历史意义的名词。这样的“宁波帮”定义是没有生命延续活力的。一方面，以商而论，中国人对历代的商家进行考察，得出“富不过三代”的结论(当然笔者在此并非是说如今的“商帮”也缺乏延续力)，由此，20世纪20—40年代的“宁波帮”大多已进入历史，即使扩大到台港澳以及海外的宁波商帮，则“宁波帮”也只是一小部分，其组织和人员的延续性也有可能随着时间的推移而渐衰。如今家族企业管理已纳入现代化经理人管理模式，这一狭义定义的局限性必将使“宁波帮”失去更多的生命光辉。另一方面，如果仅从地域上界定“宁波帮”的人员范围，又固化了人们对“宁波帮”的动态认识。

如果我们从商帮意义上讲，在经历了30多年的改革开放后，越来越多的宁波本土企业正在崛起，它们不仅具有“产业分工明确”，并在当地形成了“产业集聚”的新特点，况且近年来大批宁波企业以收购、并购、设立分公司或办事处等方式纷纷走出去，形成了一批新的“宁波帮”，他们正在异乡缔造今日“宁波帮”的新的辉煌，也在为家乡建设作出新的贡献。

我们还应看到，在1949年至1978年间，尽管由于中国大陆政治经济结构的变化，使以商帮为特色的经济活动在中国大陆趋于停顿，但在其他领域，如科学研究、文化教育、医疗事业等领域，宁波人依然在默默地作出他们的贡献。在大陆改革开放之前，他们蓄势待发，为祖国的建设事业储备了大批的人才力量，这点我们单从两院院士有94位宁波籍人士就可以看出。科学技术是第一生产力，这是早被人们所公认的结论，而随着社会政治经济的发展，中国的现代化建设不单单局限于经济建设，它涵盖了经济、政治、社会、文化等多个领域，需要相关领域的专业知识人士投入到祖国的伟大建设事业当中。因此，从全面建设中国特色社会主义、建立和谐中国社会的角度来说，我们更应从广义和动态的角度来定义“宁波帮”，这样“宁波帮”的意义才会更大、价值才会更高，对祖国和宁波家乡的建设与发展事业才更有积极的促进作用。

马克思主义曾是世界上许多国家建设社会主义事业的重要理论指导思想，但由于国情不同，马克思主义必须与各相关国家的国情相结合才能产生蓬勃的生命力。中国共产党在建设中国社会主义事业过程中，创造性地运用了马克思主义，把马克思主义与中国的实践相结合，走出了一条有中国特色的社会主义道路。同理可推，“宁波帮”的定义也不是一成不变的，它既是宽泛的，也是动态的。没有这样的定义原则，邓小平先生对“世界宁波帮”的号召也就没有现实意义，“宁波帮”也只能随着时间脚步的向前而走入历史。

综而言之，从多个角度考察分析，“宁波帮”的含义应是宽泛的、动态的。从地域上看，应包含宁波地区（泛指旧宁波府属的鄞县、镇海、慈溪、奉化、象山、定海六个县）以外的祖国大陆地域，以及台港澳地区及其他海外地区；从人员构成看，它不仅仅是宁波商帮人士，它应为各行各业的宁波籍人士和宁波人后裔组织；从时间上看，它不是定格在 20 世纪前期的活跃在上海“宁波帮”，也不仅仅是 1949 年后泛舟于港台及海外的“宁波帮”，它应是包括明清以来在宁波地区以外的祖国大陆和海外地区的当代乃至今后的宁波籍人士和宁波人后裔。

第二节 “宁波帮”的崛起

“宁波帮”崛起于近代中国沦落为半殖民地半封建社会的历史时代，他们奋斗在殖民入侵、官僚盘剥的夹缝中，艰难地发展着民族工商业。在这个历史时期中，曾经称雄中国社会的“晋帮”、“徽帮”、“粤帮”走向了衰落和消亡，唯“宁波帮”却仍兴盛发展。究其根本原因，不得不承认：正是“宁波帮”特有的“文化”结构，使他们“顺应”了中国社会当时向半殖民地半封建社会滑落的“阶段性”历史趋势，选择了发展民族产业、走资本主义道路的结果。

“五口通商后，邑人足迹遍履全国、南洋、欧美各地，财富日增。”（《鄞县通志》）鸦片战争后，“宁波帮”不仅在上海的经济活动中居举足轻重地位，其势力已扩张到长江中上游商业重镇、沿海港口城市、全国各通都大邑，乃至僻远的山城乡镇。在海外，“宁波帮”商人也遍及日本、欧美各国、东南亚地区，以及我国香港、澳门和台湾地区。据《鄞县通志》记载，“宁波帮”在我国内地的活动地域有上海、汉口、南京、杭州、北京、天津、吴县（苏州）、常熟、临海、兰溪、严州（建德）、温州、长兴、无锡、盛泽、扬州、徐州、怀宁、芜湖、南昌、江陵（沙市）、应城、长沙、巴县（重庆）、厦门、汕头、青岛、烟台、郑州、大连、沈阳等地。特别在北京、上海、汉口、天津、重庆、沙市、苏州、杭州、温州等通都大邑，“宁波帮”势力尤雄，不少“宁波帮”商人成为当地商业巨子。他们或是垄断行业，或是操纵商团，成为当时经济社会举足轻重的力量。他们以“会所”、“同乡会”、“商会”为组织形式，内接外联，活跃在近代社会的经济舞台上。《旧上海商业中的帮口》说“宁波帮”是“来沪经商而最有手腕和力量”的帮口；《中国会馆志》则称宁波人在上海的“势力最为雄厚”。

一、“宁波帮”的地域分布

从史料与实际情况看，“宁波帮”的地域分布是颇具“雄心”的。

（一）上海

“宁波帮”的主要活动地域在上海，“沪地为宁商辏集之区”。《四明公所年庆会会规碑》称：“吾四明之邑，地狭人稠。梯山航海出国者固属众多，挈子携妻游申者更难悉数。”鸦片战争后，外国洋行、银行麇集上海，使上海取代广州成为我国对外贸易的中心，并逐渐形成了以上海为核心的各通商口岸之间的商贸网络，以“买办”为核心力量的“宁波帮”自然趋之若鹜。

据史料记载，宁波邻近上海，旅沪经商者不下数十万人，加之太平军进军宁波期间和辛亥革命前后，宁波的豪门望族和殷实商家闻风避居上海外国租界人众，使旅沪甬商大增。到20世纪30年代，在上海的宁波人已增至100万人，占全市人口的五分之一。

1797年四明公所设立，1819年浙宁会馆设立。鸦片战争后，宁波工商业者在上海按行业分帮，分别建立各业各帮会社。1903 年，这些各业各帮的会社都总汇于四明公所。1909 年，慈溪人洪宝斋在汉口创建四明旅沪同乡会，第二年改名宁波旅沪同乡会即当时人们公认的上海总商会，在福州路设事务所。

上海总商会是一个足以控制上海金融贸易和影响全国商业的商人团体，而 20 世纪前半期的上海总商会基本上由宁波籍商人组成和主持，其发起者是时任中国通商银行总董的严信厚。历届上海总商会负责人见表 1-1。

表 1-1　宁波旅沪同乡会历届主要负责人任期

年　份	制　度	正	副
1911	会长制	沈仲礼	虞洽卿、朱葆三
1912	会长制	虞洽卿	沈仲礼、朱葆三
1913—1914	会长制	沈仲礼	虞洽卿、李征五
1915	会长制	虞洽卿	李征五、王正廷
1916	会长制	虞洽卿	张让三、李征五
1917	会长制	虞洽卿	张让三、钱达三
1918	会长制	张让三	方樵苓、钱达三
1919—1920	会长制	张让三	方樵苓、陈良玉
1921—1922	会长制	朱葆三	虞洽卿、王正廷
1923	会长制	朱葆三	虞洽卿、傅筱庵
1926	会长制	朱葆三（朱去世，会长由虞洽卿升补）	
1927	会长制	虞洽卿	傅筱庵、方椒伯
1929	委员长制	虞洽卿	
1931	委员长制	虞洽卿	
1933	委员长制	虞洽卿	
1935	委员长制	虞洽卿	
1937	委员长制	虞洽卿	
1941	委员长制	虞洽卿离沪，改推王伯元为委员长	
1946	理事长制	刘鸿生	蕢延芳、魏伯桢
1950	理事长制	蕢延芳	

资料来源：上海宁波旅沪同乡会档案《历任会长、副会长与改为委员长、理事长及任期表》。

(二)天津

天津是北方的重要经济中心,“地当九河要津,路通七省舟车”,“商旅往来之帆楫,莫不栖泊于其境”,是沿海各省南北土产物资的集散地。天津未开埠前,“宁波帮”商人就不断从海路来津经营南北土产、洋广杂货。

1860年天津开埠,“宁波帮”在津势力迅速壮大。天津湾运局总办张友堂是宁波人,“宁波帮”商人经营的大型帆船往返行驶于宁波、上海、天津各埠,曾给同乡很多方便。据记载,“以捐客为业者,通常都是宁波人”,其中不少人成为外商买办,活动范围甚至渗透扩展到法租界,使天津成为近代宁波商帮在北方的大本营。早期设在法租界的宁波商帮名店有冠生园南味店、李同益呢绒店等。

“宁波帮”头面人物如严信厚、叶澄衷、严蕉铭、王铭隗、叶星海等,都曾活跃在天津商界。慈溪人严筱舫曾为李鸿章镇压捻军转运饷械,李鸿章任直隶总督兼北洋通商大臣后,委任严氏督销长芦盐务和河南官运事,1885年任天津盐务帮办。任内,严氏开设同德盐号经营盐业,又在巨商胡雪岩和叶澄衷的支持下,在上海设立源丰润票号总店,并在京津两地和江南各省设立源丰润分号10多处,建立起一个庞大的汇兑网,经营国内总汇和商业拆放业务,兼营官府存放款业务,盛极一时。与此同时,严氏还在天津估衣街开设物华楼金店和老九章绸缎店天津分店(老九章绸缎总店设在上海),这两处店生意兴隆,10余年间积资巨万。与物华楼金店齐名的,还有天津恒利金店。这是北京四大恒之一恒利银号的分号,股东多为慈溪人。与老九章绸缎店齐名的,还有大纶绸缎庄。大纶绸缎庄创办于1917年,是天津绸缎业名店,店主虽是湖州南浔人,但是经理宋子良,副理袁庸年、何镇升,以及大多数职工都是宁波人。

镇海人叶澄衷的老顺记五金号,1878年在天津英租界设立分号,除做五金生意外,兼代理美孚公司煤油和英美烟公司卷烟,并凭借自己与李鸿章的关系附设信裕公司专做军火买卖,后又开设大庆元票号经营汇兑及存放款业务。此外,叶氏还在天津经营地产生意,廉价购进,高价售出,获取厚利,成为天津商界颇有影响的巨商。

鄞县人王铭隗1878年到天津,初任老顺记五金号天津分号副理,后又任德商泰来洋行、华俄道胜银行、德商礼和洋行买办,并在估衣街开设胜豫银号。他做军火生意获利数百万,对宁波同乡到天津谋生的都热心为之引荐:懂得外语的,竭力推荐到天津各大洋行充任买办;想经商的则设法资助资本,从而使“宁波帮”在天津的势力有了很大发展。

镇海人严蕉铭1882年到天津经商,历任顺全隆、禅臣、绵华、立兴等洋行买办,是天津商界颇具声望的买办。镇海人叶星海1887年与德商吉伯利同来天津创办兴隆洋行,“宁波帮”的有名买办李组绅、李组才也在兴隆洋行买办公事房里做事。宁波人李正卿1888年到天津任兴隆洋行买办,后又相继任比商良济洋行、兴隆洋行、美丰洋行、天利洋行买办,直至经营三北轮埠公司天津分公司,他为近代天津航运业的发展创下了卓著业绩。

此后,天津的“宁波帮”声势益壮,商业中心劝业场一带有不少名店,都是甬商经营的。天津的进出口贸易、西服业、南北货运业、银行保险业、绸缎呢绒业、钟表眼镜业、金银首饰业、木器家具业等行业中,宁波商帮都有相当大的势力。

1914年,慈溪人王品南与英商费巧尔合作在天津海大道开设永丰洋行,任买办,在猪鬃出口行业中获利甚丰后,挟资大量购置房产,并在日租界北旭街开设天宝金店;1928年又在法租界葛公使路开设福禄林中西大菜馆和舞厅。定海人方若,1900年与王铭隗等人在天津合资开设利津房产公司,在日租界购地40余亩,从事房地产租赁业务。

北京同仁堂乐家后裔乐达仁1914年在天津开设达仁堂,后在汉口等地设立18处分店。天津达仁堂建有生产车间大楼1座、药材仓库大楼1座、鹿圈4处,还开办达仁铁工厂、达仁参号、广生达药庄、达仁女子学校。1935年乐达仁病故,由他的侄儿乐肇基、乐松生接任经理、副理。

虞洽卿创办的三北轮埠公司在天津设有分公司,经理为美商美丰洋行买办李正卿。朱葆三等人的华兴保险股份有限公司由天津老顺记五金号代理,经营火险。1918年,“宁波帮”商人创设的华安水火保险公司在天津设立分公司。1941年,丰盛保险公司在天津设立分公司。1915年,李正卿的侄儿李炳尧从宁波来到天津,先后在美商美丰,德商兴隆、天利,比利时商良济,英商英瑞,瑞士商华嘉等洋行由职员而后充当买办达30余年,同时兼任三北轮埠公司职员,并自己经营天利轮埠行10余年。

“宁波帮”在天津联络同乡的重要场所是光绪年间由严筱舫、严蕉铭、王铭隗等发起扩充的浙江会馆(原浙江乡贤祠)。这个会馆虽为浙江同乡会馆,但领导权始终由“宁波帮”掌握,成员主要是“宁波帮”商人。张友堂、严筱舫、严蕉铭、王铭隗等人还兴建天津浙江义园,占地50余亩,建房数十间，供宁波同乡死亡后盛殓停柩之用。1900 年，从事西服业的“宁波帮”商人组织成立天津县洋服商同业公会；1933 年 7 月筹备成立天津市保险业同业公会，华安等 9 家保险公司为第一批会员；次年 3 月，以屠培成为经理、张章翔为副经理的中国天一保险公司天津分公司也加入公会。1934 年 10 月天津市保险业同业公会召开成立大会，中国天一保险公司天津分公司副经理张章翔（宁波人，1937 年升经理）被选为常务理事，后又被选为会长。1942 年 8 月，日本企图对我国华北保险业务实行统制，组织一个五人代表团来天津要求华商保险公司以“中日亲善”为重，一律改为日商保险公司的代理店。以张章翔为会长的天津市保险业同业公会坚决抵制，使日方统制整个华北保险业的阴谋终未得逞。

（三）汉口、沙市

长江、汉水交汇处的汉口，是“千樯万舶之所归，货宝珍奇之所聚”的商业都市。“宁波帮”在汉口主要经营水产业、银楼业、货运业、火柴业、水电业、杂粮业、洋油业、五金业和银行业，并有不少宁波商人充任洋行买办。汉口的水产海味业和银楼首饰业，大半为“宁波帮”所垄断。“宁波帮”海味商号往往兼营糖业，长江的夹板船航运业也都由“宁波帮”商人经营。这些夹板船运往汉口贩卖的主要是棉纱、棉布、绸缎、海味，从汉口运出的主要是杂粮、黄豆、桐油、牛油、片麻、苎麻、棉、米。镇海人阮文衷以经营南北杂粮贩运业起家，1915 年去汉口创设蛋厂，正值第一次世界大战，产品远销欧洲，获利甚丰，后又在武昌、河南、山东、安徽等地遍设分厂，数年间积资逾百万，号称“蛋业大王”。

甬商创办设于汉口的浙江老宝华银楼，主要经营金银加工，尤以条锭、叶金最为著名，也精制时尚金银首饰和各式勋章，还独家经销宁波费春茂各种金箔，以及收购各种黄金。鄞县人贝仁元长期在汉口经商，曾任汉口宝成银楼经理并担任多届宁波旅汉同乡会理事。

作为汉口“宁波帮”商人重要活动场所的浙宁公所，创建于 1780 年，1909 年改名宁波会馆。1893 年设立的汉口四明公所有房舍多间，并设有祭祖拜堂，1904 年又增置义地。1908 年，汉口宁波籍买办王柏年、欧阳会昌、蒋佩林等创立汉口华商总会，作为“宁波帮”买办商人的聚会场所。1924 年，汉口的宁波工商业者设立宁波旅汉同乡会，1938 年受战事影响，会务停顿。1946 年 2 月宁波旅汉同乡会成立复会委员会，推举康辛潮（主任委员)、叶启章、屠企伯、范厚甫、周赞卿等35人为委员,处理复会有关事宜,年底同乡会恢复活动。1918年汉口总商会所列的各帮会员名册中,有宁波成衣帮、典当帮、老银楼帮、新银楼帮、杂粮帮、药材帮。另外,在汉口杂粮业中,有一种叫汉帮志成堂的组织,是专做汉口及长江上游米货生意的商人的一种行会组织,主持者多为宁波商人,如元芋号、永昌元号、恒兴仁号、成泰义号,还组织有杂粮茶会。

汉口商界的头面人物有不少是“宁波帮”商人。镇海人宋炜臣1897年到汉口与镇海籍巨商叶澄衷合资创办燮昌火柴第二厂,1906年又创办华胜军装总公司,为汉口规模最大的军装经销公司。同年,宋氏还着手创办汉口既济水电公司,筹建电灯和自来水工程。3年后,电灯工程、自来水工程告成。此举大大改善了汉口居民的照明和饮水条件,身为这家公司董事长兼总经理的宋炜臣由此一跃成为“汉口头号商人”,并被选为汉口商务总会议董。

在汉口商务总会的议董中,“宁波帮”商人占有不少席位。首届总理是鄞县人卢鸿沧,第二届协理是镇海人汪炳生,第九届副会长是镇海人郑似松(汉口太和杂粮行经理)、鄞县人蔡永基(汉口华昌洋行经理)、镇海人盛竹书(浙江兴业银行汉口分行经理)、史晋生(汉口顺记洋油号经理)、沈宾笙(汉口顺记五金号经理)、王柏年(汉口美最时洋行华经理)。慈溪人秦楔卿、赵典之、郑燮卿,都曾任汉口商务总会议董或会董,不少人连任数届。

“宁波帮”商人在汉口的“业绩”为时政当局所器重,如:卢鸿沧在中日甲午战争期间,以处事有方为盛宣怀器重,保荐他主理清政府船政,并任中国交通银行汉口分行经理。汪炳生早年刻苦勤奋,攻读英语,留心洋务,张之洞见他精明干练,聘他为汉阳铁政局承办员,日商大吸、日清公司,三井、日信洋行先后聘他为经理、买办,借以拓展航业和商务,清朝廷授予其通奉大夫,赏戴花翎。镇海人盛竹书,1907年应旅居汉口甬人邀请赴汉任浙宁公所总董,1908年被推举为汉口商务总会议董,次年又被推举为协理,改选时再被推举为总理,1911年任浙江兴业银行汉口分行总经理,1912年与宋炜臣、王一亭等人发起成立中华全国商会联合会,被推举为第一、二届审查长。镇海人史晋生,早年在叶澄衷创办的上海顺记五金号任职,1897年调任汉口顺记五金号经理,并任叟昌火柴厂监察人。不久,张之洞委任他为汉口商务局总董,1907年汉口商务局改为商务总会时被推举任总理职但不就,1912年任中国银行汉口分行副行长兼营业科长,1914年在汉口开办宁绍商轮公司汉口分公司，同年就任浙江兴业银行汉口分行总经理；1923年代理汉口银行公会会长职。其子史祖培，1916年去汉口独资创办宁波英文夜校，后继承其父宁绍商轮公司汉口分公司和浙江兴业银行汉口分行之职，为汉口四明公所董事，并任多届宁波旅汉同乡会理事。

沙市在1895年《马关条约》签订后辟为通商口岸，是湖北省粮棉土产集散地和工业品的重要转口市场，人称“小汉口”。清末民初，在沙市的宁波籍商人渐多，虞洽卿经营的三北轮埠公司有三北、鸿源、鸿亨、鸿利、鸿真5艘轮船定期航经沙市，1919年还在沙市兴建三北码头。

“宁波帮”在沙市最大的生意是经营银楼业，老宝成、老天宝、老同震、老丹凤、老万年等银楼都是沙市的名店。沙市煤油业更为“宁波帮”商人所垄断，美孚煤油公司的慎大、亚细亚煤油公司的姓记、德士古煤油公司的明德，这3家煤油代销店的经理全是宁波人。1936年，慎大经理许惟山开设联大、生昌内庄，经营棉花、棉纱、匹头、杂粮，并做黄金生意，还开设大昌肥皂厂、松大烟公司，经销三七牌、三五牌香烟。

沙市一度盛行宁波家具，这些家具制作精细，豪门巨富竞相选购。“宁波帮”中不少人则就地开设作坊，售卖宁式家具。另外，“宁波帮”商人在沙市还经营海味业，宁波人开设的德慎昌、同春和、天福等，都是沙市海味名店。

（四）北京

明末清初，宁波商帮药材业和成衣业商人已在北京设立会馆，从事经营活动。鸦片战争后，北京成衣业商人的势力进一步壮大。1890年，朱新年、冯桂心、裘熙政、陈国玺等73人发起重修浙慈会馆。宁波商帮银号商人在北京建有银号会馆。1917年，“宁波帮”商人创立宁波旅平同乡会，据1936年统计，会员为786人。

康熙年间，“宁波帮”商人在北京开设恒兴、恒利、恒和、恒源“四大恒”银号。同治、光绪年间，凡官府往来存款，富户显宦放款，多依“四大恒”为泰山之靠。此外，“宁波帮”巨商严信厚开设的源丰润票号和王铭隗开设的胜豫银号，都在北京设有分号。

慈溪人乐显扬于康熙八年（1669）创办同仁堂药室。《乐氏宗谱》称乐显扬“诰封登仕郎太医院吏目，晋封文林郎，赐中宪大夫”。康熙二十七年（1688）乐显扬子乐凤鸣继承祖业，于康熙四十年（1701）开设同仁堂药铺。

雍正元年(1723),皇帝钦定同仁堂供奉御药房需用药料和代制内廷所需各种中成药。自此,同仁堂以其承办官药的特殊身份,执中药业之牛耳,垄断中药市场200余年。从乾隆十八年(1753)至道光二十三年(1843),同仁堂一度衰落。1844年后,乐家第十代孙乐平泉重振祖业。乐平泉与官府广有交往,上至王侯亲贵、内阁军机及各部院,下至顺天府及满营官府,无不往来密切。为了便于出入官府,他捐了个四品衔候补道,后又捐了个二品典封,形同督府大员。乐平泉还于1867年设立同仁堂普善水会,因救灭皇宫贞度门之火有功,被赐封“小白龙”。

(五)重庆

重庆为川东重镇,是西南水陆交通枢纽和经济政治中心。1773年,旅居重庆的宁波、杭州、湖州、绍兴四府人士在重庆创立四府敦义庄。1920年穆康照、夏渔笙、刘善卿等发起在重庆创设四明旅渝同乡会,1928年后改名为宁波旅渝同乡会,至1930年统计有会员1053人。抗战期间,在渝“宁波帮”商人大增,1939年1月宁波旅渝同乡会经重庆市国民党党部重新立案,并组成宁波旅渝同乡会福利委员会,下设医务、救济、慈善、法律、介绍、娱乐共六个小组,1943年第四次修订章程。

抗日战争期间,重庆为“陪都”,“宁波帮”商人在渝经商者剧增。1937年8月上海沦陷后,企业大王刘鸿生之子刘念智,将日军占领下的刘氏企业章华毛纺织厂的机器设备成功地装箱运往越南海防,再转运重庆,在重庆继续开工生产。1937年11月,镇海人余名钰任经理兼总工程师的大鑫钢铁厂辗转经武汉迁至重庆,与民生公司合组渝鑫钢铁股份有限公司,此为后方最大的民营炼钢厂,生产各种钢材、军火、机械。定海人杨济川、叶友才创办的华生电器制造厂辗转内迁汉口、重庆,于1938年开设重庆华生电器厂,承制兵工厂定制军需物品和生产发电机、变压器、电动机、电表等电器产品。定海人叶友才、周锦水合资创办的华成电器厂也内迁汉口、衡阳,最后迁到重庆。1939年2月,刘鸿生以大中华火柴厂旗下的九江裕生火柴厂内迁的原料80多吨与重庆华业火柴厂合资重组华业和记火柴公司,为当时重庆首屈一指的火柴生产厂家。同年5月,刘氏又与董志卿、陶桂林等将原永安电磁厂改组为永安电磁厂股份有限公司,生产各种高低压电器用品、各式电报电话通讯器材。刘氏还是四川水泥厂董事,重庆的四川水泥厂筹建时,曾去上海参观刘氏所办的上海龙华水泥厂。1939年,“宁波帮”

商人周佩箴、林圣凯、刘世伟等在重庆民族路创办西南国货运销股份有限公司，经营运销国货业务，调剂战时内地市场供求。

“宁波帮”商人在重庆开设多家银楼，如店址在重庆中正路130号的重庆汉杨庆和银楼（慈溪人王春纬与黄四海、陈祖贤、董永甫等人合资创办），店址在重庆民权路26号的重庆老同震银楼（1939年由宁波人郑崧皋、郑红祈、马兴化、陈振全等人创办），店址在重庆林森路44号的重庆庆福星银楼（1942年由镇海人周立言、潘述年等创办），店址在重庆林森路70号的重庆宝盛银楼（原业主为盛楚肪，1943年由宁波人方允文接盘开业）等。任四明银行总经理的慈溪人吴启鼎（旅日“宁波帮”巨商吴锦堂的侄儿），1940年去重庆设立四明银行分支机构。1943年，沙市老天宝银楼业主童家椿从重庆到万县，开设万县老天宝银楼。乘中央银行解除私营黄金禁令之机，1945年该店购进相当于360两黄金的储蓄券，至1949年资产达1000两黄金。虞洽卿拒绝与日方合作，于1941年春秘密登轮南下香港，途经缅甸、昆明到达重庆，与王晓籁、朱联馥合伙创办三民贸易公司；后又到昆明，通过龙云与缪云台合资创办三北运输公司，1942年向财政部借贷外汇另购道奇卡车120辆，从仰光抢运国内急需的汽车零件和五金器材等物资，并嘱三子虞顺慰在重庆组建川光公司。

宁波人王仁慈等开设的重庆亨得利钟表眼镜行，抗战期间作为亨得利总店，设于民族路15号，又设分号于民权路。重庆亨达利钟表店原为上海亨达利钟表店的分号，抗战期间也作为亨达利总店，店址在重庆民权路，并在民族路设分店。此外，重庆大西洋钟表眼镜行原为上海大西洋钟表眼镜行的联号，抗战期间以重庆店为总行，设在民族路192号，又在民权路设分号。

（六）江浙地域

江浙地域是“宁波帮”的“本土”，“宁波帮”商人自然会在自己家门口建功立业。

清光绪年间，旅居杭州的宁波籍绅商就在凤凰山麓创设杭州四明公所，1908年又创设宁波旅杭同乡会。1921年，奉化籍商学两界人士创设奉化旅杭同乡会。

“宁波帮”商人在杭州主要收购丝、茶，推销进口洋货，并开设多家钱庄、银行和药店。同治、光绪年间在杭州开设的“宁波帮”钱庄有慎裕、豫和、庚和、阜生、阜源、和庆、元大、惟康、介康、寅源、崇源、锚源、望源、聚源、同源、益源等近20家。在杭州还有“宁波帮”商人开设的银号，如胡雪岩开设的阜康银号和严信厚开设的源丰润银号。源丰润总号设在上海，光绪十六年(1890)在杭州牌楼设立分号，是一家实力雄厚的银号。

据《浙江省金融志》记述，“宁波帮”巨商方介堂，开设方振记，经营进出口贸易，在杭州设有慎裕钱庄，以融通资金。鄞县人陈子壎，曾投资于寅源钱庄和裔崙源钱庄。豫和钱庄和庚和钱庄，是镇海人方介堂族侄方仰乔开设的。阜源钱庄，是慈溪人董棣林后裔董子咸开设的。和庆钱庄和元大钱庄，是镇海人叶澄衷开设的。叶氏创办的老顺记五金号，在杭州设有分号，并以“叶永承号”的名义在杭州开设钱庄。镇海人张忍甫早年在杭州万兴钱庄学业，后任寅源钱庄外场，店主去世后店务悉委张氏料理。张氏还担任中央银行杭州分行经理达20年，任浙江地方银行(后称浙江省银行)董事长、监察人10余年。浙江地方银行董事长一职，长期由“宁波帮”商人担任：镇海人徐青甫1925年任浙江地方银行董事长兼杭州分行经理；奉化人朱孔阳1934年任该行董事长；镇海人徐俘1941年任该行董事长，一度还兼总经理；鄞县人严燮也曾任该行常务董事、总经理，中国实业银行杭州分行经理，并任杭州市银行公会常务理事；“宁波帮”巨商朱葆三曾任浙江银行总经理。以严信厚、叶澄衷、朱葆三等“宁波帮”巨商为总董的中国通商银行1936年在杭州设有支行。四明商业储蓄银行是“宁波帮”开设的银行，1937年在杭州也设有支行。浙江兴业银行创办于1907年，“宁波帮”商人樊时勋和盛竹书是浙江兴业银行的重要股东。

樊时勋，镇海人，原为“宁波帮”巨商叶澄衷所设商号里的职员。叶氏因牵涉某案，几乎入狱，樊挺身而出代叶氏入狱。1890年，樊受聘为叶氏新开设的义昌成五金号经理，后被福州船政大臣沈葆帧委任为驻沪采办，又奉李鸿章之命办理海军物料及漠河金矿，还被张之洞委任为湖北铁路局转运。他与实业家张謇及其亲信刘厚生交好，也与刘厚生之弟刘柏生稔熟。1895年，张謇创办大生纱厂，请樊氏为他募股；1899年，樊氏担任大生纱厂沪董。1908年，浙江兴业银行在上海设立分行，樊氏任上海分行首任总经理，同时任江苏官银号驻沪经理。1914年，浙江兴业银行总行迁往上海，樊任总行总经理。樊还任多届上海总商会议董。盛竹书1907年接受旅居汉口甬人邀请，赴汉任浙宁公所总董，1911年任浙江兴业银行汉口分行总经理，1913年赴沪任浙江兴业银行上海分行总经理，1922年应钱新之邀请任交通银行上海分行经理，任内三次被推举为上海银行公会会长。

在杭州的“宁波帮”另一主业是经营药材。杭州朱养心、张同泰、叶种德堂这三家国药名店，都是“宁波帮”商人开设的。国药名店胡庆余堂的经理、制药部主任，也是宁波人。

余姚人朱养心在明万历年间(1573—1619)创办朱养心药室。慈溪人张梅创办张同泰国药号。其子张耐仙继承父业，苦心经营成为杭城国药名店。慈溪人叶谱山在1808年创办叶种德堂国药号，至第四代孙叶鸿年时已居杭州国药店号之首。叶鸿年好名求荣，广交官府，挥霍巨金，使药店陷入困境，杭州总商会会长王芗泉与余姚张谷香、上海蔡同德堂经理汤以尧、宁波孙宝林、虞鹤生、周乾生等人于1933年接手，沿用叶种德堂国药号店名。慈溪人俞绣章1930年在被誉为“江南药王”的胡雪岩创办的杭州胡庆余堂国药号任杭州胡庆余堂国药号协理，1935年任经理；宁波庄桥人孔良余1912年到杭州胡庆余堂当制药工，后任该店大料房负责人、制造部主任等职，他们成为“江南药王”的“核心”管理人员。

此外，杭州还有多家名店，是“宁波帮”商人开设的，如杭州南北货业有“三昌一和”之说，“一和”即指镇海籍巨商方仰峰开设的方裕和南北货商店方裕和。杭州清河坊万隆火腿栈1864年由宁波籍商人陈、张两家开设，后由甬商陈国华、陈希亮、陈梦驹、陈舒仲等人合伙经营。杭州钟表业首推亨达利和亨得利“二亨”，均为“宁波帮”商人所创。亨达利由鄞县人孙梅堂开设，亨得利由宁波籍商人应启霖等开设。还有邵芝岩笔庄，据《杭州市志》第四卷记述，是慈溪人邵芝岩开设的，以店主名为店名，以芝兰图为注册商标，并自设制笔工场，自产毛笔有羊毫、狼毫、紫毫和兼毫四大类，深得历代艺苑书画家称誉，被列为清廷贡品。清代杭州品牌产品“五杭”即“杭剪”、“杭线”、“杭扇”、“杭烟”、“杭粉”中，“宁波帮”企业占其三：“杭线”是宁波人张允升于清乾隆年间创设，原名张允升线帽百货庄，是杭城最早开设的百货店；“杭烟”指宓大昌烟店，由慈溪人宓庄晓创设；“杭粉”即孔凤春香粉店，由宁波籍商人孔传之、孔传洪、孔传福兄弟三人创设。餐饮业中的名店，如状元馆面菜店(宁波人王尚荣开设)、奎元馆(原系徽州人经营的徽式面馆，民国初年改由“宁波帮”商人李仙林经营)、王润兴菜馆(清宣统年间宁波东王村王氏开设)均是“宁波帮”商人经营的。

温州乃浙南重镇，清嘉庆年间“宁波帮”商人已在温州创立四明公所，19世纪末创立温州宁波会馆。根据有关史料记述，清末民初，在温州经商的宁波籍商人大多聚居于大南门外花柳塘、虞师里一带。温州多家老字号名店，如裕大南北货行、五味和副食品商店、叶同仁中药店、秦三泰铜锡店、郑生记菜馆、广和酱园等，都是“宁波帮”商人开设的。此外，鄞县人翁来科1927年与汪惠卿、孔锡麟、陈挺夫合伙组建永丰钱庄，任经理，温州巨商汪仲笙、金三益绸缎局老板金仲友等均为该庄股东。1932年，翁氏得周守良和黄溯初等人的扶持，就任中国实业银行温州分行经理，成为温州商界炙手可热的人物，多家企业拉他担任总经理或董事长，如百好乳品厂、远东蛋粉厂、普华电灯公司、光明火柴公司、大明蜡纸厂、东瓯电话公司、富华布厂、协记烟厂、瓯海药栈、国货公司、永余蛋行、瓯海实业银行、温州商业银行、瓯海医院、普安施药局等23家，1941年还担任温州钱业公会理事长。

“宁波帮”来温开设药铺时间早，户数多，资本雄厚，清末民初还在信河街丁字桥巷建造药王庙。最出名的“叶同仁”是慈溪人叶心培1670年接手王同仁药铺这家小药铺改名而成的，到1724年已成为温州国药名店。除叶同仁外，当时温州的“宁波帮”药业大户还有叶三宝、三余堂、大生、春成等，零售大户有乾宁斋、老香山、乾济、沈义成、公裕、汤天一等，都是“宁波帮”商人开设的。还有几家“宁波帮”参号，如阜丰、元昌、鼎康等，系宁波参药批发业巨子张锦凡、朱律权、余长庸等人所开设。

其他如秦三泰铜锡店，是宁波人秦庆裕在清宣统年间开设的，是温州铜锡器业大户，后兼并同业永泰昌号。餐饮业中，宁波人郑洪熹经营的郑生记菜馆，为温州四大名菜馆之一。广和酱园在温州虞师里，是“宁波帮”富商包广明、包绍肪等人开设的。

苏州，百货之所杂陈，万商之所必走，“天下财货，莫盛于苏州”。苏州的会馆，多为商贸性会馆。宁波的丝绸业商人曾在这里创立宁绍会馆，煤炭业商人也设有坤震公所，在苏州经营煤炭业的多为宁波、绍兴籍商人。清雍正年间(1723—1735)，“宁波帮”商人在苏州建立浙宁会馆，也称宁波会馆。1919年，旅居苏州的“宁波帮”木业商人刘正康在浙宁会馆内创设宁波旅苏同乡会，会员达900余人。

“宁波帮”商人在苏州设店经商者甚多。据族谱资料记载就有：明嘉靖年间，鄞县人徐廷芳“为姑苏大贾”；清乾隆年间，慈溪人董杏芳“废著鬻财吴门，积资至数十万”；嘉庆道光年间，镇海人胡允善“身居吴门而懋迁，列肆半天下”。

1832年，慈溪人叶鸿年在苏州开设叶受和茶食糖果号，1895年延聘慈溪人洪品基为经理,1929 年翻建成三层楼西式店面并新建景德路店面作为分店,1934 年又承租北局国货公司大厦铺面开设第二分店。1916 年,“宁波帮”商人葛恒钧在苏州独资开设同春堂药铺。1920 年,“宁波帮”巨商刘鸿生与赵文焕、义泰兴、泰记、郁燮钊、顾松寿等旅居苏州经营煤炭的商人合作创办苏州同和义号煤炭行,并租用老六房冶坊招牌兼营食锅和各种铁器。同年,刘鸿生、杜家坤等合资创办华商鸿生火柴公司,以苏州胥门厂为总厂,并在上海设驻沪事务所,1925 年刘鸿生、周仰山等人收购燮昌厂,改组为华商鸿生火柴股份有限公司,1930 年 7 月鸿生、燮昌、中华三厂组成大中华火柴公司,刘鸿生任总经理。1934 年,由旅沪“宁波帮”巨商项松茂、王才运、邬志豪等人联合宁波金融实业界人士在上海创办的宁波实业银行在苏州设立分行,吴泳岳、潘吟孙先后担任苏州分行经理。1937 年,“宁波帮”商人在上海创办的四明商业储蓄银行也在苏州设立支行,经理为程斡卿。

在南京,也有不少名店是“宁波帮”商人开设的,如 1917 年宁波红帮裁缝李宗标在南京鼓楼开设李顺昌服装店,为南京服装业名店;后与上海俞顺昌服装店店主合作,由李顺昌在南京承接成批业务,承包学生制服,获利颇丰。1927 年,国民政府建都南京后,李顺昌为达官贵人及外侨制作西服;抗战期间内迁汉口、重庆,1945 年迁回南京,包做国民政府五院十部官员和出国大使的官服、礼服。

1897 年,旅居南京的甬籍银楼业商人孙敏豪、张韵楼、裘梓卿、陆焕章等发起创立南京四明公所,公所事务由宝庆、宝兴、庆华、庆和四家银楼按年轮值,协同管理。公所内附有由同乡各业组成的安旅会、延寿会、工业会、众姓会、同善会等会社。1928 年,旅居南京的“宁波帮”商人张康年、毕兆障、屠蓖肇等 40 余人发起创立宁波旅京同乡会,到 1935 年,会员达 2746 人。

另外,在江苏的南通、常熟、无锡也留下了“宁波帮”的足迹:“宁波帮”巨商刘鸿生、刘吉生等人曾在南通开设生泰恒煤号,1927 年生泰恒煤号与振东煤号合组为南通生泰恒振记煤业公司。余姚人杜家坤创办的义泰兴煤号在无锡设有分号。常熟是“宁波帮”商人早期重要活动地域之一,乾隆年间曾设有宁绍会馆;1928 年 6 月又设立宁波同乡会。

(七)其他

“宁波帮”巨商李书云于光绪二十八年(1902)在辽宁锦州创设天一垦

务公司，自任经理。严信厚也投资这个公司，以现代经营方式从事东北农垦业。镇海人李善祥为实践“实业救国”理想，也去天一垦务公司任职，1915年又在锦州组建恒康农场，从事改良碱荒农垦事业；1923年在锦州庙沟创办生生果树股份有限公司，培育出誉满全国的国光苹果等良种。天一公司先在锦州开垦，垦地售完，颇获其利，但继在黑龙江省呼玛县另设“三大公司”开垦后，因运输成本大、粮价低，亏折不少，无疾而终。

四川成都，有凤祥银楼、宝成银楼等一批“宁波帮”商人经营的银楼，并形成江浙帮，与四川银楼、陕西金铺“三分”成都金银饰品市场。“宁波帮”巨商刘鸿生抗战期间除在重庆创设中华火柴厂外，还在贵阳、桂林等地创办建国水泥公司、嘉华水泥公司、永安电池厂、中国毛纺织厂等企业；在兰州创设西北洗毛厂、西北纺织厂；在贵阳创设氯酸钾厂；在昆明和越南海防创设磷厂；在广西南宁创设化工厂。

1920年，旅居厦门的“宁波帮”商人曾创设宁波旅厦同乡会，“宁波帮”巨商李书云曾投资创办厦门信用银行。1918年，旅居安徽的宁波、绍兴两府商人在怀宁设立宁绍工商公所，后改称宁绍工商联合会，1930年改名为宁波旅皖同乡会，到1936年有会员146人。1843年宁波人李国照等发起在河南开封创设浙江会馆，1931年改名为浙江旅汴同乡会。1921年，旅居河南郑州的宁波籍人士设立宁波旅郑同乡会，并创办宁波旅郑公学，1936年会员达325人。1915年，旅居济南的“宁波帮”人士设立宁波旅鲁同乡会。1921年，旅居青岛的甬籍商人设立宁波旅青同乡会，会员达400余人。1924年，旅居烟台的“宁波帮”商人设立宁波旅烟同乡会，到1936年会员达200余人。1935年，“宁波帮”商人在成都创设宁波旅蓉同乡会，1938年在沙河堡购地创建成都四明公所。

（八）迁徙海外

“宁波帮”商人有三次移居海外的高潮：

第一次是在明代嘉靖年间，宁波一带商民竞趋海利，从事走私贸易，后来双屿、烈港、岑港等贸易港口相继被明政府派兵摧毁。这些从事海上走私贸易的商人一部分转为经营国内商业，另一部分则流落海外经商。

第二次是在清代光绪宣统年间，也有一批宁波商人移居海外经商。《定海县志》载：“饥驱寒袭，迫而之外，航海梯山，视若户庭。光宣以来，商于外者尤众，逐年侨外人数，几达十万。”

第三次宁波商人大规模迁徙海外,则是20世纪40年代。海外“宁波帮”也就是在这个时候开始形成并在世界各地组成“同乡会所”,在世界经济的发展中扮演着自己的角色。

二、“宁波帮”参与的政治、社会活动

(一)与外国殖民势力的斗争

1.与法国殖民者的斗争

地处上海的“四明公所”俗称“宁波会馆”,1863年划入法租界内。1874年5月,法国殖民者为霸占四明公所产地,制造了上海历史上第一次“四明公所血案”。经过旅沪宁波人的坚决斗争,历时4年,终以宁波人胜利而告终。1898年6月,法租界公董局打着建造学校、医院的幌子,照会上海道台,要求扩大包括四明公所在内的租界属地,并命令四明公所在一个月内全部搬迁。7月1日,严信厚、叶澄衷、朱葆三等召开董事会,决定坚决抵制法租界公董局的“勒令”,同时委托严信厚、叶澄衷二人为代表,走访上海道台衙门,要求清政府出面调停。由于清政府各级官员的懦弱退让,助长了殖民者的贪欲,法国领事白藻泰反而于7月15日向上海道台发出最后通牒,责令四明公所交出产权。7月16日凌晨,停泊在黄浦江上的法国军舰”侦察”号上的80多名海军陆战队队员手持军械,与法租界巡捕一起强行拆除四明公所的三段围墙,并将看管公所的工人和投宿的1000多个宁波人赶出公所。愤怒的宁波人与法国殖民者展开了搏斗,丧心病狂的法国强盗竟肆无忌惮地向手无寸铁的人群开枪射击,当场打死2人,打伤多人。7月17日晨,法租界公董局向租界内增加兵力,用高压水龙向聚集在十六铺小东门一带的示威群众喷射,海军陆战队、法国巡捕向人群射击,停泊在黄浦江的法舰也用散弹炮连续轰击。是日,群众死伤30余人,被捕10余人。这是上海历史上第二次四明公所血案。

面对法国殖民者制造的惨案,旅沪甬人不但没有被吓倒,他们吸取20年前血案的教训,一方面“在洋行工作的宁波人全部罢职、罢工,轮船运输陷于停顿”,严信厚、叶澄衷、朱葆三等商会董事带头关闭自己的商号、钱庄和工厂,积极参与罢工、罢市的斗争;另一方面,公推虞洽卿与沈洪赉负责联络和谈判工作。7月19日,虞洽卿到法国驻沪总领事馆去谈判,要求法国殖民者必须立即退还四明公所。虞洽卿拿出第一次四明公所血案签订

的协议书，明确指出：“法国租界内四明公所房屋冢地，永归宁波董事经营，免其迁移。凡冢地之内，永不得筑路开沟、造屋、种植，致损葬棺，由本总领事馆公董局令巡捕等随时照料，以全善举而敦和好。”但法方却避而不谈归还四明公所之事。谈判失败后，宁波同乡会愤怒谴责法租界当局和殖民者的暴行，号召更多的市民加入到罢工、罢市的行列中来。虞洽卿对工人说：“我们工商界给你们撑腰，罢工期间所失工钱我们加倍补偿。”同时还组织了一次由严信厚、叶澄衷、朱葆三等为代表的工商巨子参加的全市各界大游行。7 月 20 日，广东同乡会等旅沪各民间团体和组织也先后上街示威游行，形成了一支 30 万人的示威大军。这是上海开埠以来参加人数最多的反帝国主义爱国运动。

面对上海市民大规模的抗议示威，法国人被迫再次同意谈判。7 月 24 日由上海知县黄承宣出面，会同叶澄衷、严信厚、虞洽卿 3 人，到法驻沪领事馆谈判。经过针锋相对的斗争，双方终于达成了一个临时性的约定：

(1)法方对四明公所停止军事行动；

(2)华方由知县布告市民照常开市；

(3)善后工作及具作方案，待江苏藩司来沪后再行处理。

8 月 10 日，上海道台和法国驻沪总领事白藻泰就四明公所一案签订了协定：

(1)四明公所之地，仍归甬人，但此后不得掩埋新尸或停置棺木；

(2)华方毙伤等人援引同治十三年成例，由法方酌情予以抚恤；

(3)将八仙桥西首空地划归法国租界，起造医院、学校。

这场斗争尽管最后仍让法国殖民者达到了扩张目的，但毕竟也迫使法租界当局放弃了侵占四明公所的计划。

对这场斗争中“宁波帮”所起的作用，《虞洽卿先生略史及五十年大事记》这样记载：“先生追随严（信厚）、叶（澄衷）、沈（仲礼）诸公之后，奔走其间，多所建议，而抗身犯难之沈洪赉得有后援。”在第二次四明公所血案中，宁波籍工人的领导者是沈洪赉，上层出面调停的是严信厚、叶澄衷、朱葆三等，而直接奔走的是虞洽卿。

2. 与沙俄殖民者的斗争

1903 年冬天，沙俄巡洋舰“阿思科尔”号逃至上海港寻求保护，中国政府在收缴了它的兵械，经上海道台袁树勋和俄国领事商订管辖俄兵办法四条后，允许其在沪逗留。但俄国败兵却在租界内结队游行，制造事端。12

月 15 日午后，该舰士兵特兰提·亚齐夫与另一俄兵在南京路外滩坐人力车，不但不付车资，反而执斧行凶，将过路行人、在上海做木工的宁波人周生有劈死。华捕将凶手拘捕，但巡捕房却把凶手解至俄领事署，结果由俄领事将他释放回舰。侵略者草菅人命，激起上海市民的公愤。在群众的压力下，上海道台和俄领事进行交涉。俄国领事却存心庇护罪犯，借口无权处理此事，要把此案移交北京公使办理。

在此案中，宁波同乡会先是以“四明同人”名义发表启事，号召大家前往俄国领事署“观审”以防偏袒凶手。12 月 28 日，宁波商人又致电外务部，要求“迅速照会俄使，勒令俄领事速将凶犯交出，会同华官审办，俾安众心扩而免意外”。上海商务总会也举行演说会，并在俄“同志女会”所在的宗孟女学演出了俄兵行凶的影戏，《警钟日报》发表了《为俄兵砍毙华人事警告全国同胞》、《宁波人可以兴矣》等一系列文章，号召联合罢工。

1904 年 1 月 14 日，在沪各省商董于商务总会集会，决定停用俄国银行钞票。次日，数千工人在四明公所聚会，要求交出凶犯。然而，俄国领事仍拒不答复。对于这种蛮横态度，群众更加激愤，酝酿成立民命互保会，富者为马队，贫者为步队，每省成立马队一万，步队二万，人人执干戈，专为被外人戕害的华人申冤，以互保求自保。连上海道台袁树勋也不得不惊呼：“在沪甬人不下二三十万人，激于公愤，势甚汹汹。”

3. 与美国殖民者的斗争

1905 年，在国内掀起了一个为抗议美国殖民者迫害华工而发动的抵制美货运动。

开始，“宁波帮”的一些头面人物、身任上海总商会总理的严信厚和坐办[①]周晋镳等人，对此忧心忡忡：“换约谋及商人，或讶无此政体。”当商会致电外务部，推定领衔人时，严信厚既不领衔，之后也无积极表示，当日发电 21 商埠倡议抵制者中，就没有宁波。有人为此点名质问说：“表表众望所望”的严信厚、周晋镳、李云书，只需向宁波发“一纸书”，岂能“有不云和响应者乎”？尤其是在 5 月 10 日商会提出“相戒不用美货”的口号后，许多经营美货的宁波巨商竟趁等待美商改约两个月的限期，格外加订美货，“有定至明年十月者”，甚至还有署名“四明市隐”者公然提议：“期前已定已买……须准其销售，随时出清。”

---

① 坐办：清制，凡非常设的机构中负责日常事务的人员称为坐办，略次于总办和会办。

当然，此后在全国人民强烈的反帝斗争推动下，“宁波帮”巨商的态度也有所转变。

1905 年 7 月 20 日，上海商务总会给予美方改约的两月期限已至，但美方始终没有动静。当天下午，上海商务总会召集各帮商董讨论实施抵制美货，在激烈争论中，“宁波帮”坐办周晋镳明确宣布了“不定美货”的办法，各业领袖“自愿签名允认”。率先签名的有宁波商人火油业丁钦斋，洋厂五金业朱葆三、丁钦斋，洋布业苏葆笙，约占签名总数 11 人次的 30%。签名以后，“拍手之声，如雷震动”，一致议决：会后由上海商务总会出面通电全国 35 个商埠，宣告抵制美货运动正式开始。会后，“宁波帮”的部分代表及四明同乡会等团体还举行了抵制美货的集会。

4. 与英国殖民者的斗争

20 世纪初，清政府“借债筑路”，与英商怡和洋行代表英国银公司（即“中英公司”）订立了一份苏杭甬草约合同，粗暴干涉江浙两省绅民自办铁路的活动，激起江浙两省绅民的强烈反抗。在这场争夺苏杭甬铁路主权的斗争中，上海商务总会始终旗帜鲜明，态度积极。在上海商务总会占有要职的宁波商帮，不再像抵制美货期间那样貌合神离、同床异梦，而是积极投身其中。

时任上海商务总会总理的镇海人李云书，他本身是浙江铁路公司股东，在争取商办铁路、反对清政府以“借款筑路”为名出卖主权的斗争中一直是不遗余力的。1907 年 11 月，他以上海商务总会总理名义发出一份给外务部的复电，详细陈述苏杭铁路收回自办的斗争经过和农工商部批准在案的确凿事实，然后指责清政府说：“外交首在立信，岂内政不妨失信；匹夫犹重然诺，岂谕旨转可反汗。”若是“怵于列强，而上下暌隔，徒令彼族收渔人之利益，恐不逞者藉口生事，则大局去矣。自闻借款之耗，两月以来，无论江浙，无论股东，骇汗奔走，人人疑谕旨奏案旦夕无效，即旅沪各国之人亦罔不惊异，市面恐慌……凡营实业，人各自危，海外华侨，函电驰话，不审今年之关，沪市作何景象”？并告以江浙两省绅民。

朱葆三在收回权利活动中也做了一定努力。在上海工作的宁波人则表示：清政府如果不接受拒款的建议，则“全体罢工”。清政府对此十分害怕。两江总督端方在向清廷的奏章中说：“苏浙路事起后，两省人心嚣然不靖……上海‘宁波帮’人最多，工商劳役皆有，向称强悍，屡有‘路事决裂’，全体罢工之谣，尤属堪虞！”

(二)“宁波帮”与辛亥革命

辛亥革命是一次比较完全意义上的资产阶级民主革命,“宁波帮”积极支持辛亥革命。“宁波帮”对辛亥革命支持的一个重要方面,是对孙中山革命活动的支持。

20 世纪初,赵家藩、赵家艺兄弟在留日期间结识了流亡日本的孙中山,从此追随其后。他们一边留学,一边经商,并且以经营所得利润资助孙中山的革命活动。1905 年,赵氏兄弟加入同盟会。1907 年以后,孙中山发动 6 次反清起义,但均遭失败,尤其在资金方面极端困难。赵家藩、赵家艺得知后,把父亲留下的全部遗产“按时值大大贬价出卖,所得现款即交孙中山”。

吴锦堂在日本侨居时,也积极支持孙中山的革命工作,不但为同盟会募集资金,而且把自己的私邸供同盟会神户支部做机关之用。在“锦堂师院”原址上的“慈溪教师进修学院”院史资料认为:慈溪有两位在中国近代史上起过重大影响的人物,一是吴锦堂——孙中山就居住在他日本的家宅中谋划了辛亥革命;二是虞洽卿——积极支持蒋介石发动“四·一二”反革命政变,从而扶持蒋介石上台执政。

有资料证明,在辛亥革命前,“宁波帮”的主要人物如虞洽卿、李薇庄、李征五、李云书、朱葆三、周晋镳、沈仲礼等人,已与革命党人发生了联系,李征五、李薇庄与陈英士经常在一起工作,李征五、李薇庄还加入了同盟会。这些人为上海光复做了大量准备工作。

据李征五的侄子李祖范回忆说,辛亥革命时,李征五与黎天才联系,带了黎的一部分军队参加革命。上海光复时,李征五曾募兵组织沪军光复军,自任统领。

而虞洽卿等宁波商人组织万国商团,后参加全国商团联合会,虞洽卿为名誉会长,参加了上海光复的整个战斗。

朱葆三、虞洽卿特地把宁商总会所在地作为同盟会秘密会议场所,并向香港当局注册,领得“特别照会”,使租界当局无权进行搜查,以保证安全。朱葆三在策反清军巡防营、吴淞炮台时也做了一定工作。

上海革命党人起事后,江督下令出兵镇压。朱葆三从上海道台刘燕翼处获得消息后,即刻把这个极为重要的情报秘密提供给革命党人。

中华民国临时政府成立后,“宁波帮”也很活跃:朱葆三担任沪军都督府财政总长，虞洽卿为外交部副部长兼闸北民政长。

虞洽卿、周晋镳、朱葆三以及李平书、王一亭等，组织“敬礼海陆军人大会”，向准备北伐的海陆各军致敬。

李征五还发起组织中华民军协济会，作为筹饷的统一机关，并“预算北伐经费，以期准备军需，而作民军后援”。

方樵苓也组织“军事募捐团”以募集起义经费。

“宁波帮”对辛亥革命的支持还表现在对资产阶级革命党的财政支持方面，“上海军政府成立后，面临最为棘手的难题，是财政困难。为筹措革命经费，上海商会中‘宁波帮’尽心竭力支持。由沈缦云、周舜卿经营的信成银行和由‘宁波帮’作为主要投资者和主要当权者的四明银行，都曾积极为起义军提供经费。上海起义之主动者、光复前后……所发之军饷，大半由该两行所输出。”

虞洽卿还与袁恒之(花旗银行买办)、胡寄梅(华比银行买办)发起成立节费助饷会，呼吁各行号认捐助饷，指出：“两月以来，武汉一隅，相持不下，军需饷项，万分迫促，尤为岌岌可危之势。于此不为援助，万一大局瓦解，有噬脐之悔。”

“宁波帮”中一些商人如李云书、谢蘅窗、任炳荣等均亲自担任劝募人员，向社会募捐。

另据上海商务总会特别会议上周晋镳所作的报告称，沪军积欠上海商家之借款实数共有 300 万元之巨，都是通过上海商务总会向各业筹集的。

为稳定上海市面，军政府对上海商务总会寄予很大的期望。上海光复后的当天，沪军都督府就给上海商务总会发出照会：“军兴以来，东南各省以及鲁、晋、陕、汴次第响应，痛饮黄龙，指日可待。上海为华洋巨埠，兼之市面紧急，深恐惹起意外……要使申外侨民，安如磐石……贵会为商界之总机关，务望在各商家遍给传单，剀切晓谕，维持市面……”上海商务总会没有辜负军政府所望，毅然担负起安定上海市面的责任。

袁世凯窃取辛亥革命胜利果实后，“宁波帮”始终支持以孙中山为代表的资产阶级革命派，对袁世凯签订“善后借款”条约作了坚决的抵制和斗争。

1913 年，刚刚当选参议院副议长的国民党党员王正廷获悉袁世凯图谋后，即刻与国民党本部同人商讨对策，与议长张继去见袁世凯，准备面陈反对违法借款的意见，不得见而留书。王正廷还去各国银行交涉，但遭到各银行的冷遇。

善后借款成立后，王正廷与议长张继当即以参议院正、副议长的名义通电全国，谴责袁世凯政府违法借款的行径，斥责该项借款是“丧失主权”。并在4月28日参议院议决：“对于政府所定中国政府善后借款合同，认为未经临时参议院议决，违法签字，当然无效。”

“二次革命”爆发后，四明公所董事沈敦和以地方免于糜烂为理由，致函上海镇守使郑汝成放弃制造局。“二次革命”失败以后，四明公所又以红十字会名义，掩护革命军退出吴淞，从而保护了革命军的力量。

1915年5月9日，袁世凯与日本签订了辱国丧权的《二十一条》，反日舆论顿时沸腾。上海商务总会首先组成“劝用国货会”，推举虞洽卿、董少严、王正廷为正、副会长；随即，绅、商、学各界联合发起、召开了反对《二十一条》的国民大会，到会者近4万人，通过提倡国货、设立公民捐输处等项决议，且很快发展成为遍及全国的抵制日货热潮。

在抵制日货，提倡国货的斗争中，上海商会倡议救国储金，成立了以虞洽卿为首的“中华救国储金团”。该团以“国民协力保卫国家”为宗旨，向各地商会发出通电，倡议“人人爱国，人人输金”，在全国征集储金5000万元，“专备国家添设武备之用”，得到全国各省城镇商民热烈响应。

1916年，袁世凯经与梁士诒策划，准备合并中国、交通两银行，于5月12日发布了停兑命令，即强迫中国、交通两行兑换券停止兑现和存款兑现。这使中国银行信用大减，元气大伤。

时为中国银行上海分行经理的宋汉章坚决抵制，于5月13日毅然宣告拒绝接受命令，坚持照常兑现、付现，并以股东联合会的名义通电国务院、财政部、各省军政长官及各地中行分行：“此次中央院令停止中、交两行兑现、付现，无异宣告政府破产、银行倒闭，直接剜割天下同胞，丧尽国家元气。自此之后，财政信用一去不复，沪上中下银行，由股东会决议，通知经理照旧兑钞付存，不能遵照院令办理，千望合力支持。勒令中国银行遵办，为国家维持一分元气，为人民留一线生机。”此文发表以后，在社会上形成很大的影响。

以“宁波帮”为主要领袖的上海总商会，也于1916年5月17日向北京政府及各部发出通电，一再催促交通部归还拖欠交通银行的巨款，认为发行纸币是北洋政府命令，此次又要停止兑现，“试问商办股份公司有此条例否？今大部仅以股东之一欲卸责任，决非商民所敢承认。若就公司股东而言，即无向公司拖欠巨款之理。以股东之一而欠上海分行一部分至一百八十余万两，试问此项欠款是否尚在法律之中?”北洋政府在上海总商会一再函电催促之下，被迫于1917年4月30日宣告开兑。

通过停兑事件，袁世凯祸国殃民的反动面目暴露无遗。1916年5月21日，上海总商会给北洋政府的一些国务要员和驻节南京的冯国璋发出同样内容的电报，要他们敦促袁世凯退位，“从速解决，以定国事”。电文指出：“天祸中国，降此鞠凶，滇黔事起，兵连祸结，盗贼盈野，民不聊生，万商失业，奄奄待毙；又令中、交银行纸币横不兑现，全国金融信用陡失，立国以信，古有明训，以此示民，何以善后？人民苦虐政久矣。”反映了“宁波帮”反对袁世凯复辟倒退的立场。

(三)“宁波帮”与蒋介石反革命政变

1.“宁波帮”——控制江浙财团的核心力量

在第一次世界大战期间，“由于欧美帝国主义国家忙于战争，暂时放松了对于中国的压迫，中国的民族工业……得到了进一步的发展”，中国财团在第一次世界大战之后出现。它的出现，标志着中国民族资产阶级开始登上近代中国经济政治社会的舞台，扮演起影响中国历史走向的重要角色。近代中国财团主要有三个：一是北方财团(亦称华北财团)；二是广东财团(亦称南方财团或华南财团)；三是江浙财团。

江浙财团以上海为地盘，以金融业为中心产业，控制着当时的我国民族工商业。当时上海各业江浙财团所占的情况为：金融业主要的银行和钱庄有35家，江浙财团占21家；纺织业主要厂店有118家，江浙财团占103家；航运业主要有11家，江浙财团占9家；钢铁业与铜锡业主要有22家，清一色属江浙财团；制粉工场主要有6家，江浙财团占半壁江山。在江浙财团中，浙江系的资本家占了优势。1925年《上海总商会会员录》记载有会员505名，浙江籍会员占264名；会长、会董42名，浙江籍占30名。据1933年统计，中国外贸的二分之一以上和国内航运的四分之一都经过上海；在工业方面，上海几乎占近代制造业总投资的二分之一和工业劳动力的二分之一；上海银行公会的26家银行掌握着所有近代中国银行总资源的四分之三以上，从而成为近代中国经济的枢纽。

帕克斯·M.小科布尔在《国民党政权与上海资本家》中写道：“这一集团起源于‘宁波帮’——一个上海商人(他们是浙江宁波周围七县人氏)的

联盟。‘宁波帮’的势力最初在钱业和商业中，但是1875年以后，它扩展到买办活动和工业之中，后来扩展到近代银行业。”“‘宁波帮’的领导能力如此强盛，以至于它终于控制了上海商界，并在上海形成了更大的浙江系的核心。浙江系的成员控制了大多数上海钱庄、绝大多数上海纱厂、海关经纪人、主要的船舶公司和大多数设在上海的煤矿商号。这个集团控制着前面谈到的许多企业家组织，如总商会、上海银行公会和钱庄会。”（转引自《蒋介石传》，浙江大学出版社2008年版）也就是说，所谓“江浙财团”就是盘踞在当年“金融中心”上海的江浙两省籍的金融业者、实业家，以及财界、政界中有一定影响力的商贾群体，其代表人物除张静江（浙江南浔人）外，几乎清一色是“宁波帮”如虞洽卿、陈其采及叶揆初、蒋抑卮（浙江兴业银行）、李馥荪（浙江实业银行）、陈光甫（上海商业储蓄银行）、宋汉章（中国银行）等人。资料表明，江浙财团在上海控制着近代中国经济成分的所有领域，包括商业、工业和金融业。

2.蒋介石与“宁波帮”

蒋介石（宁波奉化人），作为近代中国官僚资本主义的代表人物，其“发迹”史是与以“宁波帮”为核心力量的江浙财团的鼎力相助分不开的。

杨树标、杨菁在《蒋介石传》中考证，认为下述这些说法均同历史事实不符，因为“蒋介石投奔孙中山远在上海交易所倒闭前，在1918年春就南下广州了”（下述资料均从《蒋介石传》中摘录）。

1921年10月，蒋介石在《与张静江书》中写道：“日来闲居无事，常以弄墨自娱，愧无进步，不能当大雅一睐。七日教言，领悉一是。代认恒泰股份，甚感！请为签字。”

《中国的全貌》一书写道：“在民国二年，当蒋介石不得志只身跑到上海时，他通过同乡老前辈虞洽卿的关系，担任了虞氏任理事长的上海物品证券交易所的经纪人。但是蒋介石投机失败，负了一身债务，可是这对虞洽卿来说，他不惜为蒋效拍马屁之劳，于是虞和青帮首领黄金荣研究之后，当孙文答应蒋到广东去时，赠给蒋到广东去的路费。如果没有虞、黄二人的仗义援助，蒋介石往上爬的企图就会落空，恐怕他达不到今天的地位。”

《江浙财团的支柱——“宁波帮”》一文也写道：“虞另一政治投机，是民国十年与国民党合办证券物品交易所及对某巨公（即指蒋介石）之培植。虞氏出资证券物品交易所，为交易所之始祖，经营证券、标金、纱布、麦粉各物，无所不营……某巨公为经纪人助理。后来证交风潮，信托公司、交易所相继倒闭,物品交易所却始终平稳。但是那般'革命商人'却有私人致富的野心,大做其投机,结果投机失败,在上海无法立足,只好走避广东。这笔账本为经纪人所欠,经纪人赔不起,只好由证券交易所负责,传说共欠账二百四十万元,到民国十二年还了一百八十万元,还欠六十万元。某巨公因为投机失败匿居虞家,由虞介绍黄金荣,后来又由虞资送赴粤。"

美国人在《出卖的上海滩》中,认为是张静江资助并鼓励蒋介石赴粤投机革命,说蒋介石在交易所发财之后"继续投机,尽失所有,还负了三万多元的债。年老的张静江给他三万元还债,还给了他一封致孙逸仙博士的信,并且对他说,他在战场上会比在市场上更为满意"。

我们以为,从《蒋介石传》提供的这些资料看,至少可以得出这些史实:

第一,蒋介石在"发迹"前,曾混迹于上海滩,并与张静江、虞洽卿有来往且得到他们的帮助,从事证券投机活动;第二,蒋介石投机证券失败负债累累后,张、虞仍予资助赴粤投奔孙中山。

不过,在蒋介石上台执政问题上,《蒋介石传》得出的结论与其他研究者是一致的:蒋介石首次赴粤,是在 1917 年孙中山搞护法运动南下广州召开非常国会、建立军政府的时候,他就投靠在广东军阀陈炯明的门下,在陈部任作战科主任,其间曾两度辞职,1920 年 10 月 6 日复归陈部的右翼军,先是代理第二军前线总指挥(因军长许崇智患病),后任参谋长,1921 年 4 月 23 日又辞职离粤赴沪。1922 年 6 月陈炯明叛乱发生后,蒋介石再度赴粤,以后一直在孙中山的身边工作。

当蒋担任了黄埔军校校长兼国民革命军第一军总司令后,《中国的全貌》一书这样写道:张静江"在民国十五年……应蒋邀请到广东,为了蒋介石而和各派系调停,一并筹措军费,参与机密工作,成为蒋的智囊,并在举行北伐战争时从内部作了很大的努力"。

以后,张静江甘心为蒋所用,担任过中央政治会议主席,以姻亲周觉为"中政会"秘书长,1926 年 7 月北伐开始后代理国民政府主席留守广州,并于 1926 年 12 月中旬到蒋介石在南昌的临时总司令部,参与蒋介石企图迁都南昌的阴谋活动。

蒋介石南下广州,站稳脚跟后,在 1926 年出师北伐。为了争取江浙财团的资助与支持,曾由宋子文等电邀虞洽卿等上海商界"名流"赴粤参观。虞洽卿遂推女婿盛冠中陪同王晓籁等启程赴粤。虞洽卿之所以推荐盛去,是因为看到蒋介石在广东飞黄腾达,声势煊赫,但不知还买不买过去在交易所助其一臂之力的账，所以派女婿去试探一下虚实。王晓籁等到广州后颇受款待，交谊如昔，直到北伐出师后，才返沪。虞从盛之口，知道了蒋介石很讲交情，并对浙东乡谊看得很重，于是就更加卖力地帮助蒋介石。北伐军攻下南昌后，虞洽卿便亲自赶往南昌拜会蒋介石。虞自南昌了解蒋的意图回沪后，就与江浙财团的一部分人，以所谓"为维护各业安全起见"，"对外应时势之需要，对内谋自之保障"的目的，撇开与孙传芳有密切关系的傅筱庵任会长的上海总商会，于 1927 年 3 月 22 日另行组织了包括上海商会、闸北商会、银行公会、钱业公会、交易所联合会等，把江浙财团要寻找的新靠山的宝全押在蒋介石的身上。

1927 年 3 月 26 日，蒋介石率部自九江进驻上海。"蒋一到达这座城市，便与虞洽卿和其他商界头面人物会面，以便获得他同武汉决裂所需的财政援助。"26 日当晚，虞洽卿就去拜访蒋介石；27 日，上海商业联合会专门召开会议，听取虞洽卿拜见蒋介石的情况报告。虞说："蒋已拟就宣言，即日可宣布。蒋对政治决取公开主义。闻拟延聘财政与外交委员数位，大约将于南北商会、银钱业两公会中遴选任用。""昨晚已有数机关由白总指挥代委，大多数为宁波人。鄙人当时主张尽外省人先用，蒋颇赞成。"又说："蒋对本会宗旨极赞同。"会上又推出吴蕴斋、谢韬甫、荣宗敬、陆伯鸿、吴麟书、劳敬修、闻兰亭、叶扶霄、顾馨一 9 人，后又增添了几人，同蒋介石具体商谈以财政支持蒋同共产党决裂的条件。29 日，这伙人"往见蒋总司令，接洽一切"，银行公会会长吴蕴斋起立"陈述商界全体欢迎"，"希望蒋氏对商业有维护方法，而商界当与合作到底"。纱业公会穆藕初述："劳资如昆季，当有精神上之联合，并以发展商业要点，在关税自主与取消厘金两端。"蒋答词谓："此次革命成功，商界暗中助力，大非浅鲜。此后仍以协助为期。至劳资问题，在南昌时已有办法。所有保商惠工各种条例，不日当可颁布，决不使上海有武汉态度。"接着，蒋介石就分别致函上海商业联合会和上海银行公会，说他已派财政委员专程同这两个会商定关于借款的事。函中说："现在军事未已，庶政繁兴。目前应用急需款项，应首先筹垫。"

江浙财团同蒋介石谈妥条件之后，就一笔又一笔地拿巨款给蒋介石使用。在"四·一二"反革命政变前后，蒋介石拿到第一笔钱是在 4 月 1 日，上海市金融业资本家先向蒋垫付了 300 万元。这是 3 月 29 日商界代表见蒋时认捐的 500 万元中的一部分，当时《时报》有一个报道，说商界代表"认捐五百万元，即继续输蒋，亦商界所愿，借款可以另案办理"。这笔钱直接资助蒋介石发动反革命政变。在第一笔钱垫付后几天，蒋介石接二连三地发电报致陈光甫（上海商业储蓄银行的头头、江苏省兼上海市财政委员会主任），要他转向虞洽卿商业联合会催拨3月29日认捐的500万元，上海银行先垫付了300万元。这是第二笔。上海银行公会以此向蒋介石提出要国民政府明文规定维护金融方针和承认并偿还北洋政府旧债的条件。蒋介石满口答应，不仅通过宋子文表示接受上海银行公会提出的全部条件，而且还以总司令的名义下令江、浙、皖、闽、粤各省军政当局切实保护各地银行、钱庄。第三笔是4月底中国银行上海分行又“借给”蒋介石1000万元，理由是蒋介石准备发行“江海关二五附税库券”，而且这个条例国民政府已经通过，垫款有偿还的保证。第四笔是在5月1日，江浙财团的资本家又认购了“江海关二五附税库券”3000万元——当时蒋介石以江苏省兼上海市财政委员会的名义发行了“江海关二五附税库券”3000万元，全数在江浙财团的资本家中摊派：上海银钱业认购了500万元，上海商业联合会认购了300万元，江浙两省认购了1200万元，绅富认购了700万元，两淮盐商认购了300万（另一说是这3000万元是国民党财政部公布发行月息七厘的短期库券）。第五笔是在10月（2400万）和次年初（1600万），蒋介石又先后两次发行“续发江海关二五附税库券”4000万元。

对蒋介石以反革命政变为交换条件的一笔又一笔的索取和摊派，江浙财团是支持的，他们满足了蒋介石的要求。以“宁波帮”为核心的江浙财团不仅在经济上一再支持蒋介石上台执政，而且他们对蒋介石的“四·一二”反革命政变还明确表态，政治立场十分明朗：

“四·一二”反革命政变后，蒋介石于15日在南京企图召开“二届四中全会”，上海商业联合会16日就给蒋介石发了一个电报，并请转国民党中央执行委员会和中央监察委员会，表示支持蒋介石的叛变活动。电报说：“窃维革命告成，建设附之。不图共产党抵知破坏，阴谋暴露，事实俱在。幸当局未雨绸缪，俾免赤祸蔓延，此商民所感慰者也。顷读吴稚晖先生呈请清党电文，盖见当有扫荡反动之决心。诸公此次列席会议，解决国是，在兹一举，可否之间，关系甚巨。敝会愿与三民主义相终始，对于当局清党主张，一致表决，愿为后盾。”

同日，上海钱业公会也给国民党中央执监委员会发了电报，表示支持蒋介石的叛变活动。电报说：“三民主义为救国救民之惟一政策，是以胜旗所至，靡不箪壶欢迎。乃不幸有捣乱分子，假党之名，窃党之权，欲试其倒行逆施之手段，为此反革命行为，全国人民视为公敌。伏乞诸公此次列席，毅力解决，扫除毒氛，除暴安良，在此一举。凡我人民愿作后盾。”

17日，上海银行公会也给蒋介石发了一个电报，并请转国民党执监委员会，表示支持蒋介石叛变活动。电报说：“自革命军奠定淞沪，商贾方期安居乐业。不图少数暴烈分子施破坏，扰乱大局；其叛党祸国，人民共愤。闻诸公此次列席会议，具有驱赤毅力，清党决心。树立国本，端在斯举，商业金融，实利赖之。”（上述资料均转引自《蒋介石传》，足见作者对“宁波帮”为主体的江浙财团当时的政治态度的评介。）

从上述对“宁波帮”参与社会政治活动的简单的回顾中，我们可以清晰地看到“宁波帮”在谋求经济发展目标支撑下的政治态度与价值取向：

首先，在与外国殖民势力的斗争中，只要是涉及“宁波帮”利益的，他们就会参与，其抗争态度积极、强硬与否，取决于对他们自身利益侵害的“程度”。例如：在为同乡命案而与沙俄殖民者的斗争中，宁波同乡会不仅以“四明同人”名义发表启事，又致电外务部要求“迅速照会俄使，勒令俄领事速将凶犯交出，会同华官审办，俾安众心扩而免意外”。上海商务总会也举行演说会，并在俄“同志女会”所在的宗孟女学演出了俄兵行凶的影戏，《警钟日报》发表了《为俄兵砍毙华人事警告全国同胞》、《宁波人可以兴矣》等一系列文章，号召联合罢工，决定停用俄国银行钞票。通过数千工人在四明公所聚会、成立民命互保会等形式，形成“富者为马队，贫者为步队，每省成立马队一万，步队二万，人人执干戈，专为被外人戕害的华人申冤，以互保求自保”的“在沪甬人不下二三十万人，激于公愤，势甚汹汹”的抗争力量。

在为“四明公所”生存而与法国殖民者的斗争中，严信厚、叶澄衷、朱葆三等召开董事会决定坚决抵制法租界公董局的“勒令”，要求清政府出面调停。面对法国殖民者制造的流血惨案，一方面“在洋行工作的宁波人全部罢职、罢工，轮船运输陷于停顿”，严信厚、叶澄衷、朱葆三等商会董事带头关闭自己的商号、钱庄和工厂，积极参与罢工、罢市的斗争；另一方面，公推虞洽卿与沈洪赉负责联络和谈判工作。谈判失败后，虞洽卿对工人说：“我们工商界给你们撑腰，罢工期间所失工钱我们加倍补偿。”同时还组织了一次由严信厚、叶澄衷、朱葆三等为代表的工商巨子参加的全市各界大游行，形成了一支30万人的示威大军，演变成为近代中国上海开埠以来参加人数最多的反帝国主义爱国运动，迫使法租界当局放弃了侵占四明公所的计划。

在争夺苏杭甬铁路主权而与英国殖民者的斗争中，上海商务总会始终旗帜鲜明，积极投身其中。时任上海商务总会总理的李云书本身是浙江铁路公司股东，他以上海商务总会总理名义指责清政府说：“外交首在立信，岂内政不妨失信；匹夫犹重然诺，岂谕旨转可反汗。”并告以江浙两省绅民在上海公认的路股数已超过 2000 股，即“宁波一府”所认也有 700 股之巨，“如此人心”，朝廷岂能视而不见，表示：清政府如果不接受拒款的建议，则“全体罢工”。

然而，在 1905 年国内掀起的一个为抗议美国殖民者迫害华工而发动的抵制美货运动中，“宁波帮”的态度却令国人“大跌眼镜”：身任上海总商会总理的严信厚和坐办周晋镳等人，对此忧心忡忡：“换约谋及商人，或讶无此政体。”当时倡议抵制美货者共 21 商埠，就是没有“宁波帮”！

直到给予美方改约的两月期限已至而美方始终没有动静时，“宁波帮”才在激烈争论中宣布了“不定美货”，“自愿签名允认”。

很显然，“宁波帮”在反对外来殖民者的斗争中，其态度的坚决与否取决于直接关联着他们的切身经济利益和本土情愫：如果侵害了他们的切身利益，如在沙俄殖民者杀害宁籍同乡案、法租界侵占“四明公所”案、英殖民者强夺苏杭甬铁路主权案中，“宁波帮”是坚决抵制、抗争直至罢工、罢市的。在这些特定的事件中，“宁波帮”站在全国劳动大众一边，与同乡、市民、工人们并肩作战，由此也使他们的斗争成为中国人民可歌可泣的反对外来殖民主义者的斗争洪流中光辉灿烂的一部分。然而，当反对殖民主义者的斗争会影响他们的经济利益时，如在“抵制美货”的爱国主义斗争中，如果不是迫于世人的舆论压力，“宁波帮”是不可能参与的，而事实上，他们的参与也是在获得了一定程度的经济利益回报后(追加订货)才被裹挟的。

从可数的“宁波帮”反对殖民主义者的斗争事件中，我们还可以看到“宁波帮”采用的斗争策略是颇为相似的：先都是“上书”相应的“政府部门”，申述“不同意见”；然后与外来殖民者“谈判”力争达成一致；只有在市民、工人、社会各界人士介入抗争行列时，他们的态度才表现得“对立”起来。这种斗争策略的一再采用反映的是“宁波帮”的阶级属性：“宁波帮”是有产阶级的集合体，他们身上流动的“斗争基因的启动子”是已有财富的不被侵害。因此，他们必然采取“谈判、妥协”为标志的斗争态度，而不可能采取“一个阶级推翻另一个阶级的暴烈行动”取而代之的革命态度。

简言之，在所有“宁波帮”反抗殖民者的斗争的原始起因中，都可以看到“与‘宁波帮’利益受损害”相关的特征，如：为同乡命案而与沙俄殖民者的斗争、为“四明公所”生存而与法国殖民者的斗争、为争夺苏杭甬铁路主权而与英国殖民者的斗争，而在“起因”于“关系不大”的为抗议美国殖民者迫害华工而发动的抵制美货运动中，“宁波帮”代表人物在开始时——说得好听些——是“忧心忡忡”，说白了，实际上是抱着“事不关己”的消极态度的。

这一切，都无一不在告诉我们：实际上，“宁波帮”对殖民入侵者的抗争是有“尺度”的，他们只是反对牵涉、损害到他们切身利益的殖民行为。在某种意义上，我们甚至可以说，“宁波帮”之所以会与殖民者作斗争，主要是基于切身利益的驱动——“无利不起早”的烙印，迄今还可以在其现代后人的身上看到！

正是“宁波帮”特有的有产阶级属性，使他们在真正的推翻压迫统治的革命风暴来临的历史选择中，走向了人民的对立面——他们由开始作为支持孙中山资产阶级革命的“先进生产力的代表”，崛起于中国民族工商业发展的短暂的历史时期，成为当时中国经济社会中的“精英”群体，却不能接受“只有社会主义才能救中国”的真理，走向了马克思主义理论指导的由中国工人、农民为核心力量组成的无产阶级政党旨在彻底推翻帝国主义、封建主义、官僚资本主义三座大山的新民主主义革命的对立面，成为支撑蒋介石腐朽、没落、黑暗统治的经济支柱。也正因为此，随着蒋介石逃亡台湾，曾几何时辉煌耀眼的“宁波帮”企业经济，以“宁波历史上的第三次大规模迁徙海外”的史书载文，描述了它在中国经济历史发展舞台上的“谢幕”！

“宁波帮”崛起于近代中国沦落为半殖民地半封建社会的历史时代，他们奋斗在殖民入侵、官僚盘剥的夹缝中，艰难地发展着民族工商业。在这个历史时期中，曾经称雄中国社会的“晋帮”、“徽帮”、“粤帮”走向了衰落和消亡，唯“宁波帮”却仍兴盛发展。究其根本原因，不得不承认：正是“宁波帮”特有的“文化”结构，使他们“顺应”了中国社会当时向半殖民地半封建社会滑落的“阶段性”历史趋势，选择了发展民族产业、走资本主义道路的结果。

（四）“宁波帮”的乡土情愫

“宁波帮”身处他乡，艰苦奋斗，开拓创业，但在他们事业成功和积累起一定财富之后，都乐于造福桑梓，热心故乡的公益和慈善事业。虞洽卿在

20 岁时即有"筹五百万元,将家乡建设完成"之宏愿,认为要"追随于诸君子之后为桑梓义务亦所愿也"。

1. 投资近代实业

在纺织、轻工方面,严信厚于 1887 年在宁波北门创办了宁波近代第一个民族资本企业通久源机器轧花厂。1894 年,他与周金镛又在原厂附近开办了通久源纺纱织布局,使轧棉、纺纱、织布三位一体。樊棻、盛炳记在家乡镇海鼓楼大校场旁办了公益织布厂。陈兰苏投资宁波和丰纱厂,严信厚投资通利源榨油厂、通久源面粉厂,蔡鸿仪投资禾盛烟公司、禾盛碾米厂。

在电力交通方面,孙衡甫于 1897 年率先投资在宁波办起了电灯公司,直到 1912 年和丰电灯新公司盘顶出让。虞洽卿、刘鸿生、孙衡甫、周仰山等在宁波市北门姚江与北斗河之间购地 11 亩建宁波电力公司,全称为宁波商办永耀电力股份有限公司,虞洽卿任董事长,周仰山任经理。虞洽卿、周仰山都有投资,孙衡甫当时所投资金、股份起码在 20%～30%。

1855 年,杨坊与当地绅商张斯臧、俞斌等一起"向粤东夷商购买大轮船一艘……设'庆成局'"。虞洽卿也"深知商务之发达端赖交通之利便",而"交通与商业,犹唇齿之相依,不可缺一者也"。1913 年,虞洽卿购"镇北"轮,行驶龙山、镇海、宁波等地;次年,正式创办"三北轮埠公司"。他在家乡投资的最大项目是镇海龙山三北轮埠公司龙山码头,同时,他又在龙山办电报局。1916 年,为便利三北轮埠公司营业,虞洽卿又在轮埠石塘上铺设铁轨,设"龙山铁路",并把 1910 年在南京劝业会场用过的轻便火车运到此地行驶。为在能源上有保障,虞洽卿还在电报房旁边办起了小型火力发电厂,以提供码头及其他设施所需电力。三北轮埠总公司设在上海,分公司设在宁波、镇海、龙山、舟山沈家门,小轮船可以从龙山出发,直抵宁波、上海,三北地方的土特产借此可以输往外地。

在金融业方面,从 19 世纪中叶开始,"宁波帮"在家乡积极扶持金融业,最早是对宁波钱庄的支持。同治年间,宁波有钱庄 36 家;光绪初,有 400 家;到 19 世纪末 20 世纪初,钱庄业更有发展。严信厚在宁波就有信源、衍源、永源、五源、鼎恒、复恒、泰恒、泰生等钱庄。镇海叶澄衷在宁波投资元大、余大、瑞大、志大、承大、义生、恒裕、正余等钱庄。李咏裳也投资宁波彝泰、彝生、天益、元益等钱庄。颜料大王周宗良于 1917 年在家乡宁波开办了恒孚钱庄。

1897 年,严信厚、朱葆三等人参加组织我国第一家银行——中国通商银行，次年在宁波设立兑换处，专司推广发行和兑换钞票。四明银行为清一色宁波旅沪实业家所创办的银行，时为全国仅有的9家银行之一，次年也在宁波设分行。

在农业方面，"宁波帮"非常重视水利建设。1905年慈溪遭水灾，吴锦堂捐资浚修杜湖、白洋湖及松（浦）、古（窑浦）、淹（浦）、竺（民浦）等湖、浦、塘、闸，至1910年竣工。长期在天津办实业的陈协中，也在20世纪初捐资修浚鄞县梅湖。1921年，镇海后海塘因风暴遭到严重破坏，旅沪的镇海籍人士盛炳记、李征五、方积蕃等"筹拨华洋义赈会会款，及宁波灾赈余款等银币十余万设局兴工"。

"宁波帮"在投资农业时有一个清晰的"特点"——注重实施综合经营。茶、桑、棉的种植有很大的经济价值，秦润卿从1918年起，连续3年从江苏无锡等地运来优良蚕种、桑秧，无偿分给当地农民饲育，并聘养蚕专家来家乡传授养蚕知识。当蚕业兴起后，又在慈溪开了一个大茧行，专收民间鲜茧，运沪出售。吴锦堂办实业学堂，在1909年10月间改订章程，以蚕业为本科，附设初等四年级简易科（即初小），续捐银4380元，栽桑30余亩，添设养蚕室、储桑室、缫丝间、茧灶室、扬返场（养蚕用）及选茧场等，加聘蚕学教员，于1910年正月改办初等实业学堂，并举办3个月1期的短期蚕业讲习会（毕业10人）。严信厚针对余姚、慈溪的优质棉花，创办通久源机器轧花厂，把家乡的棉花购进后进行机器轧花加工。镇海籍实业家李云书于1897年在家乡建立自来水灌田公司，开展自来水灌溉农田。

2.热心教育卫生

在教育方面，宁波商帮中许多头面人物出身贫寒，从小并未受多少教育，一旦有了成就后，就更重视家乡的教育。吴锦堂久居海外，深知列强训练国民、巩固国邦之道。1905年（光绪三十一年）他回国扫墓，兴办锦堂学校。学校于1908年冬落成，初为两等小学，1910年改高等小学部为蚕种初等实业学堂，次年改为中学堂。虞洽卿于1906年在家乡龙山出资筹办了龙山公学，以后改名为私立龙山学校。叶澄衷在家乡创办中兴学堂，辛亥革命后改称叶氏中兴学校。镇海方舜年、方积钰等于1906年在骆驼镇柏墅方村创办培玉学堂。樊棻于1902年在仓基弄创建樊氏便蒙学堂，附设勤稼女学，1919年改为樊氏便蒙乙种商业学校。史严生在民国初同盛竹书等5人集款续办城区东西困勉学校，学生免费入学。董杏生于1909年独资在家乡镇海创办董氏初学堂，负担常年费用，让贫寒子弟免费入学。在汉口担任宁波会馆总董的盛炳纪也曾在镇海创办养蒙、志成及公立一校，补助经费达13年，并且亲赴各乡劝学，两年内使公私学校增至70余所。鄞县乐振葆1916年在家乡宝幢独资兴办了“宝林小学”。煤炭大王谢蘅窗，1910年后先后在鄞县、镇海创办求精国民学校共7所，延聘名师，免费招生，数十年如一日。慈溪人秦润卿1915年开始与李寿山、王荣卿等人集资在慈溪永明寺老棚旧址(今江北区城西)购地兴建“普迪学校”，由鄞县名士谢缄三任校长，对一些贫困学生，不仅免收其学费，还供应纸张。朱葆三在家乡定海投资创办定海公学和宁波益智学校。“宁波帮”在家乡的办学，不仅促进了宁波近代教育事业的发展，而且为家乡培养出了一大批有用人才。比如著名实业家包玉刚、邵逸夫、包从兴、叶谋彰、赵安中都毕业于叶澄衷创办的中兴学堂。著名农学家童玉民教授也由慈溪锦堂学校推荐到日本留学。相应地，这些实业家又秉承此举，倾力投资教育等事业。

创办医院，是“宁波帮”创办公益事业又一个方面。秦润卿同陈谦夫等倡设保黎医院，并长期为之募集基金，添设器械，扩建房所，使之成为一所有良好设施的医院。

3. 热衷慈善捐赠

“宁波帮”热衷于家乡的慈善事业，诸如修路铺桥，修建祠堂、庙宇等。严信厚就在宁波设清节堂、仁安公所，在慈溪(慈城)庄桥河燕浦大隐桥之葺宗祠，修家乘，建寿芝庄，以济族人之生计。① 严信厚去世后，其子严子钧也遵照父亲的遗嘱，取出父亲部分遗产设忠孝堂义社，置田1300余亩，收入稻谷赠贫寒族人，另外在家乡还出资建怀德堂、义塾、义庄、牛痘局、崇义会、广益堂，济恤孤寡、修桥铺路，及对贫民赈济衣、米、药物之类，每年耗资不可胜数。对家乡人民赈灾，是“宁波帮”义举的重要内容，宁波同乡会更是不遗余力。如1911年9月，上海宁波同乡会即募集5万元赈济宁波各县水灾；1915年8月，又联合绍兴七邑旅沪同乡会成立浙江宁绍义赈事务所，募款赈济水灾；1921年，组织宁波水灾急赈支援，向上海、北京、天津各界通报被灾情形，请求竭力出资救助。

乐振葆在发展自己所经营企业同时，乐善好施，不遗余力地帮助同乡。1911年，他派船只接运营救因日本东京、横滨地震而受灾的旅日宁波同乡回国，为宁绍水灾及六横台风受难的乡邻筹款赈济，努力奔走。虞洽卿、吴

① 《上海总商会日报》卷2，第3期。

锦堂为救家乡灾荒做不少捐赠。1912 年，三北洪水成灾，虞洽卿、吴锦堂组织了“三北筹赈会”。虞洽卿从外地运来 4 轮船大米，吴锦堂也运来赈济米，办理平粜，并在观城、龙山一带实行义赊。1922 年，三北发大水，虞洽卿从外地运来白米一批，赈济三北受灾农民。1888 年，余姚水灾，余姚人毛纪(1887 年东渡长崎)“集捐筹赈”；1900 年，他又为家乡“铺筑本乡公路十余里”。鄞县人沈炽昌，也侨居长崎，1900 年，他回到故乡，“适逢岁歉，独立创办家乡平粜”。

(五)同乡集“帮”、互助互帮

“宁波帮”维系乡谊，常设“同乡会”出面维护同乡利益。

宁波旅沪同乡会自成立起，即把维护甬籍同乡利益置于重要地位。1911 年 6 月，江苏藩司为李厚祁经济案件查封小港李氏家族公产及义庄，同乡会即致电当局，表示抗议，要求分清公产、私产界限，最终使李家公产得以保全。甬人如在沪上遭遇种种不测，同乡会知悉后即会出面交涉，务使冤情昭雪。朱葆三也重乡情，为维护同乡利益做了不少努力。1907 年，定海发生了岭碇事件。因扣押无辜，激起了西乡数千农民入城造反，并提出两个条件：一是请朱葆三和镇海吴吉人主持公道；二是释放被捕的起义领导者。由于朱葆三的协调，问题最终得以解决。

宁波旅沪同乡会在虞洽卿等人领导下还做了大量救济本乡穷人的工作，如 1911 年设免利借款局，无息发放小本贷金，救助失业同乡，又帮助清寒同乡免费搭轮返籍。每逢战争发生，同乡会总是想方设法地帮助旅居外地的受难同乡返回原籍暂避，如武昌起义事发，同乡会即派船驰赴汉口，将同乡中之老弱妇孺接回宁波。1919 年 5 月，宁波学生和“救国十人团”为抵制日货，查获并销毁了“新章”商店囤积的大批日货，遭到一批打手突然袭击，受伤 10 多人。应宁波“救国十人团”代表的请求，旅沪宁波同乡会“为新江桥新章绸缎局殴辱学生案，通电甬各机关，并派代表往甬处理”。

必须强调指出的是：“宁波帮”会所与其他帮会会所有一个显著的区别——“宁波帮”会所发展的趋势和实践都证明，它们已经不仅仅局限于同乡的互帮互助，而且渗透着“宁波帮”代表人物的政治需求，从而在中国近代经济社会的发展中起到了不可低估的作用。

第三节 “新宁波帮”的辉煌

100 多年前，德国地质学家利希霍芬在多次考察中国后，经过比较不同省份特点，在《中国——亲身旅行和据此所作的研究成果》中，他惊奇地发现：“沿海有个特殊种族——宁波人。宁波人在勤奋、奋斗努力、对大事业的热心和大企业家精神方面较为优秀。尤其是商业中的宁波人……”这位异国学人慧眼识中的，便是以后天下闻名的“宁波帮”。

三江汇流的宁波，是中国最早开放的贸易口岸之一。开放带来的商业文明，使宁波人拥有了一种闯荡天下的勃勃雄心。宁波人自古以来就有的创业意识和冲动，以及对财富的追求与认同，无论是在锦绣繁华的开元盛唐，还是在经济全球化的今天，都得到了淋漓尽致的展现。经历百年辉煌后，从徽商、晋商等商帮中脱颖而出并成功实现现代转型的，唯独“宁波帮”——它将一个社会现象的横空出世与长盛不衰有机地融合了起来。时至今日，承袭祖先创业基因的新宁波商人，以与时俱进的辉煌让“宁波帮”三个大字流光溢彩。

一、“新宁波帮”不仅是海内外“宁波帮”血缘的承袭

在经济全球化的今天，“宁波帮”已不能拘囿于地域的制约。而且，以混合经济为主色调的宁波，也不能把“新宁波帮”简单地用所有制进行框定。新一代的“宁波帮”应当是丰富多彩的，他们的根在宁波，比如杉杉，“脚”（生产基地）在宁波，“头脑”（总部）在上海，“眼光”（战略布局）却已呈国际性。据宁波市工商业联合会对全市范围内 196 家上规模民营企业的调研显示，2008 年度宁波市上规模民营企业中拟向海外拓展的就有 158 家，占总企业数的 80.6%，它们主要以建立销售网络、设立办事处、建工厂、设研究开发机构等形式在海外拓展。

改革开放 30 多年的时间中，新宁波人传承“宁波帮”尚商善贾的百年传统、精明笃诚的创富实践，敢为天下先，以务实的姿态，谋定而后发，成为中国经济舞台上最活跃的商帮之一。

“新宁波帮”之“新”在于：其一，与以往的一家独大不同，当今的宁波呈现一种新气息，即产业集聚效应，比如已形成了鄞州的服装、宁海的文具、

慈溪的小家电等较大规模的产业带,不仅产业分工明显,而且产生了一大批执行业牛耳的旗舰级企业。其二,置身于欣欣向荣的环境。改革开放30多年来,宁波在党中央一系列理论、方针、政策的指引下,在市委和市政府的正确领导下,探寻出了一条适合自身实际的混合经济发展道路,民营经济、集体经济、国有经济和外资经济在这里平等竞争,互相促进,而民营经济正是其中的生力军,涌现出许多我们耳熟能详的企业品牌,如雅戈尔、奥克斯、杉杉、广博、陆龙、方太等;在余慈地区还培育出了细分产品市场中全球排名第一的"隐形冠军企业",成为拉动地方工业经济增长的重要力量,为宁波戴上了中国品牌之都、中国模具之都、中国文具之都、全国小家电生产基地、全国汽车零配件生产基地等荣誉光环。政府的开明开放,不仅实现了民营企业与其他所有制企业享受同等待遇,实现公平竞争,还总结出了一条可操作性强的发展思路:以建设一批名园、培育一批名企、发展一批名品为载体,以推进技术创新为动力,推进民营经济增长方式从粗放型向集约型转变。

二、"新宁波帮"有形的贡献力

从2008年宁波市工商联主席崔秀玲接受采访的报道中了解到,截至2008年6月底,宁波市共有非公有制企业10.53万家,注册资本1540.85亿元,非公有制经济创造的GDP接近全市总量的80%,创造的利税约占全市的70%,创造的就业岗位接近全市的85%,非公有制经济活力指数在全国位居前列。

据宁波市工商业联合会统计,2008年度宁波市上规模民营企业共196家,其年营收起点为3亿元。宁波市工商业联合会对全市范围内196家上规模民营企业调研的有效数据显示,196家上规模民营企业营业收入户均14.29亿元;金田、雅戈尔与奥克斯保持了前三强位置,在全市范围内稳居前列(见表1-2)。

表1-2 2005—2008年营业收入排名前三位的宁波市上规模民营企业

年 度	第一位(万元)	第二位(万元)	第三位(万元)
2005	1,671,66 雅戈尔集团	1,116,424 金田铜业	1,071,930 奥克斯集团
2006	2,200,495 金田铜业	1,740,452 雅戈尔集团	1,083,298 奥克斯集团

续表

年 度	第一位(万元)	第二位(万元)	第三位(万元)
2007	3,197,041 金田投资控股	1,840,866 雅戈尔集团	1,713,152 奥克斯集团
2008	2,549,950 金田投资控股	2,493,649 雅戈尔集团	1,640,977 奥克斯集团

让我们以奥克斯为例,探究“新宁波帮”的精神风貌吧:

他们从牛棚中起步,缔造出电能表的世界王者,改变了中国家电的势力版图,主导了空调行业的突进,创造了一个以小博大、以弱胜强的经典商战案例,他们让宁波制造成为消费者优质平价的代言人,让中国商业再次高调起宁波新商帮的声音。但是,他们在金融危机之前狂热喧嚣中却选择了静静的蛰伏,选择了以超过百亿元的“身段”埋头思想文化转型,选择了从容,选择了坚守主业适度多元;当很多企业还处在后危机时代的迷茫之时,他们率先推出面向未来的战略,以战略生存的姿态跨越发展,向五百亿乃至更大的世界级企业目标稳健前行。

2009年,他们在稳步推动企业主业发展的同时,南及深圳,北上天津,西取成都,加速了其全国版图的战略性扩展。

他们是——金融危机下宁波民营企业功勋榜样企业——奥克斯集团。

以上是宁波市2009年度榜样民营企业评选专家委员会给予奥克斯集团的颁奖词。在此,我们从奥克斯集团身上可见当今新“宁波帮”的影响力。

当它开始做电能表的时候,全国最大的电表企业是它的500倍。

当它开始造空调的时候,全国最大的空调企业是它的1000倍。

是什么力量使它一夜之间声名鹊起,短短数年间便迅速成长为行业四强?

是怎样的勇气,让它不惜站在所有空调企业的对立面,向公众披露了行业讳莫如深的成本秘密?

是什么让它宁愿放下屡战屡胜的价格战,在忙不迭跟风的对手一片错愕中,毅然开始了品牌重塑之路?

是什么使它不惜以一己之力,推动着行业由暴利时代向品质化、理性化时代转变？

它缘何肩负起行业使命和时代使命，又是怎样从一个曾经的“行业破局者”成功向拥有“行业话语者”的行业领袖转型？

2007年9月7日，一场以“未来，由敢而生”为主题的奥克斯2008商务大会在北京稻香湖景酒店隆重召开。在此次会议上，奥克斯空调为自己定下了“未来，由敢而生”的发展思路，向世人诠释了2008年度奥克斯品牌新的内涵：勇敢、时尚、人性化和科技创新。

一个“敢”字道尽了奥克斯由小到大、由弱到强的发展历程，站在今天奥克斯所处的行业顶端，回望其发展历程更能细细咂摸个中的辛酸与甘甜。

奥克斯闯入空调行业的历史，在2001年划下了一道“分水岭”：一场“爹娘革命”，使奥克斯一夜间从幕后走到台前，提高了知名度；一纸空调成本白皮书，在业内掀起轩然大波，提高了品牌可信度；一张“米卢”牌，借助名人效应，打响了美誉度；一台“一分钱空调”，狂轰广东市场，提升了行业地位；一道“服务大餐”，首创空调增值服务模式，确立了竞争新优势。

今日的奥克斯早已褪去了当年行业后生小子的青涩，结盟国家奥林匹克体育中心，牵手中央电视台，与欧洲最大广告集团阳狮广告、日韩等顶级研发公司及专家强强合作……曾经的“奇巧淫技”也变身成了江湖显学，无论是作为“皮书系列”的“开山鼻祖”，还是空调界的话语大佬，奥克斯正在向世人展示其身上日渐明朗的“达者”风范。

——初出茅庐：我欲、我能——市场才是王道。

低调、沉稳是人们对宁波商人的最直接印象。在这一点上，我们很难从挟“行业黑马”之势出场的奥克斯身上觅见这一份传统色彩，更多的是“不按常理出牌”、“不走寻常路”等字眼。“逆”宁波商帮风格似乎更多地被认为才是奥克斯的底色。

有学者把公司分为三类：规则制定者、规则接受者和规则破坏者。奥克斯无疑扮演着重写规则、突破框框的行业革命者。“我欲、我能”，凭借特立独行的事件营销方式迅速打造品牌知名度，书写行业新游戏规则，是奥克斯迅速成长的利器。

奥克斯营销的魅力和效果，昭示并且产生了巨大的震撼力，在企业界、营销界、策划界和理论界都引起了巨大的示范效应和带动效应。在行业成熟度高、品牌繁多、技术层面面临瓶颈的行业背景下，价格战蓄势待发，奥克斯就这样拉开了其后震动江湖的一道道大手笔的序幕。

2001年2月,奥克斯打出了"免检是爹、平价是娘"的口号;2002年4月,奥克斯公布《空调成本白皮书》;2003年3月11日,奥克斯投入3000万元,在全国独家推出空调免费年检大行动;2003年4月23日,奥克斯发布《中国空调行业技术白皮书》,倡导"冷、静、强、省"的空调"新标准"。

随着价格大幅下调,空调成为消费者真正买得起的家电,从而使市场容量大幅上扬,蛋糕被无限做大。2003年上半年空调器产量增幅就达到了36.2%,成为增长最快的家电产品之一。奥克斯也藉价格战的发起者、执行者、推动者成为最大的受益者,2004年以380万台的销量,跻身国内空调界的第一阵营。

从成本到技术,从健康到服务,奥克斯已经成功改写了空调业格局,其销量年年猛增,一路攻城略地,由路边的野孩子冲入空调阵营的第一集团军,"市场才是王道"在奥克斯身上再次得到印证,其行业领舞者的形象也越来越清晰。

——"敢"者无疆:价值战,品牌突围新拐点。

随着时间的推移,商业竞争格局以及零售业形态不断变迁,品牌承载的含义也越来越丰富。品牌是企业的生命力,在社会竞争环境中,品牌展现企业最突出的优势,是造就企业最核心的资本要素。而奥克斯早早意识到,跨国企业的品牌观念已经发生了重大转变。在它的眼里,三星、LG等国际品牌通过时尚外观已经创造出了一个巨大市场,并由此树立了对自己极为有利的品牌形象,而国内大多数本土企业在产品的工艺设计方面仍有着明显的弱势,如果奥克斯率先突破,就能够迅速抢得市场先机,占据高端市场。

正是凭借着对市场的清醒认识,奥克斯在这个品牌时代走出了一条属于自己的康庄大道。"敢"者无疆,可以说是对奥克斯实施价值战,实现品牌突围的最好诠释。

——时代在进步,今天你"品牌"了吗?

世界上没有任何一件事是完美的。不可否认,在奥克斯利用事件营销迅速成名的背后,业内的质疑和非议也扑面而来。与此同时,伴随着行业的整体成熟和市场的变迁,依靠"事件"而提高营销的"土壤"已不复存在。

在奥克斯发展的不同历史时期,曾先后实施和完成了三次重大品牌转型,依次是:"先做销量再做品牌"、"边做销量边做品牌"、"提升品牌促进销量”。换句话说，奥克斯当前已走上了从单纯的价格炒作向价格与品牌相结合的营销模式，也就是所谓的“从价格战向价值战过渡”的道路。

2005年起，奥克斯开始全面实施“产品领先战略”，奥克斯人的观念也在更新——由单纯向市场要利润，转变为向产品要利润，通过研发出功能领先、外观时尚的创新性产品，获得竞争优势和更多的市场机会，提升奥克斯品牌形象。据称，目前奥克斯空调的研发、创新能力已经处于行业领先行列，足以与日、韩、欧洲等的国际大品牌相媲美。

从无名小辈到空调业巨头，奥克斯已做到了无缝隙的顺利切换。奥克斯至今已拥有“三星”和“奥克斯”两大品牌，成为国内唯一一家同时拥有两个跨行业的“中国驰名商标”和“中国名牌产品”的企业。这为行业和理论界提供了一则倾20年之力打造一个中国制造业著名品牌的发展典范。

三、“新宁波帮”的特质

(一)高强度的创新力量

历史一：清末民初，出自宁波的商人便创下诸多第一，为“宁波帮”注入“敢为天下先”的精神元素，证明了宁波企业家勇于创新的特质。在上海，“宁波帮”创下了38个上海乃至中国社会经济生活中的“第一”：第一家中国自办的银行、第一家以城市为标志的股份制商业银行、第一家华商交易所、第一家民营轮船公司、第一家新式毛织厂、第一个红十字会、投资拍摄了中国第一部电影、上海最早的行会组织、第一个商业社团、第一个金融资本家……

这段历史是1929年前后，近代“宁波帮”最辉煌时期的起点，“以四海谋财，灵活善变；以新求新，以新制胜，闻名于中华各商帮”是“宁波帮”获得的评价。

历史二：改革开放后，新宁波商帮求新求变，敢于打破陈规、颠覆旧格局，同样引起了全国的关注。在温州模式与苏南模式争雄，引导各省市改革开放道路选择时，宁波独创出混合经济模式，结束了集体与私营之争。宁波的很多民营企业也以诸多第一闻名，在2000年，据统计有100多个全国第一，“某某大王”遍及诸多行业。

由于近代宁波商帮的巨大声誉，有关研究层出不穷，典籍甚多，争议也较多。但在什么是宁波精神这个问题上，最终认识却非常一致：“诚信、务实、开放、创新。”这其中，“创新”又被公认为宁波精神的本质所在。

这并不是宁波人的自我加冕，而是有着深厚历史传统的总结，是近代宁波商帮辛勤血汗和聪明才智的凝结，更是改革开放后新宁波商帮的传奇证明。

宁波滨海，面临大洋的挑战，艰险的环境养成了他们的开阔视野、坚强意志和不断创新的精神。近代宁波作为五口通商口岸之一，虽是旧中国耻辱之见证，但客观上也给宁波商人率先带来新观念的冲击，强化了他们善于不断接受新事物的特征。

宁波在文明架构中处于农耕文化与海洋文化的结合点，这种独特的地理区位优势与深厚的历史文化底蕴，孕育、培植并不断锤炼着宁波人民勇于进取、敢作敢为的创新精神。宁波创新精神的灵魂深藏在“敢为天下先”的文化心态之中，并成为宁波人勇往直前的内在驱动力。

史料证明，这种创新精神早在浙东文化的学术思辨中就能找到强烈的印证。明代的王阳明敢于在禁锢人们精神的“理学”一统天下的思想格局内，公然倡导“致良知”学说，鼓动人们冲破既定的思想牢笼，去争取自我心灵的解放，在中国思想文化的发展史上掀开了光辉篇章。黄宗羲以振聋发聩的声音，提出了前所未有的社会改革与民主启蒙的进步观念，历史性地突破了儒家理论的传统框架，让百姓在黑暗的封建年代里看到未来社会的曙光。

这种创新精神在近、现代宁波商帮的发展史上，也不难找见。宁波商人朱葆三、虞洽卿等破天荒地筹建起新型航运公司，并于20世纪30年代率先成为国内最大的民营航运企业。人称“五金大王”的叶澄衷，以及“火柴大王”、“肥皂大王”等宁波商人，抱着“敢为天下先”的观念，纷纷成为各自行业的“巨子”与“领头羊”。

而自改革开放以来，宁波人在资源缺乏、能源不足的客观条件下“敢为天下先”，重新白手起家，“衬衫大王”雅戈尔、“制笔大王”贝发、“阀门大王”志清、“日用品大王”利时、“文具大王”广博、“八音琴大王”韵升等等150多个行业领袖纷纷从宁波涌出。

更值得称道的是，新宁波商帮并未止步于“大王”，他们更善于抓住时机创新转型，不断向科技、品牌及新市场等更深广的领域进军。比如雅戈尔，自1979年从几台破机器起步以来，不断地求新求变，在20世纪90年代初率先采用了“无浆工艺”；1996年首次独家开发“VP棉免熨衬衫”，成为中国服装行业有史以来第一个国家级新产品;1999年又独家引进了当今世界最先进的VP免烫技术和设备,成功开发出新一代免熨产品“VP棉免熨衬衫”。持续的系列技术革新,使得雅戈尔衬衫连续八年获全国市场综合占有率第一位,西服也连续两年保持市场综合占有率第一位,并早早地布局资本市场,在房地产、股市斩获资金,在服装主业上展开多行业的垂直链扩张,并收购美国同行巨头,率先向国际化挺进。

本是一个乡间小厂的韵升,从无做到有,从小做到大,他们生产的八音琴占据国内市场份额的90%以上,占国际市场的50%以上,无论生产与销售都堪称世界八音琴大王。但作为“新宁波帮”,他们的创新欲望并不就此停止,还不断地把触角伸向新领域,在强磁材料、汽车发电机、起动电机、碳钢、不锈钢弹簧等领域开辟出新的生存空间,并取得长足发展。

从大上海崛起到香港振兴,从虞洽卿、董浩云到包玉刚、邵逸夫,从同仁堂、亨得利到冯存仁、老顺记,从红帮裁缝、五金杂货到船运外贸、钱庄银行,从中国的第一家火柴厂、第一家毛织厂到中国的第一个商业社团、第一家金融机构……“宁波帮”写就的每一个传奇,都足以使他们名垂青史,以一种骄傲的姿态面对世人。

今天,尽管低调的“新宁波帮”商人们沉默依旧,却掩饰不住他们“敢为天下先”的商业特质。

17年前的农民郑坚江带领7个人承包的乡办钟表零件小厂,成就了如今全球最大的电能表生产商和国内家电业巨头奥克斯;20年前的村妇史利英带着村里的19个姐妹办起的劳保用品厂,长成了如今国内最大的制服生产商培罗成;濒临破产的宁波纺织控股公司改组成的维科集团,现已成为中国最大的家纺出口企业;亏损上亿的宁波卷烟厂开始凤凰涅槃,如今这只“大红鹰”每年能给国家带来130多亿元的税收。

大至工业机器,小至螺帽螺丝,“新宁波帮”似乎无所不干、无所不通……很难为这样一群商人和企业作出准确的定义:他们中的大多数在创业时几乎一无所有,但是他们总能演绎资本的神话;他们很少有骄人的学历,甚至出身低微,但是他们的企业总是驰骋全国乃至全球;他们扎根于宁波,但是他们的眼睛始终关注外面,他们的步伐紧贴甚至领先潮流。

(二)战略思想者

纵观上下几百年,所谓中国十大商帮,大都逐步衰落甚至销声匿迹,唯独“宁波帮”长盛不衰并得以在现今发扬光大。其得以“高位运行”并持续发展背后的精神因子，值得深究和探讨。人是生产力的第一要素，发展的活力最终取决于人文活力。正所谓“先有非常之人，才有非常之事”，百年来一代代宁波人之所以能在商场上纵横驰骋，固然靠对商机的敏感和把握，靠对商场的运筹帷幄，进而言之，靠的是一种充满灵性的商业智慧和生存哲学。他们勇于冒险更善于冒险，他们的机警、灵敏、开朗、有胆识总能助他们化险为夷。“宁波帮”兴盛背后的浙东文化最能体现解放思想和务实的精神。这种精神具体体现为：开放开拓、勇于创新；艰苦创业、勤俭节约；以德兴业、诚信为本；亲邻相帮、同乡互助。“宁波帮”精神是宁波的宝贵财富。如今，宁波固有的群落文化让“宁波帮”扬名立万，而它更为重要的作用，是在持续地培育着一代又一代的“新宁波帮”。

在今天的“新宁波帮”身上，我们仍然能明显感受到这些精神气质及行事方式。从草根作坊到现代企业，新宁波经济不断成长壮大。与历史上晋商、徽商相比，宁波商团一个值得注意的特点就是历经数百年不衰。21 世纪初期的今天，光境外就有 30 多万“宁波帮”后代，其中至少有 7 万人仍从事工商业。

由于自身蜕变、政治变动、自然灾害等各种原因，中国向来有富不过三代的说法，财富和荣誉难以长期维系和传承。哪怕是今天，新富阶层的继承问题仍然是社会关注的焦点。独宁波商团能历经数百年而不衰，个中原因，除了宁波商团注重诚信、吃苦耐劳等诸多原因之外，与宁波商帮独特的审时度势、整合资源的能力密不可分。

“宁波帮”从萌芽到改革开放后现代本土“新宁波帮”的重新崛起，期间经历数个历史阶段。综观其发展的历史，宁波商人似乎天生就有一种审时度势的能力。“新宁波帮”的说法，本身就标明它与传统意义上的“宁波帮”有着不同之处。“新”即“异”，也就是“新宁波帮”商人的战略思维与他们的先辈有不同之处。这种不同可以放大到很多细节，但总体而言，这种“新”集中体现在对市场机会的辨识与把握能力上。今天的宁波商人从事的行业似乎与以前的“宁波帮”不同，金融业和港口受到国家计划经济的控制，聪明的宁波人要想再现祖辈们的辉煌，必须另辟新路。

今天“新宁波帮”崛起的新思维除了“赤手空拳创业、吃苦耐劳冒险”等共性特征外，根本之处是新宁波商人“小事从权，大事从道”。他们能敏锐地捕捉到整合各种资源的最佳结合点，精准地发现其间的比较优势，并能将这种整合能力发挥到极致。成功的方式有千万种,但没有一种来得像这个有效。今天宁波最负盛名的产业——服装业的崛起过程,似乎可以成为我们观察宁波商人思维及性格的一个脚本。

近代以来,奉(化)帮裁缝成为中国西装业的开创者,在解放前的上海滩红极一时。在宁波民间,有不少农村妇女精通裁缝;在上海,又有一些著名的服装设计师是宁波人。奉帮裁缝成了整合民间上下游技术资源的纽带。于是,在来自上海的奉帮裁缝的技术支持下,宁波服装业开始兴旺起来。不局限于“什么赚钱做什么”,宁波人一直对做企业非常执著,有自己的产业理想。在服装业,他们从创立开始,就非常注意建立品牌形象,并始终以把服装业做深做强为己任,雅戈尔、太平鸟、洛兹、罗蒙、培罗成等企业目前已经成为全国服装业界的佼佼者,但坚持主业的心思却很“顽固”。新“宁波帮”之所以活力四射,与这种充满灵性的商业智慧有着密不可分的关系。

通过整合资源及比较优势求得最大化发展,“新宁波帮”这种能力已经被实际操作者精辟概括。石钟韶——一个成功的宁波商人,旗下的新中大软件股份有限公司,是中国十大软件品牌之一。他的著作《抢位——灵动联盟的故事》,为我们解剖了“新宁波帮”崛起鲜为人知的秘密。通过考察,石钟韶发现:宁波一带无数中小制衣厂、电器厂自发形成了一种“合作大生产”模式。这些不同的生产商、供应商以及经销商,分工完成商品生产销售中看似繁杂的各个环节。这样的精细分工、发挥各自优势的运作模式,在全国来说都是比较罕见的。聪明灵性的新宁波商人给了我们一个启示,单凭单打独斗是很难有竞争优势的,对一些想要闯出自己的品牌的企业而言,必须走一条集约整合的联盟发展之路。通过有效地整合比较优势,形成一种灵动高效的运作格局。这种普遍的运作模式,用今天最新的平台管理思想来看,便是——联盟体资源计划 URP(Union Resource Planning)。

事实上,今天的宁波已形成产业集聚效应,产生了像鄞州的服装、慈溪的小家电等超大规模产业带。宁波的民营经济不仅产业分工明显,而且产生了一大批执行业牛耳的旗舰级企业。以服装业为例,其中雅戈尔、杉杉和罗蒙在业内五强中分居第一、二、五位,其他如三星奥克斯占据着国内电表业榜首,帅康、方太则分食了国内厨具行业的半壁江山,贝发、广博的文具成为行业的标准。

“新宁波帮”战略思维是“宁波帮”精神的传承与光大。正是一代代宁波商人智慧与灵性的不断传承，才有“宁波帮”的经久不衰、生生不息。无论是“新”还是“旧”，贯穿百年“宁波帮”的，是广大“宁波帮”人士在艰辛的创业过程中形成的独特的精神品格。这种精神品格，个性鲜明，内涵丰富，是不同时代宁波人自强不息、奋发向上的生动写照。它渊源于深厚的历史文化底蕴，植根于时代振兴的伟大实践，既融合渗透着民族精神的精华，又集中体现了宁波精神的鲜明特征。

让我们还是以奥克斯在金融危机中的表现为例，来作为本小节的结语吧。

战略思维的践行者——奥克斯集团：面向未来，思路决定战略出路

金融危机背景下，活在当下是一种最明智的选择，但对立志于世界级百年企业的奥克斯而言，这远远不够。我们不仅需要与金融危机对抗确保自己的生存，更要有未来的远见，将企业的持续发展作为核心指引。

“文化转型是提供一种清醒认识自己的思路，认清自己才能认清未来。作为率先遇到天花板的大型民营企业集团，我们需要重新谋求跨越发展，建立起面向未来的战略指引。”郑坚江表示。如其所言，我们相信民营企业不会一直停留在求生存的阶段，我们相信民营企业正面临跨越发展的重大机遇，过去把握机遇靠冒险，现在和未来把握机遇，就只能依靠面向未来的战略指引。

正是在金融危机时期，奥克斯变得无比沉静，他们结合企业实际，站在跨越发展的新高度，制定了集团三大战略：人才战略、产业升级战略、国际化战略。这些战略描绘出了奥克斯未来美好蓝图，同时他们也拟定了使战略规划落地的各项具体措施和系列变革。

与以往相比，他们更注重内部要素和外部资源的有效匹配；更注重包含目标愿景、品牌建设、人才梯队等整体内涵的提升；更强调实现管理模式转变，特别在授权体系上，推行“刚性集权、有序分权，充分授权，科学用权”十六字方针……

有了清醒的思路，就有了清醒的战略指引，奥克斯将今后的核心工作分为两个方面：一是打造核心竞争力；二是使战略规划落地。

奥克斯核心竞争力提升工程，又分为品牌建设、风险管控、成本领先、产品差异化四个维度。品牌建设上，奥克斯低调两年多之后，已积蓄了新的能量，今后将增加集团整体品牌和影响力的推广；风险管控侧重于强化预算管理和费用审计，推进对管理层的放权同时，完善监督体系；继续坚持技术创新、成本领先，保证同等性能低成本，同等成本高性能，保持成本优势；提高研发技能水平，走产品差异化竞争道路，保证产品市场领先。

在战略规划落地方面，明确了人才战略是企业永续发展的根本保障，产业升级战略是给企业发展提供正确的路径，国际化战略是集团发展目标；明确奥克斯最终要形成以家电为核心主导，地产为关键支撑，多元投资为有益补充的战略格局。

人才战略上，将依据奥克斯近两年总结出的八大素质模型，如人际敏感性、系统思维、资源整合、团队建设、学习能力、业务能力、执行能力、信息采集等八个方面，将这一成熟的理论与工具全面应用到人才的引进、培训和测评考核中，目标是：不仅要实现对人才录用赢在起跑线上，更要赢在“以人为本”的每个阶段。在此基础上，强化培训关注发展，坚持学习导向来推动人才梯队建设；激励原则体现业绩导向，建立顺畅晋升通道，完善授权体系，不放弃末位淘汰制来保持适度压力与活力等措施全面铺开。

产业升级战略上，奥克斯用一句话概括自己的升级路线：坚持主业，适度多元，即立足电力、家电、通讯三大制造业，在扩大规模、提高知名度的基础上，进行产业转型，积极向地产、医疗、投资等领域发展。

在多元化与专业化的争议中，也许重要的不是选择多元化还是专业化，而是根据自身条件和环境来判断。“中国民营企业做得不错的，60％是多元化，40％是专业化，”郑坚江说：“一方面要把所有的现有资源用足用好，充分利用机会挖掘新的经济增长点，讲究创新；另一方面也要讲究适度，强调稳健，在增长和风险中间掌握平衡，既要把握发展机遇，又不能不顾风险而失掉原则。我们的总原则是坚持控制权上收、经营权下移，以保持强劲的发展潜力。”

据悉，奥克斯的产业发展将秉承“多元化投资、专业化经营、资本化发展、品牌化生存、创新以持续”的理念，密切关注新兴投资领域，如政府导向类、资源倾斜类产业，新材料、新能源、节能环保类产业，风险投资产业。

而对于国际化战略，奥克斯强调的是主动，即主动将自己的发展放到世界范围内进行评估，希望经得起国际竞争的考验。通过瞄准国际、全球融智来逐步实行人才国际化；通过OEM、销售自有品牌和海外并购为手段推进渠道国际化；通过主动走出去来逐步实现技术国际化、资本国际化与品牌国际化等。

奥克斯始终在意的是：企业内部资源要素与外部环境要素相匹配。在即将告别200亿奔向500亿的高度上，他们希望自己的内部资源要素，不仅能与目前国内的外部环境要素相匹配，更要能与未来、能与全世界的外部环境要素相匹配。

（三）隐形地飞翔

一个有趣的现象是，改革开放30多年来，宁波“盛产”了一批驰名中外的品牌，如雅戈尔、杉杉、波导、方太、奥克斯等。这些品牌几乎家喻户晓，公众耳熟能详，但如果问及这些品牌的“老板们”是谁，可能多数人都回答不出。在中国各大商帮中，宁波商帮的知名度似乎低了一些，与其自身创造的辉煌似乎很不成比例。在百度搜索引擎上搜索“徽商”时可以得到40.9万条记录，搜索“晋商”时有32.7万条纪录，但在搜索“宁波帮”时，却只有4.8万条记录。

但，低调做事、平和做人、“隐形地飞翔”，正是宁波商人践行的精神因子。

“宁波帮”之所以“隐形地飞翔”，是有其客观原因的。由于历史原因，“宁波帮”在相当长时期内，不为宁波之外的国人所熟知。国际汉学史学界拥有高度评价的《剑桥晚清史》和《剑桥中华民国史》中，谈到中国近代经济建设和近代城市兴起时，曾多次提到“宁波商人”、“宁波帮”，但在改革开放前的中国官方正式出版物中，几乎绝少看到类似“宁波帮”的说法。避讳最终为邓小平所打破。邓小平最著名的关于“宁波帮”的两句话即：“宁波的优势有两个，一个是宁波港，一个是‘宁波帮’”；“要把全世界‘宁波帮’都动员起来建设宁波”。

事实上，“宁波帮”作为一个近现代意义上的商人群体，曾经创造的辉煌绝不亚于徽商、晋商，在某些方面如现代转型等甚至有过之而无不及。在中国漫长的现代化历程中，“宁波帮”作出的特殊贡献是有目共睹的，其主要表现在大上海的崛起和香港的振兴。新中国成立前，宁波人创造了上海的三分之一财富，并创造了中国第一家商业银行等50个中国第一。宁波人在中国近代金融、航运、外贸、民族工业等方面，都居于领先地位。宁波商团在上海的代表人物包括虞洽卿、朱葆三、方椒伯、叶澄衷、刘鸿生等等。据不完全统计,海外宁波籍人士现有73000多人,加上他们的后裔达30多万人,分布在世界64个国家和地区,他们拥有遍布世界的商业管理销售网和大批掌握现代化科技、生产工艺和管理知识的专业人才。

百年来,“宁波帮”之工商巨子和社会名流,享誉海内外,蜚声全世界,以他们之影响力,完全可以把这个商团的知名度扩张至海内外每一个角落。但事实上,与其他商帮相比,他们仍然显得低调而平和。即使是知道他们大名与业绩的人们,也不一定知道他们是“宁波帮”的一员。

宁波商帮这种崇尚低调的作风,与宁波海派文化传统中注重实际的务实思想是直接关联的。朱舜水强调“圣贤之学俱在践履”,黄宗羲的“经世致用”也反映了宁波人的务实精神品质。“宁波帮”实业家特别注重实干。他们不好空谈,不坐而论道,崇尚埋头苦干,踏踏实实。无论是近代的叶澄衷、虞洽卿、方液仙,还是当代的包玉刚、陈廷骅、应昌期,都是一步一个脚印地埋头苦干而成为巨商的。正是讲求实效的信念行为,使宁波商人较早地冲出封闭,不死守故土,利用滨海交通之便的优势向外域求得发展,在各地尽领风骚,尤其在左右近代上海经济的贸易、航运、金融业中独占鳌头。务实铸就了宁波人办事低调、不事张扬的品格。这是宁波人求生存图发展的一种思维选择。

近30年来,宁波人的这种务实精神得到了充分的发挥。新生代宁波人继承了先辈的精神因子,诸多企业从它们形成起就走上了一条“以市场为目标,以市场求生存”的发展道路,通过坚定而有韧性的努力,创造出雅戈尔、杉杉、波导、罗蒙、海天、韵声、贝发、帅康等一批在国内外有相当知名度的企业。宁波经济发展在国内是名列前茅的,连续几年综合实力进入全国前几强。但对于这些成绩,宁波人从不张扬。这种低调务实的作风甚至成为官方行政风格。

今天,说起“宁波帮”,所能举出的多是邵逸夫、包玉刚等老一辈例子,其实30多年来,宁波商人的足迹已经遍及天下。几十万宁波人在外创业,累计投资逾千亿。网易CEO丁磊、上海地产大亨叶立培、“银泰系”掌门沈国军……都是新一代“宁波帮”的杰出代表。但因为他们的基本行事方式都是“闷声发财”,故在外影响力远不如温州等商团。

仍以“宁波帮”发迹的大上海为例。

新一代宁波人已介入了上海许多行业,如建筑行业中有100多家宁波企业，赖振元他们是代表人物；房地产业中宁波企业也不少，叶立培、裘东方是代表人物；服装业以杉杉和雅戈尔为主；重化工业中，埃立生集团吴国迪是代表人物。尽管上海已云集如此之多的宁波企业，但宁波在沪商人群体，除了郑永刚等少数人之外，并没有引起太多关注。相反，温州、绍兴等浙商在上海的一些举动却常常引起轰动。

这仍然可以归结为宁波人的低调，以至于对这帮宁波“新贵”，人们只能用“神秘低调的富豪们”来形容。这种低调致使部分媒体认为，与温州、绍兴等后起之秀相比，宁波人似乎并不占优势。

事实果真如此吗？当然不是。其他浙商要撼动宁波商团在上海的优势，应该很难。许多宁波商人之所以不为人知，是因为他们“隐形地飞翔”。

裘东方是宁波商团中主营房地产的年轻企业家，他旗下的保集集团正处在快速扩张期。他几乎没有接受过任何采访。这位低调的年轻企业家，目前已把触角伸向传统强项房地产、贸易之外的领域，开始向生物医药、教育仪器等领域发展。最近，裘东方还和澳大利亚公司合作，准备进入他认定很有前景的高档游艇业。

一般来说，一家资产达到几十亿的企业，在所在城市肯定已是家喻户晓，而资产达数百亿的企业，可能就具有全国性的知名度了。但吴国迪旗下的埃立生集团却不然。埃立生集团是以钢管、石化等现代重化工业为主的股份制企业，总资产高达350亿元，总营业额超过550亿元，是上海冲击世界500强的后备企业之一，吴国迪本人也在2005年福布斯富豪榜上排名第13位。但哪怕是上海人，对吴国迪和埃立生有所了解的人很少。吴国迪在埃立生集团有多少股份，也一直是个谜。

宁波企业家为何如此低调而神秘，背景正是宁波地域文化的不事张扬。正如前文所言，宁波商帮的智慧在于对时势的天才把握能力。奥克斯奉行的两句话堪称经典：“我们只做看得见摸得着把握得了的事。”这是一。另一句是：“高调做事低调做人。”奥克斯董事长郑坚江概括道：“宁波人经营企业的思路和许多地方有明显区别，那就是突出企业而不是突出个人。这种做法其实也是国际惯例，全世界人都知道可口可乐公司，但本届可口可乐公司的CEO是谁，知道的人很少。之所以强调这点，其实也是在规避一种风险，因为企业家本人再有名，总会有瑕疵。因此宁波人很早就知道，应该是企业高调而企业家低调。”

由实事求是、讲求实效、办事低调、不事张扬紧密结合在一起的务实精神、务实作风，熏陶、培育和激励着一代又一代宁波人，成为他们推动宁波商帮及相关经济发展的精神动力。

第四节 “宁波帮”文化之内涵

长期以来，一代又一代“宁波帮”艰苦创业，开拓奋进，取得了巨大的成就，涌现出了一大批享誉海内外的工商巨子和社会名流。“宁波帮”之所以经久不衰、生生不息，最根本的原因是广大“宁波帮”人士在艰辛的创业过程中，形成了独特的精神品格，这种精神品格是宁波人民的宝贵财富。“宁波帮”精神主要体现在五个方面：一是树高不忘根的赤子情怀；二是不甘居人后的开拓精神；三是大海容百川的开明思想；四是至实而无妄的诚信品德；五是励业重义理的互助风格。这种精神也更多地支撑了当今宁波精神“诚信、务实、开放、创新”的形成与发扬。

多年来，历届宁波市委、市政府都非常重视对宁波精神的提炼概括，有关部门多次组织讨论，广大干部群众纷纷参与。在尊重民意，遵循民主决策、科学决策程序的基础上，经过市委常委会讨论，于2008年上半年正式确定了“宁波精神”的内涵：诚信、务实、开放、创新。

诚信——宁波长期的商业传统形成了“宁波帮”以诚信立业的风气，也体现了宁波商贸文化的独特内涵。

务实——宁波人长期受浙东学派熏陶，提倡“低调办事，不事张扬”的精神。

开放——宁波自古以来就体现了开放性的特征，改革开放以来，宁波更致力于对外开放，反映出宁波人大海般的胸襟。

创新——宁波人有不守摊、敢创业、求发展的优良传统，创新也是时代的要求与呼唤。

一、“宁波帮”文化

宁波商帮文化是我国传统的儒家文化、浙东传统商业文化与宁波所具有的海洋文化的有机结合。中华传统文化博大精深，“仁、义、礼、智、信”等是儒家文化核心的思想本源。宁波商人把中国的儒家文化和自己的实际经营活动巧妙地结合在一起，总结出了富有智慧的经商理念，如对自己要求“诚信真善、义利并举”，崇尚“诚信之德”、“真善为本”、“以德治商”，等等。这些富含儒韵的经商理念被运用于经商实践，成为宁波商人经营的法宝。因而宁波商帮文化体现了儒魂商魄。

另一方面，由于宁波濒海，宁波商帮文化又体现了显著的海洋文化特质：开拓进取、审时度势、敢于冒险。反映在宁波商人群体上，则主要体现为：勇于拓展、善于创新、敢于冒险、同舟共济。

宁波也是浙东文化的发源地。民国《鄞县通志》载：“商业为邑人所擅长。”宁波乡民多谋业商界，民间敬贸崇商习俗源远流长。浙东学派一个很大特点就是务本求文思想，自汉时的王充开始，就大力强调学以致用；明代思想家王阳明倡导“知行合一”，主张要在实践上下工夫；以黄宗羲为代表的浙东学派提倡“经世致用”的学术思想，主张要学习对现实社会有用的东西，研究学问要和社会实际相结合，反对空洞说教，同时还提出了“工商皆本”的经济思想，主张工商业同农业一样，都是百姓安身立命之本。影响深远的浙东文化造就了一代代务实诚信的宁波人，构成了近代宁波商帮经营理念的最重要的思想基础。

综上所述，“诚信立业、务实进取、开拓创新、团结互助、爱国爱乡”的宁波商帮精神是儒家文化、海洋文化与浙东文化的有机融合，如图 1-1 所示。

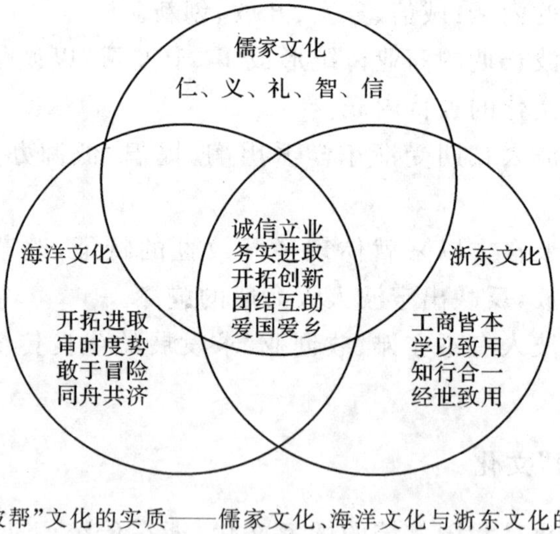

图 1-1 “宁波帮”文化的实质——儒家文化、海洋文化与浙东文化的有机融合体

二、“宁波帮”与海洋文化

宁波自古以来即为重要的港口城市，与海洋有不解之缘，对中国海洋

文化的形成与发展贡献卓著。尤其是外出经商的“宁波帮”，在征服海洋和接受海洋陶冶的过程中，形成了“四海为家”、“敢于弄潮”、“风雨同舟”、“守信如潮”的文化方式。在中国乃至世界的海洋文化领域，宁波都是以一个不可或缺、特色鲜明的因子而存在。

河姆渡遗址的考古证明，早在7000年前，宁波先民就已懂得“刳木为舟，剡木为楫”，开始了水上航行，向海洋索取生活资料，开拓对外交流空间。1982年，在渤海湾海底发现一件侈口陶釜。这种陶釜，在山东半岛、辽东半岛一带的史前文化中均未见到，但与河姆渡遗址发掘出来的陶釜类同。它表明宁波先民曾经到达渤海湾，其远航能力可称当时之最。这同时也意味着，中国海洋文化正是由河姆渡人肇始的，宁波是中国海洋文化的发源地。

海洋文化，通常被定义为人类依赖征服海洋而生活的一种文化方式。有人认为，海洋文化的核心是航海能力与造船水平。倘若此说成立，那么古代宁波人对海洋文化的贡献尤其卓著。

西周时期，宁波工匠已能制造木板船，并从宁波古港出发，沿海岸北航，然后溯河而上抵达周都镐京。这就是《竹书纪年》所载的“成王时于越献舟”。前些年宁波出土的战国铜器上，有“羽人竞渡”纹饰，更是当地人民以超凡的勇气和先进的船只征服海洋的珍贵物证，甚至可以看作当时海洋文化的结晶。唐代的宁波(明州)，凭借得天独厚的地理环境，成为中日间“海上丝绸之路”的始发港。宁波海商驾驶着自己制造的大船，从明州(望海镇)放洋，用三昼夜时间横渡东海，到日本的值嘉岛那留浦，再进入博多津；返回时由日本太宰府鸿胪馆起程至值嘉岛，历经四昼夜横渡东海，抵达明州(丹石岙)港。这在1200年前绝非易事，那时指南针尚未发明，完全“听天由命”，任凭大洋环流和季候风带往目的港。在这样的生死搏斗中，宁波涌现出一大批优秀的航海家、造船家，其代表人物李邻德、张支信、李延孝等人的业绩，甚至记载于正统史书。被称为“唐商团”的李邻德家族，曾在明州港与博多津之间往返百余次；张支信则是中国航运史上公认的大航海家、造船家，以日本肥前松浦郡港为基地经营海运业，参与其事的有37人；而李延孝商团更是多达43～63人，活动于明州港和值嘉岛。

北宋宣和五年(1123)，宁波工匠奉宋徽宗旨意，建造了两艘神舟，与六艘客舟一起从镇海起碇出使高丽。徐兢在《宣和奉使高丽图经》中称：“客舟长十余丈、深三丈、阔二丈五尺”，“大樯高十丈、头樯高八丈”，“可载二千斛粟”。而神舟的长、阔、高、大、人数及器用什物，“皆三倍于客舟也”；在海上航行时，“巍如山岳，浮动波上，锦帆鹢首，屈服蛟螭，所以晕赫皇华，震慑夷狄，超冠今古”。书中还明确提到，神舟航行时使用了指南浮针。这是目前世界上用指南针航海的最早记录之一，比1180年英国的奈开姆记载要早数十年。由此可见，当时宁波人的航海能力与造船水平，足以傲视寰宇，独占鳌头，有力地推动中国海洋文化走向世界巅峰。

不过，笔者更倾向于把人类在依赖、征服海洋的过程中逐渐形成的非物质、形而上的精神品格视为海洋文化的核心。黑格尔断言，海洋文化是使西欧区别于东方诸国的文化特征，显然也是着眼于“冒险、进取”等搏击大海的精神品格，认为这是西方的专利或西方文明的标志。毫无疑问，黑格尔的这一结论是偏颇的，反映了如此博大精深的学者也对中国极其无知。其实，至少在外出谋生的“宁波帮”身上，海洋文化是鲜明而又突出的。他们在征服海洋，海洋也在陶冶他们，天长日久，凝聚成一种生活方式，具体表现至少有如下四个方面。

（一）四海为家

黑格尔的上述结论，是基于中国的传统文化产生于农耕经济而与海洋无关的误解。他在《历史哲学》中声称，对于东方人来说，海只是陆地的中断，陆地的无限；他们和海不发生积极的关系。应当指出，连中国一些著名的社会学家也有类似的看法。费孝通关于“从基层上看去，中国社会是乡土性的”的论断影响深远，他认为中国的农业文明孕育了中国人浓厚的乡土观念，安土重迁，不轻易离乡，更不敢漂洋过海。但事实上，中国幅员辽阔，区域个性相当复杂。就沿海地区特别是宁波而言，人们早就形成了四海为家、落地生根的习惯。

宁波三面临海，又有天然良港，“靠海吃海”者古往今来不知凡几，其中尤以“宁波帮”为最。据南宋《宝庆四明志》统计，当时明州共有民船7619条，由此推算，靠海洋生存的人数以万计。而海洋的浩渺无际与常动不息，养成了宁波商帮豪荡的心胸。他们不依恋于乡土的一草一木，也不满足于一时一地的成就，总是乐呵呵地背井离乡，成群结队，前赴后继，只要有利可图，不管天南地北，敢认他乡作家园。他们还以城市为跳板，北上、西进、南下，从城市到城市，从沿海到内陆，从祖国到异国，随处都可见甬人经商的足迹。光绪《鄞县志·风俗》称他们“四出营生，商旅遍于天下，如杭州、绍兴、苏州、上海、吴城、汉口、牛庄、胶州、闽、广诸路，贸易甚多。或岁一归，或数岁一归。……甚至东洋日本、南洋吕宋、西洋苏门答腊、锡兰诸国，亦措资结队而往，开设廛肆，有娶妇长子孙者”。这就是清末民谚“无宁不成市”的由来。

总之，黑格尔所谓“和海不发生积极的关系”的论断，对于宁波商帮是大谬不然。他们四海为家，追逐利润，只要能有一片落脚的土地，便可以落地生根，并很快焕发出旺盛的生机。正是与海洋的积极关系，促使“宁波帮”养成了四海为家的文化品格，从乡土社会走向城市，走向异国。安土重迁的传统观念在宁波没有市场，连家庭妇女也热情地支持丈夫“出门做生意”。请听宁波民谣《小白菜》：

小白菜，嫩艾艾，丈夫出门到上海，
上海末事(指东西)带进来，邻舍隔壁分点开。
小白菜，嫩艾艾，丈夫出门到上海，
廿元(指钞票)廿元带进来，介好丈夫哪里来?

(二)敢于弄潮

西方人一直以为，进取、冒险的海洋文化是他们的专利或西方文明的标志，中国人不具备这样的精神气质。其实，同在汪洋中的一条船上，国别或人种绝不是什么决定因素。长期在惊涛骇浪中搏击奋斗的“宁波帮”，早已铸就了“恬风波而轻生死”的精神气质。所以，当他们置身于同样险恶的商海，同样敢于站在潮头积极弄潮，争创第一的观念格外强烈。

当五口通商，西潮东卷，资本主义新型商品经济汹涌而入时，出身内陆、以传统文化为本的徽商和晋商，都因无法适应而衰败没落。“宁波帮”则紧紧抓住国门洞开的历史机遇，顺应潮流，立于潮头，以积极奋进的姿态应对挑战。他们不怕冒险，创新求变，或用渗透法，或用转轨法，或不惜新立门户，终于成功地超越传统，完成了自身的现代转型。譬如在金融界，宁波钱庄原先略逊于山西票号，晋商抱残守缺，拒不改革；甬商却主动去吃第一只螃蟹，参与中国第一家银行中国通商银行的组建并掌控实权。发展到1935年，国内共有147家民族银行，其中47家由中央和地方当局开设，余下的100家商业银行中，由宁波人独资经营的11家，为主经营的13家，参与经营的28家，占据了半壁江山。反观山西票号，却已灰飞烟灭。

“宁波帮”不仅锐意改革，超越传统，而且敢为人先，勇于开拓，以浓郁的兴趣和超人的胆略，涉足西潮东卷所带来的新兴行业，取得了非凡的成就，如保险、证券、信托投资等现代金融业，均为“宁波帮”捷足先登。其他的新兴行业如钟表眼镜行、印刷出版业、电影娱乐业和电灯、电话、煤气、自来水等公用事业，也是他们率先投资，创下了许多第一。“宁波帮”在经营活动中常领风气之先，其冒险、进取的海洋文化品格并不输于西方人。

（三）风雨同舟

风雨同舟，和衷共济，是海洋文化的经典特征之一。凡是在海上讨生活的人，都知道团结互助的凝聚力是战胜困难的法宝。旅居在外经商奋斗的“宁波帮”也深明其理。上海四明公所在 1874 年、1898 年的两次血案，是他们最早、最有影响的出色表现，也是上海乃至中国城市人民反抗外国殖民主义者的第一次“民气压倒洋气”的胜利。稍后，虞洽卿眼看沪甬之间的海上交通长期被外国船公司垄断把持，不断提高票价，大肆盘剥，而且颐指气使，虐待乘客，于是他挺身而出，发起创办宁绍轮船公司，投入“宁绍”、“甬兴”两轮与之竞争。外商自恃财厚势雄，竟将票价由 1 元跌至 0.2 元，企图挤垮宁绍公司。这时，宁波旅沪同乡会毅然伸出援手，组织宁绍航业维持会，捐集现洋 10 多万元给予贴补；而沪甬两地的宁波人，情愿多花钱也要乘坐宁绍轮。宁绍公司成了“以华商名义，使用大型轮船，面对外国侵略者强大竞争压力，在一条航线上坚持下来取得胜利的第一家民族轮船企业”。在沧海横流的时代，正是风雨同舟的海洋文化支持“宁波帮”渡过了一次次危难，在激烈的商业竞争中得以立足和发展，其团结互助的力量尽人皆知。所以，《鄞县通志》称甬人“团结自治之力，素著闻于寰宇”。

在大海中航行，需要大家风雨同舟、和衷共济，更需要舵手审时度势、临机应变。航海的冒险生涯，培育了“宁波帮”“性机警，有胆识”的特征，表现在经营之道上，就是眼观六路，耳听八方，善于调查研究市场状况，在掌握和分析了大量材料和信息的基础上，以敏锐的眼光和超人的胆识，抓住机遇，果断地作出常人难以想象的决策，不仅使自己立于不败之地，而且财力陡增，事业腾飞。1980 年，包玉刚跃居世界上拥有船只吨位最多的船王。但是，正当这如日中天之时，他以其独到的警觉发现了兴旺背后的“泡沫”，预见到世界航运业即将衰退的趋势，于是当机立断，决定弃舟登陆。他以低价卖掉了手中的大部分船只，甚至不惜拆卸超级油轮作为废铁出售。而第一个猎物竟是没人敢碰的英资怡和系的九龙仓——包玉刚奇迹般地在三天之内调集了21亿元现款，使他手中的九龙仓股权增加到49%，成功地控制了香港最大的码头和仓库，开始建立其庞大的陆上王国，从而避免了20世纪80年代世界航运业大衰退的沉重打击。正是这种“弄潮儿向涛头立”的雄胆伟魄，托起了“宁波帮”的历史丰碑。

（四）守信如潮

汪洋大海，尽管变幻莫测、凶险异常，然而潮起潮落，恒久不变，准时涨潮，准时退潮，永远为依赖、征服海洋的人们提供准确无误的信息和便利，于是有了“守信如潮”的海洋文化。这对“宁波帮”的影响也至为深远，他们意识到诚信是利益追求中所必须遵循的道德原则。没有诚信，正常交易就无法进行，市场经济就难以维系，商业则变成了欺诈的代名词，诚信应当贯穿于经济生活的整个过程和各个方面。因此，诚信是“宁波帮”最为看重的品格，恪守“诚信为本”的原则，讲求诚信待人与诚信立业并举。

清末民初，中国有一种不同于官府邮驿机构的民间邮递机构——民信局，又称信局或民局，业务遍及海内外。当时社会上有“票号是山西人特有，民信局为宁波人独占”的说法。而“宁波帮”所以能取得这样的成就，全凭“守信如潮”。诚如潘子蒙在《中国钱庄概要》中所言：民信局“为宁波之专业，资本甚大，信用亦佳，凡一经民信局保险之信札，内中银钱汇票，倘有遗失等情，一概由该局赔偿”。又据《宁波金融志》记载：“长期以来，宁波钱庄业握经济之枢纽，居社会最重要之地位，各业需款多由钱庄融通，其对象主要介乎商人与商人、地区与地区之间的批发商，平时以信用方式，……有‘信用码头’、‘多单码头’之称。”也就是说，正是凭借良好的信用，宁波的钱庄业才能做大做强，才能称雄于金融界。再如“宁波帮”支柱之一的西服业，红帮裁缝也始终以诚信作为立身之本，越是重质量，就越是重承诺，他们宁可拒绝十次，绝不食言一次；宁可赔本道歉，也绝不让一件次劣商品出门。他们就是靠一诺千金赢得了大批订户和订单。即使在生活、行为方式越来越远离传统的当代国际社会中，众多的“宁波帮”仍然认为人无信不立，应当守信如潮，这在商业道德上关系很大。

作为意识形态的海洋文化，也许是“宁波帮”数百年来不封闭、不保守、纵横于中外商界长盛不衰的根本所在，至少也是“宁波帮”精神中的重要因素。

三、“宁波帮”与浙东文化

浙东学术文化史流派纷呈，人物迭出，虽无严格的师承授受关系，但客观上存在着内在一致的精神气质、思想观念、治学方法、价值追求和学术主张。这种一脉相承的精神气质，以明清浙东史学为轴心，向上可以追溯到先秦和越文化、两汉时期的王充和南宋时叶适、陈亮、吕祖谦的事功之学，向下可以在清末民初领风气之先的浙籍著名思想家的学术思想和言行中得到印证，也体现在今天浙江人务实创新的创业精神之中。

先秦越国范蠡和计然的商品经济思想，就体现了不尚虚功、求实利的风格，他们甚至提出了“农末（商）俱利”的政策，让农民和商人实现双赢，共同获利，发展经济。汉代王充秉持“实事疾妄”的学术宗旨，主张凡事应讲“验证”和“实效”；宋代陈亮、叶适的事功学批判“空谈性命”的程朱理学，主张“义利并立”、“义利双行”、农工商并重；强调“通商惠工”、“农商一事”、“有无相通”，“事上理会，步步着实”，“务实而不务虚”；讲求实事事功、开物成务，关心百姓日用和国家社稷。王阳明主张知行合一，反对“冥行妄作”或悬空思索，明确反对各种“侵商”、“困商”的行为，呼吁“独商人非吾民乎”。明清浙东经史学派以讲世务为己任，崇尚实学，认为朱陆“性命之说，易入虚无”，而史学则“切于人事”，比较贴近实际，有实用价值。黄宗羲明确认为，治学的目的，“大者以治天下，小者以为民用”。黄宗羲弟子万斯同说：“经世之学，实儒者之要务。”所谓经世之学，就是“尽取古今经国之大猷而一一详其始末，斟酌其确当者，定为一代之规模”。

浙东学派是清初最有影响力的学派之一，他们的思想不仅在当时形成了一股风潮，而且在中国的历史上源远流长，是中国文化中一以贯之的思想传统，是中国知识分子实现其价值目标和道德理想的内在精神。经过几百年的浸染，浙东学派的“经世致用”思想已经渗入人们的血液骨髓，成为一种集体无意识，是浙东地方人文精神的实质。“宁波帮”浑然不自觉中也深深刻上了“经世致用”思想的烙印，强调个性、个体、能力、功利，注重实际，已经成为他们的主导思想。在致力于经济发展的同时，他们也加强自身文化素质的提高，注重学习对实际有用的文化知识。“东方船王”包玉刚即是“经世致用”思想实践者的典型代表，他不仅创办了世界上最大的航船运输业，而且自奉节俭，乐善好施，投资于教育事业的发展，并设立了包玉刚中国留学生奖学金。在他投资 5000 万元创建的宁波大学的六座教学楼中，其中有一半是以黄宗羲等浙东学派的代表人物命名的，这足以说明学校从建校开始就一直在倡导浙东学派的“经世致用，实事求是”的精神，同时也是包玉刚“经世致用”教育理念的具体体现。

四、“宁波帮”文化中的传统精髓

近代以来，宁波商帮以其雄厚的经济实力和杰出的经营才能称雄于中国工商界，至今雄风犹存——海外“宁波帮”活跃在港台地区乃至世界各地并享誉海内外。“宁波帮”的成功，固然在于它们抓住了近代中国对外开放的历史机遇，学习和借鉴了国外先进的技术与管理经验，同时也在于它们把传统文化资源与近代经营活动有机地结合起来，创造出了富有生命活力的企业精神与经营之道。正如法国学者白吉尔所说，近代中国新兴资产阶级“并没有与传统断绝关系，而是把它用来为新的目标即近代化的目的服务。工业化前驱者的革新精神是与勤劳、节约和对家族的忠诚等旧道德实践结合在一起的”。

宁波商人在近代经济活动中对传统文化的继承和运用，是由其主客观因素促成的。中国以儒家为主干的传统文化博大精深，源远流长，它经过长期的发展演变，已经渗透到社会生活的各个领域，深深地积淀于意识和文化心理结构之中，形成了一整套观念的习俗，深刻地影响着每一个炎黄子孙的思想与行为。宁波更不例外，宁波一地传统文化底蕴深厚，历代文人辈出，两宋以来私家藏书蔚然成风，有中国东部地区的文化要地之称。从秦汉时代起，宁波就直接处于以儒家思想为核心的中原文化的覆盖影响之下，两宋以后成为中国学术文化的一个中心，此后宁波地区更是名儒辈出，学派林立。进入近代，尽管传统文化在宁波受到很大的冲击，但传统观念和习俗仍然根深蒂固，传授经史礼义的书塾，仍是多数宁波人的启蒙学校，有的人即便由于种种原因没有进过私塾等传统学堂，但通过耳濡目染，父承母教，都不同程度地受到了传统文化的熏陶和影响。近代许多宁波人包括享有盛誉的企业家都十分重视对其子弟的传统文化教育，如 20 世纪 40 年代曾担任上海总商会副理事长的蒉延芳“家庭课子以治经为先”。可以说，大多数“宁波帮”企业家主要是在中国传统文化的熏陶和影响之下成长起来的。

中国传统文化是以儒家思想为主体的极具人文精神的一种文化类型，以善于处理人际伦理关系为其显著特点。近代宁波商人根据所处的社会历史条件和市场竞争的需要，对传统文化加以利用和改造，使之服务于自己的工商活动，主要体现在以下几个方面。

(一)热爱乡土、实业救国的民族精神

爱国主义是中华民族的优良传统，更是中华民族历经劫难而生生不息的精神之源。如果说近代宁波人开始涉足工商业多是出于谋生的无奈，而推动他们事业进一步发展的动力则无疑是强烈的爱国情怀。面对多灾多难、落后挨打的祖国，宁波商人多有一份强烈的历史使命感和社会责任心。他们清醒地意识到自己的生存和发展与祖国的命运息息相关，从而萌发了反对外国侵略、振兴中华的强烈愿望，并将毕生的精力投入到实业救国的行动中去，为发展民族工商业呕心沥血，顽强拼搏。近代著名“宁波帮”实业家刘鸿生原为英商开平矿务局买办，佣金收入达100余万两。但他觉得“中国之所以受气，是因为没有工业，没有科学，因而就想利用口袋中的现钞做点事”。为此他不顾外商的威逼利诱，毅然放弃唾手可得的巨额佣金收入，冒着巨大的风险，倾其全力投资民族工商业，相继举办了几十家企业，有“企业大王”之誉。而他所办的煤矿、火柴、水泥、纺织等企业，无一不是冲着洋货的倾销狂潮而奋力前行的。特别是他以大中华火柴与瑞典、日本火柴相抗衡。尽管他每迈出一步，都遭到帝国主义特别是日本侵略者的压迫和摧残，但他毫不畏惧。1931年“九一八”事变后，他主持的章华毛纺织厂，把生产的薄毕叽取名为“九一八”，立志不忘国耻，产品推出后即被抢购一空。中国人民高昂的爱国热情也有力地推动了民族工商业的发展。刘鸿生后来回顾说：“真正使我第一个企业成功的原因，是那时的爱国运动，推动了这个企业的发展，因为当时每个人都愿意买国货。”作为资本家，宁波商人从事工商业，当然要取得利润，但当国家这个“大义”与个人利益尖锐对立、不可兼顾时，他们往往深明大义，为此不惜倾家荡产乃至牺牲生命。抗战时上海沦陷后，当时活跃在上海工商界的许多“宁波帮”企业家如刘鸿生、方椒伯、包达三、俞佐宸等不为敌伪高官厚禄所动，坚决拒绝有关“合作”的邀请，不惜抛弃大批家产，或远走他乡，或隐姓埋名，深居简出。即使人们颇有争议的虞洽卿，当敌伪要其出任上海市长一职时，也不顾年老体弱，设法远走重庆。

(二)见利思义、诚信为本的商业道德

仁、德、信、义是中国传统文化中人们所遵循的道德标准，是人修身立世的行为基础，也是商业道德的根本基石。宁波商人在经营价值观上主张兼顾义利，见利思义，不谋不义之财，不赚昧心钱。宁波谚语所谓“上半夜忖忖自己，后半夜忖忖别人”，意思是做生意不能只想着自己的利益，也要为别人考虑。因为商业活动是互利自愿行为，利人是利己的前提，损人最终会损己。

“宁波帮”的商业道德主要体现为信誉为重，货真价实，诚实不欺。宁波商人大多以诚信为本，把信誉看作是立业之本，认为信誉好就会招徕生意，牌子硬客户会自动上门。信誉好即使破产了也可以重新来过，而失去信誉的人，则一文不值。为此宁波商人恪守信用，重于然诺，甚至为顾信用甘愿吃亏吃苦。在近代中国工商界，宁波人的信用有口皆碑，名声卓著。宁波人开设的钱庄，以其信用卓著而闻名于世，人称“信用钱庄”。清咸丰年间，宁波人独创过账制度。历史上，宁波有“赊销码头”和“过账码头”之称，商品买卖多凭信用放账，大大方便了商品流通，使众多客商都乐于与宁波商人打交道。清光绪二十六年，宁绍道台在呈浙江巡抚文中称：“溯查十数年来，宁绍钱庄虽闻有亏本歇业，他人欠该庄者虽未能按户收足，而该庄欠他人者必如数归还，绝无侵吞捕逃情弊，此不独为本郡商人所共信，且为各处商人所共信。”正是由于有了良好的信誉，使宁波钱庄拥有众多的客户而实力大增，一直称雄于上海钱庄业乃至整个金融界。

货真价实、诚实不欺是保持信誉的关键所在。重信誉的宁波商人无不视质量为企业的生命。方液仙认为：“我社（指旧中国最大的日用化工企业——中国化学工业社）所以能够立于不败之地，一是靠社会上的信誉，二是靠产品的优质廉价。”为此他特别重视产品质量，层层把关，坚决不让不合格的产品出厂。他说：“一支不合格的牙膏出厂，不仅断了买主，而且还会影响全厂的信誉。”许多宁波商人创办的老字号企业之所以经久不衰，享誉中华，靠的就是质量和特色以及优质的服务。由慈溪药材商乐氏在清康熙年间创办的北京同仁堂自成立以来，在制作上务求精益求精，在选料上货真价实，从不卖假药、次药，务求真货而不惜重金，配方不许有丝毫差错，炮制不敢省工，配料不敢减药，先后创出十大名牌，享誉海内外。尤为可贵的是宁波商人还十分注意群体形象问题。1904 年天津道胜银行买办、宁波人王铭槐私自挪用银行库银 20 万两，事情败露后，一时市上议论纷纷。此时在津宁波同乡孙仲英、陈协中、周星北等富商，恐因此影响“宁波帮”信誉，乃集资相助，将所亏之款还清，始寝其事。

在传统价值观的影响下，宁波商人在经营方式上大多不谋暴利，而是从长计议，坚持薄利多销，长期稳定经营，积少成多，成就自己的事业。事实证明，在贫穷落后、消费水平很低的近代中国，这是一种成功的经营方针。

（三）克勤克俭、艰苦奋斗的创业精神

在中国传统文化中，勤俭是古老的训诫，所谓“克勤于邦，克俭于家”，“历览前贤国与家，成由勤俭败由奢”。宁波商人继承了中华民族的这一传统美德，他们勤奋工作，艰苦创业，以此作为同困难环境作斗争并求得生存和发展的有力武器。宁波境内地少人多，历史上人地关系一直处于紧张状态，生计颇为不易。生存处境的艰难铸就了宁波人不怕艰苦、顽强拼搏的性格。在外创业的近代宁波人多从零开始，白手起家。所谓宁波人出门时是“铺盖（包袱）、雨伞、我”，几乎一无所有。但他们就是凭着自己一双勤劳的手，历经艰辛，苦干实干，一步一个脚印，成就自己的事业。上海开埠后，大批涌入的宁波人，多是从最卑微的苦力活做起，学徒、伙计、木工、水手、裁缝、车工等，无所不干。所谓“吾甬人以冒险之天性，斩荆披棘，经营所业，期间筚路蓝褛，艰苦卓绝”，就是当年宁波人在上海滩创业的真实写照。即使后来名声显赫的“宁波帮”巨子朱葆三、叶澄衷、虞洽卿等，也都是由于家境贫寒，早年由同乡人或亲戚带往上海谋生，从零开始创业的。近代宁波人深知“吃得苦中苦，方为人上人”的道理，为此即使财大气粗的家族财团，其重用亲友也不是一下子把他们放在重要位置上养尊处优，而往往让他们从做伙计当学徒开始，以便经受磨炼，增长才干，从而为他们日后的成功奠定坚实的基础。所以，在“宁波帮”中很少有“败家子”现象。譬如后任上海总商会主任委员的俞佐庭，是镇海望族李家的表亲，就是李家从学徒提拔上来而崭露头角的。近代宁波商人经营的一些优势行业，也是靠众多宁波人不辞辛劳、苦心经营而获得的，如宁波商人独领风骚近百年的药材业。宁波本地药材资源并不丰富，这是众多宁波药材采购商多年开拓经营的结果。他们不畏艰辛，常年跋涉在高山峻岭、大川险滩，采购各种药材，足迹遍及全国各地，使宁波药材业得以长盛不衰。

宁波人的勤奋还培养了一种可贵的敬业、乐业精神。许多宁波人尽管文化程度不高，却都有强烈的敬业精神，他们干一行，钻一行，勤奋学习，刻苦钻研，不敢懈怠，经过日积月累，往往成为一些行业和工种的行家里手，有不少人更练就了一手过硬的基本功，如布店店员的“一尺准”、肉店师傅的“一刀准”、中药店营业员的“一手撮”及账房先生的算术能力，其功夫之深令人叫绝。“凭手艺吃饭”是众多宁波中小商人的立足之本和基本精神。

“天行健，君子以自强不息”，正是这种刚健有为、自强不息的奋斗精神孕育了宁波商人强烈的开拓进取意识。近代宁波人耻安守家业，他们宁愿背井离乡，到广阔的外部世界拼搏创业，而不愿在狭小的家园抱残守缺，碌碌无为。他们敢于冒险犯难，到处为家，勇于在外省外域创业，落地生根，从而为自己的发展开拓了广阔的空间。

勤以增收，俭以节支，勤与俭是密不可分的。中国传统文化向来是尚俭莫奢。宁波人的节俭是相当出名的，“业从勤俭起”是宁波人教育其子弟的座右铭。进入近代，由于中外反动势力的双重压迫，使白手创业的宁波商人资本积累十分困难。他们只能靠自己克勤克俭，精打细算，生活上节衣缩食，积少成多，逐步扩大经营规模。这种精于计算、以小见大的习性也培养了众多宁波人的理财能力和商业天赋。尤为可贵的是，宁波商人创业有成后，即使家财万贯，仍能保持克勤克俭的创业本色。他们富而若贫，俭朴自守，所以在旧社会商界有“宁波人门槛精”的名声。他们在生活上自奉甚俭，力戒奢侈，事业上则精于计划，长于理财，这无疑是他们事业得以兴旺发达的一个重要原因。

(四)家族团结，同乡扶助的团队精神

儒家思想在社会伦理观上以群体为本位，以家庭为中心，由小而大，由近而远，由亲而疏，延伸扩展，形成社会关系的网络，同时提出以伦理为基础，以“忠”、“孝”为主要原则协调人际关系，强调个体对群体的义务与责任，家族关系及其与之相关的同乡关系成为中国传统社会组织的基石。这种观念不仅在广大民众中根深蒂固，而且广泛渗透到社会政治经济的各个领域。此不独宁波人为然。“宁波帮”的成功就在于，他们根据新的历史条件和要求，把这种传统的家族、同乡关系与近代经济活动有机结合起来，从而产生出巨大的能量和活力。这是近代“宁波帮”对中国传统文化运用得最成功、也最具有影响的一个方面。

近代“宁波帮”是一个以血缘家族为核心、以地缘关系为纽带的范围广泛、组织松散的企业家群体，强烈的血缘和地缘色彩是近代“宁波帮”的一个显著特点。这种由家族、同乡关系所形成的团结力量和群体互助意识，是近代“宁波帮”能到处扎根、得以发展壮大的重要原因所在。家族的团结和同乡的忠诚，是新兴资产阶级赖以发展的基础。亲邻相帮和同乡扶助的习俗不仅推动大批宁波人走上工商之路，而且为他们日后的成功创造了条件。对此法国学者白吉尔夫人指出：“乡谊情感是个人只身跨入竞争环境的前提。”她说：“有多少大亨在他们于数年或数十年前到上海时，还是光着两只脚的！据他们的正式传记称，他们所以获得成功，应当主要归功于他们的智慧和勤奋。然而实际上，他们是得到早在上海定居下来的家族和同乡的具有决定作用的帮助的。”在创业过程中，近代“宁波帮”借助家族、同乡关系，相互支持，相互依存，同舟共济，大大增强了抵御经营风险的各种超经济因素干扰的能力，特别是在抗衡列强经济侵略方面发挥了独特的作用，使他们在近代中国险象环生的社会环境中得以度过艰难险阻，获得成功和发展。这方面的典型例子是1911年的“宁绍轮船公司事件”。当时经营沪甬航线的英商太古公司为了搞垮刚成立的宁绍轮船公司以便垄断这一航线，进行削价倾轧，致使宁绍公司亏损日甚，难以为继。为此旅沪宁波同乡会发起组织“宁波航业维持会”，集资予以补贴，并发动宁绍两地人士不乘载外轮，此举得到广大宁绍同乡的大力响应和支持，最后迫使英商妥协，宁绍公司不仅转危为安，而且还添了一条新轮。在以亲族同乡员工为主体的企业内部有比较牢固的凝聚力，从而成为对付各种风险的坚强屏障。“宁波帮”企业家在把传统家族、同乡关系成功地转化为近代企业雇佣关系的同时，事实上也就把受雇者对家族、故乡的忠诚转化为对企业的忠诚。由于雇佣关系与家族、同乡关系融为一体，使员工对企业有一种认同感和归属感，企业利益成为重视的目标，人人都为此勤奋工作。特别是在企业陷入困境时，能形成一致对外的力量，有利于企业的稳定和摆脱危机。

不可否认，“宁波帮”企业家在重视和依靠传统家族、同乡关系过程中，不可避免地存在着门户之限、畛域之分和“近亲化”现象。但这是在近代中国社会陷入深刻危机的情况下，无所适从的民族资产阶级企业家为了对付险恶的社会环境和防范经营风险，借助团体的力量和优势联合起来，以求得自我保护和发展的反映，而且宁波商帮的家族、同乡关系及其组织并非是封闭的宗族组织，而是一种日益与时代同步的、开放的，能随时容纳各种社会力量的联合体，其核心是强调团体和联合的力量。这种传统的家族、同乡关系之所以在近代民族工商业中具有顽强的生命力，其根本原因就在于此。

（五）以人为本，以和为贵，以德为范的管理思想

中国传统文化十分重视伦理道德在管理中的运用，力求和谐，避免对抗，同时强调发挥人的主观能动性。孟子说：“天时不如地利，地利不如人和。”“人和”被视为处理人际关系的最高准则和取得事业成功的最重要因素。对此，近代宁波商人也深信不疑，并努力运用到企业管理实践中。在企业管理上，宁波商人十分重视学习和借鉴西方先进的经营管理方法。在近代中国，“宁波帮”是最早把西方先进的管理方法引入企业经营活动的人士之一，但他们并没有照搬照抄西方的东西，而努力与中国社会的实际结合起来，从中国传统管理思想中汲取营养，博采众长，从而形成了颇有中国特色的企业管理模式，使其企业具有较强的竞争力和生命力。

为了弥补在资金、技术等企业发展“硬件”上的不足，“宁波帮”企业家十分重视人的因素和作用，注重企业内部人的组织和管理，努力调动全体员工的积极性，充分挖掘企业内部潜力。他们深知“善用人才者胜”，因而视人才为企业兴衰的根本，不惜重金聘用，大胆使用。同时他们注意提高一般员工的文化和技术素质，发挥其在生产和经营上的作用。学徒制是近代宁波人培养人才的一种成功方法。在近代宁波城乡，一个长到十来岁（大多为初小毕业）的孩子，无论其家庭贫富，一般都要被送到外地店铺拜师学艺。他们在师傅那里学做生意、习手艺，也学为人处世之道，从小受到严格职业训练，以至于“青出于蓝而胜于蓝”。拜师学艺，成为众多宁波子弟跨入商界的必修课。在近代“宁波帮”中，无论中小商人还是巨商大亨，多是学徒出身。在用人上，“宁波帮”企业家认为关键在善任与厚待，对人做到善任之，又厚待之，才能使之尽心竭力地为己所用，同时也才能使上下之间和谐协调。他们努力把中国人传统的厚道温情融入制度化管理，在企业中他们多以长者自居，进行家族式管理，关心员工的生老病死，搞好员工的福利待遇。他们重视对员工的精神教育，在鼓励员工学习各种技术和管理知识的同时，十分重视对员工进行道德的教化和爱企业的教育，在企业中提倡勤俭、务实、忠诚、守信等传统道德，力戒赌博、偷盗、懒惰、不孝等陋习。他们本人更是身体力行，许多“宁波帮”人士被称为具有中国传统美德的企业家。在他们的企业中，先进的技术、科学的管理与传统的道德实践是并行不悖的，现代的经营手法与传统的道德行为在大多数“宁波帮”企业家身上比较完美地结合起来。

由于“宁波帮”企业家注重对员工的感情投资，刻意营造和谐、有序的企业氛围，努力调动全体员工的积极性，所以在这些企业里，劳资关系融洽，员工有良好的精神状态，对企业有一种强烈的向心力和归宿感，进而激发出生产经营上的积极性与创造力，成为企业蓬勃发展的内在动力，特别是在社会动荡或企业经营发生严重困难时，企业上下一心，有很强的凝聚力，充分显示了这一管理模式的独特魅力。

除了以上几个方面，“宁波帮”企业家在广告宣传、市场谋略、企业及产品取名等方面都成功地运用了中国传统文化的精神和智慧。限于篇幅，在此不再一一展开。

综上所述，中国传统文化勤奋、节俭的创业精神，诚信为本的商业道德，互助合作的团队意识，以及以人为本、以和为贵、以德为范的管理思想等，对“宁波帮”的成功有着积极的促进作用，其中不少成分作为东方管理文化最有华彩的瑰宝，仍将在现代化的管理中显示出其特有的魅力和光彩。当然，面对迅速变化的经济活动，我们不可能从中国传统文化中寻找现代化管理的现成答案，我们只有根据新的情况，对传统文化有所扬弃，有所创新，同时大力吸收西方文化中科学合理的成分，扬长避短，博采众长，才能创造出面向新世纪的现代化商业文化。

第二章 “宁波帮”家族企业制度建设与现代企业制度的融合

第一节 现代企业制度特征

一、现代企业制度之理论基础——新制度经济学

新制度经济学的诞生标志是罗纳德·H.科斯(Ronald H. Coase)《企业的性质》论文的发表。新制度经济学被引入我国,正是我们遇到在经济体制改革、转轨中的许多矛盾和问题之时。如何设计好一个“制度”,成为当时经济学界热议的话题,甚至被认为是“中国必须解决的最为紧要的根本问题”。已有许多关于新制度经济学的介绍,我们这里只从新制度经济学创始人及其代表人物的论述中,简单介绍我们对新制度经济学的理解。

因提出新制度经济学思想而获诺贝尔奖的科斯的理论主要包括三个结论:

第一个是相互依存性定理:假设A拥有某种财产权利将损害B,如果这种权利转移给B,则B对这种权利的拥有会损害A。

第二个主要的结论是:人们之间相互作用的组织(包括大量的法律框架)方式和相互作用的结果,不仅仅决定于个人偏好和生产及运输等成本,

也决定于或根本性地决定于这些相互作用的组织成本。这些组织成本由契约性交易成本所构成，包括管理成本、代理成本或者发生在企业内部的相关成本，以及政治体系中的决策和实施决策的成本。

第三个理论被称为契约对象的科斯定理。在某种意义上，该理论尚未成型。该理论认为，契约的对象在事前是无法确定的，它们能够由组织以权利通过许多不同方式重新定义和构成，而重新定义和组织契约对象的目的是为了节约组织相互作用的成本。因此，不存在外生的和给定的物品和商品的集合，现实中存在的是伴随价格、数量和企业等内生决定的契约对象的集合。

（一）“新制度经济学”的核心思想

科斯认为：经济学家应做的一件主要工作是研究经济制度！我们每个人都生活在一种经济制度当中，人类自身的福利依赖于整个社会所能提供的产品与劳务，而后者取决于经济制度的运作效率。亚当·斯密解释道，经济制度运作效率由分工所决定（他指的是劳动分工），但只有存在交易时，专业分工才有可能；交易成本（costs of exchange）依赖于一国的制度，如法律制度、政治制度、议会制度以及教育文化等诸方面的制度。制度决定着经济绩效，这正是新制度经济学给出的重要结论。

科斯对自己创立的“新制度经济学”的说明很清晰：所谓“新制度经济学”的核心思想就是关注“制度”及其对“社会交易成本”的作用。

（二）对“制度”的理解

1998 年在巴黎召开的第二届新制度经济学国际年会的主席演讲中，大会主席、新制度经济学的代表人物诺斯认为，制度变迁的方式反映出人们的信仰，信仰转变为制度，制度转变为经济的演进方式。他指出，如果以一种严肃认真的态度看制度，那么就应该承认事实上并不存在自由放任的经济。应该认识到任何社会、经济或政治体制都是由人构建的，并且这种结构在我们所处的这个有序社会里具有人为的功能。这个结构是规则、惯例、习俗和行为信念的复杂混合物，它们一起构成了我们日常的行为选择方式，并决定了我们达到预期目标的路径。

诺斯认为，没有一个有效率的市场不是处于由市场参与者参与其中的制度结构之中。“不通过政府，你不能得到这种结果；只有借助于政府和一些自愿组织构建起具有你所想要特征的结构，你才可能得到这个结果。”因此不仅要在理论上能对每种要素和产品市场以及对政治市场的制度结构给予定义和分类，而且还要分析在整个时期内制度结构的变化、演进。首先，我们必须计算出在政治市场中如何选择才能达成一致，这就是政治经济学。我们不知道会发生什么，更不知道政治科学家（也是诺斯所引入的概念）帮我们做了些什么。其次，同样重要的是，我们必须要关注那些非正式约束（informal constraints）。我们都知道，行为习惯、习俗和行为模式对一个社会的运转起到关键作用，但是我们却不了解它们是如何运作的，又是怎样随时间的变化发生演进的，以及什么因素使它们运作得好一些或者糟一些。再次，实施问题。没有任何一套规则和非正式约束可以被完全实施，总存在一个不完全的程度。我们必须研究不完全性是怎样起作用的，研究正式规则和非正式习俗如何能被很好地实施。一个社会的变迁其实就是一种正式规则、行为的非正式习俗、惯例和它们实施特征性变迁的混合体。但是在正式规则发生了变化的同时，并不存在一个与这些正式规则相一致的实施机制以及相应改变了的行为习惯，因此要考虑正式规则是怎样发生变迁的。

他认为，博弈论是准确理解实施过程的一个有效工具。

诺斯指出：“关于正式规则的变迁，我们生活在一个经济变迁的动态世界中，但我们的理论却是静态的……即使我们知道使穷国变富的正式制度规则实施的各种条件，但我们却不知怎样得到它们，原因是我们不知道其变迁的过程。按标准的经济学理论，你不可能掌握了解变迁的过程。你必须全部从头开始，必须从社会开始演进的那一时刻起，对正式与非正式制度的演进……它们是如何互动，在人口统计性质发生变动时它们又是如何互动，以及这三者如何影响政治、社会和经济制度的演进等有一个充分的了解……不这样做，我们就不可能明确有效地解决使人类改善经济绩效的问题。”

显然，研究制度及其变迁以及它在人类社会中对“穷”变“富”的作用，是新制度经济学的根本性任务。

新制度经济学的追捧者、日本学者青木昌彦以《沿着均衡点演进的制度变迁》为题，这样描述制度的变迁——“将经济过程比作一个博弈过程，是很贴切的。博弈论的方法对制度的分析是很有用的，尤其是最近逐渐使用的演进博弈和重复博弈分析方法。把经济过程比作一个博弈，其实就是把它当做成类似于博弈局中的一个参与人、博弈规则或是一个博弈结果(均衡)。人们日常交谈中所涉及的制度,通常是指重要组织机构,如政府、大学、公司、基金和宗教组织,等等。”——也就是说,制度在这里是一种参与博弈的组织。

制度还是博弈的规则。一般而言,经济博弈的正式规则是不能被参与人所构建(或改变)的,它是在博弈之前就被确定下来的。如果我们关注制度的起源,那么马上就会产生一个问题:谁来决定规则?诺斯对博弈规则和博弈参与人(组织即政府、企业)作了严格的区分,即参与人作为制度变迁的行为主体,是规则制定者,决定和实施博弈经济规则的是国家政治组织。参与人的方式、习俗来自于社会上流传的信息,因此也构成了传统文化的一部分。“所以,它们的形成与消失的过程一定是缓慢、复杂的。在由政治组织决定的正式制度和持久的非正式约束之间,二者的张力一定会对经济变迁的方式有着重要的影响。”

青木昌彦提出了他的“制度演进博弈”论——“博弈的内生规则”:当一种制度处于某种社会建构的状态时,只要其他参与人不偏离这种状态,则任何参与人也不会激励去偏离这种状态。

青木昌彦认为,制度既是博弈规则,也是博弈均衡。在“博弈的内生规则”这个方法中,制度的本质特征被认为是参与人作选择的自我实施规则,它们能规制参与人持续不断的互动过程。博弈规则是在一个相关领域内参与人通过互动而内生的,因此它们是自我实施的,制度就是均衡互动选择规则的本质特征。作为一种均衡现象,制度是重复博弈的内生产物,同时制度又规制着该领域中参与人的战略互动,对其中某一个参与人而言,忽略或者偏离制度都是无利可图的。

(三)制度是降低交易成本和提高经济活动效率的必要条件

诺斯认为,制度是人类强加在自身相互关系上的一种结构,而经济活动中交易成本的存在表明,制度框架为生产效率提供了激励机制。这一特征在资本市场表现得最为明显,如果资本市场契约的实施是不确定的或者无法获得相应回报,那么风险问题将使整个储蓄和投资结构遭到破坏,资本市场的失灵会使我们失去实现良好经济绩效的关键条件。

交易成本是什么?张五常认为:交易成本是衡量和明确交易单位特征和实施契约的成本。当人们从事经济交换活动时,关心的是商品和服务是否能够交换以及确定要交换的是什么。只有明确界定交换对象的成本状况,人们才能够明确协议和契约的性质并有效率地进行交换。对某个商品或服务的特征界定得越清晰,对双方交换的实现就越有利。

事实上,在经济活动的现实中需要明确界定的不仅仅是商品或服务的特征,还包括企业、贸易联盟和政府内部等不同层次的交换为特征的委托——代理关系。明确界定双方相互关系的本质是委托代理的全内容。根据界定的范围和程度,我们可以找到衡量双方的行为是否与契约相符的方法。如果无法衡量所交换的是什么,我们就不可能实施契约。

毫无疑问,在任何经济活动中,其交易成本在总体上是恒定的。因此,变化的只是用于交换活动的资源种类。随着社会专业化的分工和现代科学技术的进步,在经济社会发展过程中出现的一个重要现象是越来越多的社会资源用于交易活动并构成交易成本。总体交易成本的构成发生转换的事实,使我们必须涉足政治经济领域,因为衡量和实施成本的基础是能够被清楚界定和实施有效的财产权利,而这需要一个有效率的政治经济体制作保障。它也使我们关注社会道德问题,一个以诚实和正直等特征为支撑的社会将是低交易成本的社会;相反,一个人们相互不信任或相互欺诈的社会必然耗费大量的资源用于界定和实施契约。显然,当人们有实施契约的一套行为准则时,其交易成本是较低的。换言之,作为基础的政治和社会环境是降低交易成本和提高经济活动效率的必要条件。

(四)我们对新制度经济学思想的解读

从上述引用的文字中,我们可以清晰地读出这样的含义:

(1)新制度经济学学者们不认为存在着一种“自由放任的经济”,从这个基点出发,“应该认识到任何社会、经济或政治体制都是由人构建的,并且这种结构在我们所处的这个有序社会里,具有人为的功能。这个结构是规则、惯例、习俗和行为信念的复杂混合物,它们一起构成了我们日常的行为选择方式,并决定了我们达到预期目标的路径”。

(2)任何有效率的市场经济都处于由市场参与者参与其中的制度结构之中。只有借助于政府和一些自愿组织构建起具有你所想要的特征的制度结构,你才可能得到这个“有效率的市场经济”的结果。习惯、习俗和行为模式对某种经济社会的运转起到关键作用。

(3)假设 A 拥有某种财产权利将损害 B,如果这种权利转移给 B,则 B

对这种权利的拥有会损害A。也就是说，财产权利的转移意味着损害的转移！

人们之间相互作用的组织根本性地决定于这些相互作用的组织成本，这些组织成本由契约性交易成本所构成，包括：管理成本、代理成本或者发生在企业内部的相关成本，以及政治体系中的决策和实施决策的成本。

契约的对象能够由组织以权利通过许多不同方式重新定义和构成，而重新定义和组织契约对象的目的是为了节约组织相互作用的成本。因此不存在外生的和给定的物品和商品的集合，现实中存在的是伴随价格、数量和企业等内生决定的契约对象的集合。

(4)正式规则即制度是在变动之中的，然而习惯、习俗的变动并不与制度的变动同步，一般是滞后的。“一个社会的变迁其实就是一种正式规则、行为的非正式习俗、惯例和它们实施特征性变迁的混合体。”其中，所谓正式规则只是要素之一，只有当存在一个与这些正式规则相一致的实施机制以及相应改变了的行为习惯时，才会结束混乱而导致有效率市场的均衡局面。

(5)制度结构是处于动态变迁之中的，研究制度变迁过程对社会由“穷”变“富”的作用及其机制，是新制度经济学的根本性任务。

(6)动态的制度结构演进及其规律，必须要用动态的眼光给予观察、分析，博弈理论应用的本身就意味着经济活动是一种“对弈”，是一种“较量”。由此，我们也才能更深刻地理解“制度”产生及其作用的意义。

(7)新制度经济学的革命性意义在于它宣布经济学必须研究社会经济活动的实际，把参与者、生产资源及生产，以及制度、习俗等文化现象结合起来进行研究，而不是静止地套用数学模型、发表论文。

(8)文化——意识形态(体制、制度等)的作用，是社会经济活动的决定性因素之一。过去的经济学研究有意无意地忽略了这一点。

二、现代企业制度的概念

(一)企业制度

企业制度是企业产权制度、企业组织形式和经营管理制度的总和。企业制度的核心是产权制度，企业组织形式和经营管理制度是以产权制度为基础的，三者分别构成企业制度的不同层次。企业制度是一个动态的范畴,它是随着商品经济的发展而不断创新和演进的。

从企业发展的历史来看,具有代表性的企业制度有以下三种。

1. 业主制

这一企业制度的物质载体是小规模的企业组织,即通常所说的独资企业。在业主制企业中,出资人既是财产的唯一所有者,又是经营者。企业主可以按照自己的意志经营,并独自获得全部经营收益。这种企业形式一般规模小,经营灵活。正是这些优点,使得业主制这一古老的企业制度一直延续至今。但业主制也有其缺陷,如资本来源有限,企业发展受限制;企业主要对企业的全部债务承担无限责任,经营风险大;企业的存在与解散完全取决于企业主,企业存续期限短等。因此,业主制难以适应社会化商品经济发展和企业规模不断扩大的要求。

2. 合伙制

这是一种由两个或两个以上的人共同投资,并分享剩余、共同监督和管理的企业制度。合伙制企业的资本由合伙人共同筹集,扩大了资金来源;合伙人共同对企业承担无限责任,可以分散投资风险;合伙人共同管理企业,有助于提高决策能力。但是合伙人在经营决策上也容易产生意见分歧,合伙人之间可能出现偷懒的道德风险。所以,合伙制企业一般都局限于较小的合伙范围,以小规模企业居多。

3. 公司制

现代公司制企业的主要形式是有限责任公司和股份有限公司。公司制的特点是公司的资本来源广泛,使大规模生产成为可能;出资人对公司只负有限责任,投资风险相对降低;公司拥有独立的法人财产权,保证了企业决策的独立性、连续性和完整性;所有权与经营权相分离,为科学管理奠定了基础。

(二)产权与企业制度

企业是在一定的财产关系基础上形成的,企业的行为倾向与企业产权结构之间有着某种对应关系,企业在市场上所进行的物品或服务的交换实质上也是产权的交易。因此,了解企业制度,必须从产权这一概念入手。

1. 产权

所谓产权,是财产权利的简称,指财产所有权以及与财产所有权有关的财产权利。产权的基本内涵包含了所有权、占有权、使用权、收益权和处分权等，是涵盖一组权利的整体，从这个意义上讲，产权的总和相当于所有权的概念。但是，产权和所有权并不是对等的关系。在所有权的内在权能发生分离的情况下，所有权就只是产权的一种而不是唯一的表现形式，产权代表着与产权客体处置有关的一组财产权利。在这组财产权利中，所有权处于核心地位，其他一切财产权利都是从所有权中派生出来的。

2.产权的经济功能

(1)保障产权主体的合法权益。产权具有排他性，产权所有者的权益受法律的保护，他人不得侵犯。产权的这种功能是维护社会的所有制与生产关系，稳定社会经济结构的重要法权支柱和基础。

(2)有利于资源的优化配置。产权具有可让渡性和可分性。任何一项交易活动实质上就是不同产权之间的交易，明确界定的产权可以提供一种对经济行为的规范或约束。

(3)为规范市场交易行为提供制度基础。产权强调的是规则或行为规范，它规定了财产的存在及其使用过程中不同权利主体的行为权利界限和约束关系。产权关系的复杂化和明晰化乃是市场经济的重要特征，也是其顺利运行的法权基础。

(4)有助于解决外部性问题。外部性是指经济当事人之间一方对另一方或其他诸方利益造成的损失或提供的便利不能用价格来准确衡量，也难以通过市场价格进行补偿或支付。对一些外部性问题，通过明晰产权，并在此基础上进行谈判，当事人有可能找到各自利益损失最小化的合约安排。

(三)现代企业制度

现代企业制度是指以市场经济为基础，以规范和完善的企业法人制度为主体，以有限责任制度为核心，适应社会化大生产要求的一整套科学的企业组织制度和管理制度。为较好地把握现代企业制度的概念，需要特别注意四个基本点：(1)从生产关系的角度看，现代企业制度对应的是市场经济。(2)从生产力的角度看，现代企业制度对应的是社会化大生产。(3)从法律的角度看，现代企业制度对应的是企业法人制度。(4)从产权的角度看，现代企业制度对应的是有限责任公司。

完善的现代企业制度包括产权制度、法人治理机构、内部管理制度、组织机构、契约制度和企业人格化制度等六个方面。其中，产权制度、法人治理机构、内部管理制度、组织机构是现代企业制度的具体内容。而契约制度、企业人格化制度是具体内容的表现形式，如决策制度、财务制度、监督制度、人事制度、奖惩制度、管理制度，等等。关键是公司治理机构及企业产权制度，其主要含义包括：

(1)企业产权制度。现代产权制度的特点：归属清晰、权责明确、保护严格、流转顺畅。建立现代产权制度可以给企业创造一个公平、竞争、有序的创业致富环境，从而有利于让一切劳动、知识、技术、管理和资本的活力竞相迸发，让一切创造财富的源泉充分涌流，有利于增强企业和公众创新的动力，形成良好的信用基础和市场秩序。

(2)公司治理机构。公司治理机构是指一种对公司进行管理和控制的体系，是由所有者、董事会、高级经营管理人员三者组成的一种组织机构。现代企业制度最明显的特征就是所有权与经营权的分离。这就需要在所有者与经营者之间建立一个相互制衡的机制，用以对企业进行管理和控制。现代企业制度中的公司治理机构实质上就是协调股东与其他利益相关者关系的一种机制，是处理各种契约关系的一种制度。如：股东、董事会、经理层、其他利益相关者的责任和权利的划分，而且，还明确了企业事务决策时所应遵循的规则和程序。

三、现代企业制度的基本特征

借鉴西方经验，形成了具有中国特色社会主义的现代企业制度的特定内涵。党的十四届三中全会把现代企业制度的基本特征概括为“产权清晰、权责明确、政企分开、管理科学”十六个字。1999 年 9 月党的十五届四中全会再次强调要建立和完善现代企业制度，并重申了对现代企业制度基本特征“十六字”的总体要求，认为建立现代企业制度是国有企业改革的方向，是公有制与市场经济相结合的有效途径。这同时也为当前我国迅猛发展的民营企业的制度创新演进提供了参考。

(一)产权关系明晰

企业中的国有资产所有权属于国家，国家作为企业的出资者是企业中国有资产的所有者，拥有出资者所有权，企业拥有包括国家在内的出资者投资形成的全部企业法人财产权，从而在所有权与经营权分离的基础上，进而在企业中形成出资者所有权与企业法人财产权的分离。

(二)企业权责明确

企业以其全部法人财产,依法自主经营,自负盈亏,照章纳税,对出资者承担资产保值增值责任。

(三)出资者权责明确

出资者按照向企业的投资额享有所有者权益,即资产受益、重大决策和选择管理者的权利。企业破产时,出资者只以其向企业的投资额对企业债务承担有限责任。

(四)管理科学

企业建立科学的企业领导体制和组织管理制度,调节所有者、经营者和职工之间的关系,形成激励和约束相结合的经营机制。

第二节　家族企业制度的核心

中国人十分重视家族血缘关系,认为在遇到困难的时候只有亲人才会鼎力相助。这种观念历经数千年,在中国人的大脑中已根深蒂固。俗话说“打虎亲兄弟,上阵父子兵”,由于这种近乎本能的观念影响,家族企业主在创业初期,其合作伙伴大多数都是自己的同族、同宗。这种企业往往都蒙着浓厚的血缘色彩,家族型的亲情式管理突出,即充分利用家族内部的人力资源并直接担任中高层管理岗位,这是一种组织成本低而效率较高的人力资源组织模式,如会计、出纳、采购等一人兼。相对于欧美、日本模式,我们的模式更简单清晰,易于操作,更适合发展中国家。家族企业以亲情为上,制度为辅,成就了夫妻店、父子店等。然而,随着家族企业的成长,当企业已经完成初期创业,若仍未改变原有的人力资源组织模式,将使企业进入到成长的徘徊期。因此,家族企业要想成长,要想得以永续,必须要有管好企业的前提,那就是制度。

一、家族企业制度的现实特点

家族制虽然能够适应企业初创期,但它毕竟是一种原始的企业产权形态和组织结构。这种产权形态和组织结构具有二重性，它有积极的一面，如企业内部各主要成员间的信任成本较低，从而有助于较小规模企业实现更有效的组织与管理；但同时它也有消极的一面，如只相信“自己人”，从而在一定程度上限制了企业在更广的范围选择更有能力的人以更有效地配置企业资源。因此，家族企业制度的主要特征是基于个人信任和权威之上的所有者和经营者合二为一。

（一）优点

1. 凝聚力强

个人信任是组织，特别是华人经济组织创业成功的一个关键因素。创业初期，一种形式是，创业者凭借家族成员间特有的血缘关系、亲缘关系和相对的社会网络资源，以较低的成本迅速凝聚人才，全情投入，团结奋斗，甚至可以不计报酬，能够在一段时期内快速获得竞争优势，形成家长权威；另一种形式是，创业者常常表现为企业家的联合，作为企业各要素的初始联结体，可以降低交易成本，规避风险。以个人信任、人情、关系、面子为重要非契约特征的血亲与非血亲关系是家族化合伙创业企业的最主要特征。这又特别体现在创业成员间的个人信任程度和权利义务关系等要素上。

2. 集权式的组织模式

创业者往往以其较大的股份、较高的辈分或独特的个人魅力，在家族企业中扮演者家长的角色，即形成家长权威。家长依托家族关系，将企业的决策权集中在自己手中或家族内部，从而建立集中、稳定而强大的领导实体。

3. 反应迅速

以家族整体利益的视角，通常情况下，利益的一致性使得各成员对外部环境变化具有天然的敏感性，外部尤其是市场变化的信息能很快传递至企业的每位成员。同时，家长制的权威领导，可使得公司的决策速度达到最快。

4. 心理契约成本低

出资人和创业者直接成为企业的高管层，与高管层有血缘关系、亲缘关系、同学关系、战友关系、朋友关系、地缘关系的人成为企业的中层管理者。他们可以帮助企业降低监控成本，因此，家族企业的总代理成本相对于其他类型的企业低。家族成员彼此间的信任及了解的程度远高于其他非家族企业的成员,家族企业成员之间会负担较低心理契约成本。成员之间特有的关系,使家族企业具有强烈的凝聚力,加上经营权与所有权合一,家族企业的总代理成本较非家族企业的为低。

(二)缺点

1. 决策科学化程度低

家族化管理使得科学的决策程序和决策机制难以形成,企业的决策实际上就是企业家的个人决策。然而在企业规模扩张后,企业家个人的能力素质可能难以应付复杂多变的环境,因此容易导致失误。一般的决策失误,并不会影响企业发展的大方向;但当涉及战略决策时就会影响到企业的生死存亡。

在家族企业中,个人英雄主义在某种程度上被神圣化。在经营环境不稳定或企业初创时期,这种“天马行空”的领导风格会具有一定的优势,它可以降低企业内部的交易成本,为企业尽早尽快地积累原始资本。但当公司进入成长、成熟期后,管理层就特别需要依靠懂得现代管理科学的专家来从事战略规划和目标管理。实践证明,“家长式”的个人英雄主义行为在公司进入规模后会带来巨大的弊病。独断专行的管理风格曾导致国内一些家族企业领导层出现缺位,造成企业在第一把手离任后经营状况全面下滑。企业的管理风格应当是能给企业创造一种轻松自由的气氛,家长权威式的管理风格终将导致人心涣散。

在企业规模小、市场比较简单和稳定时,凭个人的经验和直觉来决策尚可。但随着企业规模扩大,市场复杂多变,经验和直觉的决策会严重阻碍企业的成长,有时还可能会导致企业突然死亡。过去成功的经验有可能成为未来失败的原因,因为过去成功的经验有其特定的环境背景。当市场和行业出现了新的变化,仍然对过时的经验加以固守,反而会加速其失败。家族企业要想永续,要想发展壮大,必须重视战略,没有战略的企业是不可能长久的。一些家族企业只重视企业的策划,而很少重视战略决策,如企业的发展目标、市场环境的动态预测分析、对竞争对手的研究、企业的融资、对政府政策的宏观预测,等等。许多企业家陷入盲目发展的状态,最终导致经营的失败。

2. 产权的封闭性

家族企业产权的封闭性集中表现为:不轻易吸纳新的投资者,保持自己对企业的绝对控制，习惯自己说了算，不习惯大家伙一起说了算。因为，大家伙一起说了算，就要有章法（公司章程），这个章法对最初的创业者就是一种难以适应的束缚。因此，即使企业遇到大的市场机遇需要融资以扩大企业的规模，一般是通过借款及增加负债的方式来增加企业资产，而不考虑吸纳新的投资者出资的方式。

3.人力资源的封闭性

家族企业在人力资源上的封闭性表现为：出资人和创业者直接成为企业的高管层，与高管层有血缘关系、亲缘关系、同学关系、战友关系、朋友关系、地缘关系的人成为企业的中层管理者。这种人力资源的组织方式在企业创业初期有一定的优势和合理性，但当企业发展到一定的规模，尤其是在技术创新、工艺创新的推动下要上一个新的台阶时，会出现明显的弊端：原有的管理者无论在数量上还是质量上都难以满足企业进一步成长的需要。原有的人力资源优势转化为发展的瓶颈，企业的永续与成长遇到了人力资源瓶颈。

4.企业文化不是以契约为基础而是以伦理为基础

中国传统文化中有一种“熟人文化”和“关系文化”，其特点是契约和规则意识淡漠。这种文化已经渗透到社会结构的每个层面，家族企业普遍以家庭为核心、以家族伦理为道德准则。这种家族企业文化主要以血缘性、亲缘性、子辈相传为特征，家庭成员相互信任、彼此依赖，对外人构成了一种先天的隔阂，从而导致了家族企业的一种用人怪圈。其中核心圈是领导者由创业者及继承人构成，核心圈以外的事业是由有血缘关系的近亲所构成的小圈子，再向外一层的事业是由远亲和朋友所构成的圈子，最外面一层的事业才是由雇员所组成的圈子。它已经成为家族企业用人的潜规则，这种用人制度文化必然使得家族企业把优秀的人才排除在外。许多企业从表面上看已经超越家族企业和家族管理模式，但本质上依然困于错综复杂的家族之中，并由血缘关系扩大为地缘关系及其他更为复杂的社会关系。家族式的管理使家族企业很难超越血缘关系和地缘关系，企业内部依然存在家长式的权威，企业管理仍采取“人治”方法。而企业的进一步发展需要的是契约和规则，没有契约和规则就难以引进高水平的职业经理人，即使引进也难以发挥作用。原因很简单，没有规则就没有合理预期，没有合理预期就没有长期交易。

二、家族企业与现代企业制度的融合

马克思主义经典著作论述了在资本主义条件下，随着市场经济和社会化大生产的发展，资本有机构成的提高以及竞争压力的外在强制，促使众多的单个私人资本通过股份公司这种财产组织形式来实现资本社会化和企业社会化的客观必然性。随着市场经济的发展，竞争也逐渐激烈起来。一般来说，谁的资本雄厚，谁在竞争中的地位就比较有利。为了在竞争中居于有利地位，企业有必要增强自己的资本实力。资本实力的增强有两个途径，即资本积聚和资本集中。前者是依靠剩余价值的资本化来实现单个资本的增大，而后者则是不增加社会总资本的数量，通过现有资本的重新组合，来实现单个资本的增大。显然，后者的资本增大速度快于前者。市场经济越发展，竞争就越激烈，竞争的压力就越大，对资本集中的要求就越强烈。合伙制企业的发展是资本集中的一种形式，公司制企业的发展更是资本集中的形式和结果。市场经济的继续发展，尤其是科学技术的进步，也使得资本的有机构成不断提高，开办一个企业所需要的最低资本额不断提高，一些部门中的企业更是需要巨额的资本才有可能建立。单个私人资本数量有限，个人业主制企业和合伙制企业的财产组织形式已经不可能提供这种巨额的资本，更不可能承担巨大的经营风险。这种状况客观上要求众多的单个私人资本通过一定的财产组织形式结合成为大资本。

于是，“公司这种企业财产组织形式解决了集中资本的要求与资本属于不同所有者所有的状况之间的矛盾，使那些需要巨额资本的部门和企业得以建立，并使得整个生产规模得以扩大”。马克思认为，股份公司的出现在一定程度上解决了私有制市场经济条件下生产的社会化和私人占有制的矛盾。股份公司就是“那种本身建立在社会生产方式的基础上并以生产资料和劳动力的社会集中为前提的资本，在这里直接取得了社会资本（即那些直接联合起来的个人资本）的形式，并且它的企业也表现为社会企业，而与私人企业相对立。这是作为私人财产的资本在资本主义生产方式本身范围内的扬弃”。

概括地说，股份制这种企业财产组织形式具有如下优点：一是股份公司的产权形式实现了资本的社会化和多元化。二是公司法人财产权的形成，使资本所有者由原来单个资本条件下承担无限责任转变为只承担以出资多少为限的有限责任，从而降低和分散了投资者的风险。三是一部分资本所有者转化为单纯的货币资本家,而另一部分职能资本家转变为经理阶层,专门从事生产经营管理,使资本所有权与支配权发生分离。从根本上讲,公司企业的产生和发展,是生产力高度发展的产物,不论在资本主义市场经济还是在社会主义市场经济下都是如此。在社会主义市场经济条件下,我国一部分私营家族制企业向现代企业制度转变也是不以人的意志为转移的客观规律。

当然,这并不是说所有的家族制企业都必须改制为现代公司制企业,对于那些规模小的企业,以及处于初创期的企业,采用家族制管理仍具有优势和合理性。

家族制企业改制为现代公司制企业应重点在以下方面有所作为。

(一)打破家族产权“一股独大”的封闭结构,使资本社会化

家族产权高度集中,不利于企业内部建立制衡机制及企业的长效发展。可以通过让企业经营管理人员、技术骨干等企业员工购买企业股份,或对作出突出贡献的员工奖励企业股份,或与其他企业进行资产重组或直接吸收其他股东入股,来吸收社会资本。如:温州正泰企业创始人南存辉就是通过兼并与联合构建了企业集团,进行了三次股权改造,稀释了家族的股份,以较少的股份控制了数十亿的集团公司,被称为真正意义上的现代企业。另外,有条件的家族企业可以挂牌上市,积极拓宽直接融资渠道,充分利用外部资金来发展壮大企业,降低经营风险,这也是实现资本社会化的一个重要方式。

(二)产权与经营权相分离,实现管理专业化

产权与经营权相分离是现代企业制度最明显的特征。管理专业化就是要由具有管理、技术、人力资源、市场营销等专业知识的人员来管理企业,改变所有者与经营者合二为一的管理模式,实现所有权与经营权的分离,实现从投资者管理模式向职业经理人管理模式转变。其优越性在于可以突破所有者自身能力的限制,委托经营能力强的人代替经营,从而获得比自已经营更高的经济效益。当所有者经营能力有限时,成效非常明显。

家族企业实行两权分离的原则:当投资人既是股东又是管理者时,要从本质上把这两种角色区分开。作为股东他拥有企业所有权及净资产的要求权,享有按投资比例分红的权利;作为管理者他受雇于企业,享有按劳

取酬的权利,从而实现了所有权与经营权的分离。股东不应该根据自己投资的比例来分配管理权力,管理人员应根据每个人实际的管理能力来聘任,就算是大股东也应该实行聘任制,对聘任的各级管理人员都应该进行监督、控制、考核,对违反股东意志及国家法规的管理人员有权随时罢免。

(三)建立科学合理的用人机制

我国家族企业要想与现代企业制度相融合,必须建立科学合理的用人机制。首先,注重对后代的培养。家族成员可以经过培养转化为专业的管理人员,只有具备了企业所要求的能力和条件后才可进入企业的管理层,很多家族企业都希望家族成员内多一些能够胜任经营管理的人。慧聪商务网的董事长郭凡生的两个侄子大学毕业后到其企业工作,并且在各自岗位上做得很出色,用这样的人才无可厚非。其次,要大力引进人才。引进人才之前,要学会如何识别人才。引进人才之后,要学会如何尊重人才、利用人才,还要注重对人才的培养,树立长期的人才观。

(四)完善公司治理结构,实现规范化

公司治理结构的不完善、公司治理机制的不到位、企业风险管理薄弱是导致家族企业衰败的根本原因。这个问题不解决会延伸出许多问题,包括决策、管理、运营等。公司治理结构主要解决的问题:一是投资者的回报问题。在所有权与经营权相分离的情况下,股东有可能失去对企业的控制,而企业由内部人员所控制,当内部人员的决策有损股东的利益时,可能会出现股东不愿投资或“用脚表决”的后果,公司治理结构就是要从制度上保证所有者的控制与利益。二是企业内各利益集团的关系协调,包括对经理层及普通员工的激励及对高层管理人员的制约。这个问题的解决有助于处理企业各集团的利益关系,又可以避免因高层决策失误而对企业造成的不利影响。公司治理结构的规范化是严格按照《公司法》的精神进行企业运作,重视制度的力量,从理性的高度真正避免随意管理,实现“人治”向“法治”的转变。

(五)建立先进的企业文化

企业文化是文化和经济相结合的产物,也是社会化大生产和现代管理的客观要求,但只有符合社会和经济发展的企业文化才能推动企业的发

展。反之,则起阻碍作用。我国家族企业建立先进的企业文化,可以从如下两个方面进行考虑:第一,继承与创新并举。家族企业在创新企业文化时,一定要在继承中国传统文化的基础上进行创造,不能脱离传统文化,但也不能把传统文化原封不动地搬进现代企业文化建设中来,实行继承与创新并举。第二,家族企业理念的重构。树立现代企业事缘、业缘理念,转变非理性的血缘、情缘理念,重构企业的理性文化。提倡并落实企业“以人为本”的管理理念,把以员工为本、顾客为本、社会公众为本结合起来。树立长期培育的文化理念,摒弃短期行为。

三、家族企业制度的核心

基于上述分析,以及作者的长期关注与研究认为,从企业内部而言,家族企业制度的核心是:企业产权制度、企业治理结构、企业传承安排。

(一)家族企业产权制度

产权制度是企业制度的最基础部分,有效的产权制度是组织“适应效率”形成的关键。同样,在家族企业,产权制度决定着企业的组织形式与外部利益集团之间的关系,也关系到投资者与企业之间的利益关系和控制关系,因此,产权制度是家族企业最核心的问题之一,其股权安排是决定家族企业兴衰的杠杆,它的好坏直接影响到家族企业的成长与延续。

科学而合理的产权结构和层级,将会消除对个人和家族的依赖性,降低企业决策和经营风险,把企业引向良性发展道路,使企业成为公众性企业。成熟的产权制度应该主要包括三方面的内容:第一是产权清晰,即财产所有权的归属问题,而且与所有者有关的各种权利的界定必须清楚。第二是产权的流动性。产权必须是可交易的。产权不明晰,企业没有活力;产权不能交易,企业也不可能有活力。如果没有产权交易,产权制度也就不完善。第三是产权结构的合理性。在企业内部,产权结构必须合理。实践证明,随着市场形势由卖方市场变为买方市场,一些家族企业已受到挫折,而另一些家族企业则因实行股份制改造和现代企业制度而加快了发展。

(二)家族企业治理结构

企业治理结构作为一种契约制度,是界定企业中最主要的利益主体的相互关系的有关制度。它要解决的问题是企业中最主要的利益主体的相互关系如何界定,采取什么样的制度来规范企业中最主要的利益主体的相互关系,即企业中最主要的利益主体之间的组合方式。企业治理结构的实现会在企业不同利益主体之间形成有效的自我约束和相互制衡机制,即体现出公司治理特征。

公司治理是一个动态的过程,是在治理结构、治理规则、治理文化和治理素质的综合作用下引导公司成功运作的过程。可见公司治理需要四个要素:结构、规则、文化和素质。在此值得一提的是,在建立现代企业制度的实践中有一种误区,认为只要建立了公司治理结构,也就是建立了规范的股东会、董事会、监事会、执行层,公司就可以规范治理,其实这还远远不够。正如有一辆结构完整的汽车,并不意味着这辆汽车就能顺畅地运行而形成交通。这辆车有动力系统、传动系统、导向系统、制动系统等,从结构上看是完整的,但要使这辆车按照一定的目标实现位移,需要有详细的交通规则,有懂得规则并具有技能和驾驶经验的司机。公司治理正如驾驶一辆汽车,要顺畅地运作一个公司,不仅需要治理结构,更需要规则、文化和素质,对于我国的家族企业而言,最缺乏的是后三大要素。

(三)家族企业传承安排

家族企业传承安排是企业发展中最敏感又最易发生障碍之所在。家族企业的传承安排,会涉及企业的所有权分配、兄弟姊妹接班、企业的财产保护与规划、企业成员的冲突解决、企业从业人员的职业发展、企业的股东以及企业的所有权转移等各个方面的问题。可以这样说,家族企业传承安排是家族企业在成长过程中面临的一次重大考验。家族企业能否被下一代所延续并保持其繁荣,在很大程度上取决于能否成功地解决传承问题。“富不过三代”虽说是一句俗语,但其蕴含着两代成功接棒的不易和艰难,表明家族企业“传承矛盾”的尖锐和复杂。可见,家族企业的传承问题,直接关系到家族企业的生命延续。

史实与现实都已提示我们,家族企业兴衰往往取决于家族中是否有能人出现。创造一个成功家族企业的人必定是能人,但他开创的事业能否持续下去,还取决于接班人的能力。坚持长子继承的家庭,会由于长子、长孙的无能而导致家族企业衰败,择贤继承的家庭也会由于长辈选择接班人的失误或待选子孙中缺乏有才华者而导致企业衰败。历史中许多家族企业垮于不肖子孙的现象屡见不鲜,中国有“富不过三代”的说法。一个家族,不一定是第三代出现不肖子孙,但在后代中肯定会出现不肖者却是不争的事实,这种情况就会使家族企业难以基业长青。

第三节 “宁波帮”家族企业制度特征

一、“宁波帮”家族企业

首先,“宁波帮”以重视同乡关系为出发点,这和重视家族关系的出发点是具有同等性质的。一个家族可以控制一个企业,但不可能把整个市场都控制起来,不可能只同本家族的人做生意,而势必要有一个非家族的交易网。同时,为了降低交易成本,必须尽可能地限制这个交易网,避免同陌生人打交道,而以诚信为基础的同乡观念则引导人们去完成各自交易网络的编织工作。

其次,根据第一章的研究认识,“宁波帮”人士的组成包括宁波地区以外的各行各业的宁波籍人士和宁波人后裔组织,而宁波商帮的构成成分则主要体现在:在明清时期是各类商人和手工业者,在近现代包括了各种类型的近代企业家、金融家和其他工商业者,以及商会、行会组织。在这个庞大的团体中,不乏经商世家和具有典型家族企业背景的企业家、金融家,比如在明清时期,涌现出著名的经商世家即孙氏、徐氏、董氏、秦氏、陈氏、李氏等家族。在近现代,他们以买办身份创办和经营的企业,具有典型的家族企业特征,著名的经营巨子叶澄衷、朱葆三、虞洽卿、徐懋堂、刘鸿生、周宗良等人皆以买办身份创办自己的企业兼营进出口贸易,其中叶澄衷的老顺记五金店、朱葆三的慎裕五金店、周宗良的谦和靛油号、蔡氏家族的蔡仁茂玻璃洋铁号、虞洽卿的三北轮埠公司、刘鸿生的大中华火柴厂等均是典型的家族企业。

因此,可定义“宁波帮”家族企业为:“宁波帮”家族企业是由“宁波帮”人士独创或合伙创办的具有家族企业特征的企业。

例如:上海水泥股份有限公司,1920 年 12 月由朱葆三、刘鸿生、李翼敬等人在上海发起创立,总经理韩云根,1922 年改由刘鸿生任总经理;1947 年公司董事长为李拔可,董事有刘吉生(刘鸿生之弟)、刘念仁、刘念智(皆为刘鸿生之子)、徐静安等人。该公司于1923年8月开工生产,至1936年平均每月产量达5万余桶,在当时的水泥行业颇具影响。后因受时局动荡影响,曾几番停产复工,几近没落,1954年被改制为公私合营。

又如原籍宁波后迁入湖州的许春荣,1853年与宁波翁家合伙在上海南京路河南路东创立大丰洋布店,生意兴隆;后投资钱庄业,相继设立阜丰、鼎丰、通余、通源等7家钱庄;嗣后又与亲家叶澄衷家族合伙设立余大、瑞大、志大、承大钱庄,还与万梅峰、席立功、徐冠南合伙开设宏大、正大等钱庄,致使许春荣成为当时上海九大钱庄集团的重要一员,期间兼任德华银行和花旗银行买办。

类似上述的例子举不胜举。可见,宁波商帮得以风生水起,源于商帮人士创办经营的家族企业。

二、“宁波帮”家族企业制度曾是中国近代企业制度的代表

中国近代企业制度形成于晚清民国初期,而这一时期的宁波商帮势力也如日东升,随着生丝出口的重要性逐渐超过茶叶出口,从事浙丝贸易的宁波商人的地位大幅度提高。同时,一些洋行开始大量雇佣宁波人做买办,到19世纪末期和20世纪初期,上海的浙江籍买办在数量和实力方面均独占鳌头。这也成就了这一时期“宁波帮”家族企业的特色,即企业主同时具有帮办或买办身份。

(一)中国近代企业制度具有官督商办股份制的特点

借助于有关专家学者的研究,下文归纳了他们从不同角度概括的这类企业制度的特点:

刘伟认为,这些企业是拥有众多财产主体的联合体,企业资本被分成若干股,向社会公开出售,股东通过购买股票,享有企业的一部分所有权,这种所有权是通过一定的股东权利与责任体现出来的,形式上实现了资本所有权和资本经营权的初步分离,广大股东是资本所有者,他们根据股金多少享有程度不同的股权,但这种股权主要只是一定的监督权、参与权,而不是经营权,掌握企业经营权的是督办(总办)和会办。

姜伟以轮船招商局为例,剖析官督商办股份制企业的特征,认为从产权制度看,资本主要从买办商人中筹集,基本没有官股,但创业资金往往是洋务大员运用官款垫付的,官本成为一种属性怪异的资产。从治理机制

看，企业形式上拥有法人治理结构，实际全然为官执大权。企业管理混乱无序，不重视生产管理，简单地实行买办承包制，经营依赖于官方扶持，借助官力阻止国内同业竞争，分配上实行官利制，不问盈亏固定支付股息，盈余中不提折旧、不提积累，人事管理上依靠裙带关系搞家族统治。

张忠民将官督商办股份制企业界定为“准公司”企业，理由是，这些企业的出现直接受到西方公司制度的影响，大多在不同程度上模仿了西方的近代公司制度，并且采用了近代公司的一些基本做法，在某些方面已经具有近代公司的形式和特征。但在当时中国尚无公司法可言的外部环境下，此类企业无论是在组织形式、治理结构上，还是在经营管理上都还极不完善，存在许多不规范之处，与近代公司制度尚有较大差距，严格说来还不是真正意义上的近代公司。

(二)“宁波帮”家族企业的代表——严信厚、周宗良与其企业

1. 严信厚与其企业

严信厚(1837—1906)，字筱舫，江北庄桥街道费市村人，幼时曾在私塾读书，后去宁波鼓楼前恒兴钱铺当学徒，17 岁到上海小东门宝成银楼供职。受父亲的影响和指导，他工诗词，善书画，为此被当时的巨商胡雪岩所赏识。1872 年，严信厚经胡雪岩推荐，结识了李鸿章。李鸿章当时正率兵镇压捻军，发现他办事干练，十分赏识，即委派严信厚在上海襄办转运饷械。李鸿章任直隶总督兼北洋通商大臣后，保荐严信厚为候补道，加知府衔。当时因晋豫饥荒，严信厚奉命在津、沪两地筹办赈抚，并负责督销长芦盐务。

1885 年，严信厚担任天津盐务帮办。作为盐务帮办，严信厚利用职权，在天津自设同德盐号，经营盐业，积累了不少财富。在此期间，胡雪岩却因丝业投资失败，阜康钱庄倒闭。于是钱庄出身的严信厚抓住这一机遇，在上海投资创办源丰润票号，资本银 100 万两，经营汇兑和商业拆放业务，为日渐发达的内外贸易，尤其李鸿章的经济、军政等洋务活动筹措资金，又逐渐在天津、北京及江南各重要城市设分号十余处，形成较为新型的钱庄网络，真是财源滚滚、利润丰厚，在南帮票汇业中最具声望，堪与外商银行匹敌。

除了源丰润票号业务不断发展外，严信厚亦官亦商的特殊身份，还使他获得了上海道道库惠通官银号经理的肥缺。“惠通”掌管上海道进出公

款。上海道龚照瑗在筹备创办华新纺织新局时,需向“惠通”融通资金,款项往来频繁。这种一般人绝对没有的“特权”,使严信厚得以出任华新纺织新局的协理。此外,他创办或投资的钱庄还有上海恒隆、德源,杭州寅源、崇源,汉口裕源,兰溪瑞亨、宝泰,金华裕亨慎和宁波的信源、衍源、永源、五源、泰源、鼎恒、复恒、泰生,等等。

严信厚在金融业的最大手笔是具体经办创设中国第一家民营银行——中国通商银行。鸦片战争以后,西方列强,纷纷来华设立银行,从金融方面配合其各项经济侵略活动,并逐步控制中国金融市场,以达到左右中国社会经济的目的。面对这种情况,国内大批有识之士,要求政府仿照西方模式自办银行的呼声日益高涨。1896 年 9 月,督办铁路总公司事务大臣盛宣怀向清政府奏请,要求朝廷准许创办中国自己的银行,经过多方努力,最后获“奉特旨办银行”的恩准。由于兴办银行的目的是“通商惠工”,因此命名为“中国通商银行”。盛宣怀将筹建银行的具体事宜,交给严信厚经办。他鉴于中国通商银行是由中国人自己创办的、具有资本主义性质的第一家商业银行,因此规定“权归总董,利归股商”。总董会成员除了严信厚(筱舫),还有张振勋(弼士)、朱宝珊(葆三)、叶成忠(澄衷)、严潆(芝眉)、陈猷(辉庭)、杨廷杲(子萱)、施则敬(子英)。他们均为民族资本大亨,持有股份,其中朱葆三、叶澄衷和严信厚都是宁波巨商,可见“宁波帮”在总董会之举足轻重。

1897 年 5 月 27 日,中国通商银行正式开业,总行设在上海外滩黄浦路 7 号,以后陆续在北京、烟台、汉口、南京、无锡、杭州、宁波、定海、汕头、广州、厦门等 11 个城市设立分支行。它开创了国人自办银行之先例,打破了外国银行独霸中国金融市场的局面,同时引进西方金融制度,使金融业开始摆脱旧式经营管理方式的局限。它的成立标志着中国近代新式金融企业——银行业的开始。它也是我国首家获政府批准发行钞票的银行,从光绪二十四年(1897)开始发行钞票,直到民国 24 年(1935)政府取消其发行权为止,长达 38 年之久,成为中国近代史上发行钞票历史最长的商业银行。

严信厚也是中国现代企业的开拓者,最早投资建设新式民族工厂。其中最有名气的企业,是在家乡江北湾头创办的通久源轧花厂。它不仅是宁波的第一家近代工厂,也是中国第一家机器轧花厂。他采用日本新式大踏板轧花机及蒸汽机、锅炉,聘请日本技师指导生产,雇佣工人三四百人。为此,1888 年 8 月 4 日的《捷报》称“这件事有它的重要意义……它将是中国为工业制造而使用动力机器第一次成功的尝试”。

1894 年，严信厚又与周晋镳、汤仰高、戴瑞卿、周熊甫等沪甬巨商集资 45 万银两，在轧花厂的基础上创设了浙江省最早的一家纱厂——通久源纺纱织布局，使轧花、纺纱、织布相连为一，而以纺纱为主，亦称通久源纱厂。该厂拥有 1.1 万枚纱锭、30 台布机和 1200 多名工人，投入生产后，年产棉纱 1.1 万件。是年 11 月 16 日和次年 4 月 26 日的《捷报》称：宁波通久源纺纱织布局的“一只大烟囱耸立在那里，和城市的宝塔一样惹人注目，强大的机器还在安装，前途充满希望”。该厂还取得一项优惠，每年向清政府缴纳 7000 元“厘税”后，可免除每担 7 钱(关平银)的关税，直接通过浙海关出口。因此，“龙门”牌棉纱畅销宁波、绍兴、温州、福建各地，获利甚丰。1897 年，杭州通益公纱厂和萧山通惠公纱厂建成投产，与宁波通久源纱厂并称“三通”，是当时浙江规模最大、设备最先进、在社会上最有影响的三家民族资本工厂。

2.周宗良与其企业

周宗良(1875—1957)，又名亮，字良卿，祖籍安徽歙县。父亲是一位基督教的牧师，长期定居宁波江北岸传教，周宗良就在此地出生，有一个姐姐两个兄弟。他早年就读于江北岸槐花树下(后迁至外滩老巡捕房侧)的华英裴迪书院。它是英国循道公会专办的，只收男生。入学考试非常简单，仅由校长对学生作英语口试，看其口语程度编入适当班级，但教学十分认真严格，质量甚高，毕业后可免试保送上海圣约翰或其他教会大学。周宗良在这样一所教会学校里就读，不仅练就了一口标准的英语口语，而且视野开阔，知识面广，为他后来跟洋人打交道奠定了扎实的基础。

周宗良自该校毕业后，没有继续深造，而是进入浙海关，任税务司译员。他勤奋好学，又和洋人频繁接触，数年后英文水平更上层楼。于是，周宗良脱离海关进入美益颜料号工作。这是上海的德商爱礼司洋行设在宁波的经销行，专门从事洋杂货进口及中国土产出口，而颜料正是其经营的大宗物品。周宗良就这样跨入了他一生固守的颜料业界。

当时的“颜料”，不仅指涂刷物体表层的颜料，还包括用于渗透纤维内部的染料。原先，全世界都用天然颜料如“土靛”来印染各种织物。19 世纪初，德国人首先从煤焦油中提炼出“苯胺”制成化学合成染(颜)料，开始逐渐取代天然染(颜)料。1850 年后，沪地开始有专营颜料的外商洋行，多为德国商人所控。随着国内机器织布业、手工业的发展，市场需求不断增加，他们想方设法,或派德国技师指导应用,或招收中国人去德国实习,或采取优惠结算货款等办法,力图使德制"靛青"独占中国市场。某年,谦信洋行的大班轧罗门,由上海瑞泰颜料号杨叔英陪同,到宁波调查研究销售情况,准备联络颜料商号推广业务。因为宁波的经理们大都不谙外语,遂请周宗良担任译员。周的熟练翻译、殷勤接待和敏捷才华,给轧罗门留下了深刻印象。

周宗良在美益号任职期间,一方面协助经理推销颜料,一方面认真调查颜料在宁波地区的销售情况及其使用性能,发现这是一个相当广阔的市场。年轻人锐意进取,不久便脱离美益号自谋发展。他开设了谦益号,主要经营进口颜料销售及当地土产收购贩运;同时又与人合资开办通和布厂。但由于资金不足等原因,没多久均告关门大吉。周宗良乃于1905年前往进口颜料集散地上海,再图发展,进入了德商谦信洋行。这是一家综合性进出口洋行,主要经营颜料等洋杂货及西药、机械进口业务。当时在我国经营颜料业务的洋行有禅臣、元亨、天福、咪咆、裕兴、爱礼司、广丰、谦信、美最时、礼和等十数家,相互竞争非常激烈。谦信洋行买办姜炳生因身体多病,又兼任协和、志大两家洋行的买办,对谦信的繁忙业务感到力不从心,很想物色一位得力的年轻人分担部分工作。周宗良机遇凑巧,就请认识的杨叔英介绍,到姜炳生的买办间担任跑楼职务。谦信洋行的大班轧罗门,对周宗良早有印象,考察了一段时间后,便同意他开展业务。

进入谦信后,周宗良积极拓展业务,不辞辛苦,奔波于全国各大城市。他每到一地,就用拜访、送礼、请客等方法与当地颜料号经理、染厂负责人乃至棉布号老板等联络感情,向他们了解当地爱好什么花色,各类染料的年销量,各染厂习惯使用的染料牌号及其原因。又通过多种方式了解各颜料号、染厂的资金和信用情况,以及它们与谦信之外的其他洋行的业务往来和销售价格、付款形式等。然后,他将了解到的用户信息资料和其他洋行运销状况提供给谦信领导层,使他们能够及时把握市场动态,对症下药,采取有力的营销策略,或给以赊销优待,或提高销货回扣,或适当降低售价,从而在激烈的销售竞争中胜出。经过周宗良的一番努力,谦信洋行的业务量有了大幅度增长。客户感到与他做生意比较好商量,愿意同他洽谈业务。于是,由他经手的客户越来越多,由他放出的账款都能如期收回,形成了良性循环。轧罗门对他的才能越加赏识,决定重用。1910年,轧罗门示意姜炳生让贤,让周宗良继任买办。当时担任买办必须提供道契作保,但周宗良资财不多，尚未置有房地产，乃求助于瑞康颜料号经理贝润生。瑞康号是颜料业中数一数二的大户，与谦信有很多业务往来。贝润生考虑到周宗良如当上谦信买办，对瑞康号大有好处，乐得结交他，于是借出一纸道契，使他正式担任了谦信洋行买办，并为他成为德孚总买办打下基础。周宗良在长达35年的买办生涯中，不仅为洋人做事，还自创或入股或与人合伙办企业，其投资金额之多、范围之广，为同时期买办群中所少见。主要有：

(1)信余汽灯号。成立于1923年，主要生产三星牌汽灯，是周宗良与吴永祺等人合伙经营的一家颇具规模的汽灯制造厂。

(2)周宗记颜料号。周宗良于1930年独资设立了周宗记颜料号，后来各地的谦和分号内也都挂上了周宗记分号的招牌。设立周宗记的目的，起初是因为上海和其他大城市有一批印染厂、染坊直接向德孚采购染料，德孚对这些用户的信用不够了解，均要现货现款交易，但很多厂商资金短少，要求现货赊销；有了周宗记，德孚就把这类贸易用现货现款方式售给周宗记，再由周宗记加上一定利润转赊给厂商，这样就解决了现货赊销与不了解信用的矛盾。而周宗良则既为德孚拉住了客户，又为自己开辟了一条生财之道。

(3)杭州电气股份有限公司。1931年9月，由于浙江省政府官办的杭州电厂连年亏损，资不抵债，浙江省政府决定转卖给由中国银行、浙江第一商业银行和上海商业储蓄银行及周宗良等上海巨商组成的“企业银团”，作价660万元。银团随之将电厂改组为杭州电气股份有限公司，周宗良入股50万元，为主要大股东。

(4)汉口既济水电公司。该公司原为“宁波帮”巨商宋炜臣于1905年创办，当时招股资本500万元；经过多年发展，成为汉口地区主要供电公司，营业利润相当可观(最高年利润率为10.8%)；至20世纪30年代，为上海银行及浙江实业银行等单位接办，改组后实收资本371.5万元。周宗良的股份占14%强，亦达50多万元。

(5)康元制罐厂。为国内最早一家机器制罐企业，初为项康元独资创办，1933年改组为股份有限公司，总资本为100万元。周宗良在该厂投资甚巨，并担任董事长，产品主要有花铁罐、白铁罐及五金、门锁、玩具等，拥有457部大小机器，在当时华商同类企业中，规模堪称一流。

(6)如生罐头食品厂。该厂是周宗良与钱继华、周孝高、陈如馨于20世纪40年代初合伙开办的。周宗良任经理,钱任副经理,主要生产"宝鼎"牌各种罐头食品。

除此之外,周宗良还创办了宗泰进出口行及镇东机器厂,又在中兴轮船公司、公和纺织厂等企业中占有相当的股份。同时,周宗良投资于上海几家国人的大银行,先后成为浙江实业银行、中央银行、中国银行、中国垦业银行的董事。

1921年,浙江地方实业银行官商股分开以前,商股为了增强自己的优势,竭力拉拢社会上豪富入股。该行李馥荪代表商股,见大战中颜料字号最发大财,于是拉颜料业两位巨子贝润生和周宗良入股。周宗良欣然从命。1923年,官商股份正式分立,官股称浙江地方银行,商股称浙江实业银行,后者即为旧中国金融界中著名的南四行之一,周宗良则担任了该行董事。后来中国垦业银行在上海设立,总资本1000万元,甬籍金融家秦润卿任董事长,周宗良亦为主要股东之一。

1928年,南京国民政府成立后,宋子文来上海在金融界征集财政资本,周宗良由李馥荪介绍,当上了中国银行董事,以后又担任了中央银行理事。国民政府发行二五库券时,周宗良购买了相当一部分数额,因此又任国民政府公债基金保管委员会委员。从此,周宗良在官场里有了一个头衔,在金融界也常常可以见到他的身影。

除投资银行外,周宗良还与贝润生等人在宁波共同创办了一家恒孚钱庄。该钱庄因有大量资金注入,发展成为宁波数一数二的大户,曾被南京政府特别指定为中央银行在宁波的代兑行。同时,他和贝润生一样,涉足房地产,手中有福建中路的聚源坊、天津路的泰记弄、金陵东路的德顺里,以及安亭路、高安路等多处房产。目前仍然属于周家的房子,还有闻名遐迩的宝庆路3号。

三、"宁波帮"家族企业制度之儒家伦理特征

(一)家族企业制度在形成过程中,儒家伦理起了重要作用

1.企业制度的目标在于降低交易成本

根据新制度经济学原理,经济制度的主要目标和作用都在于节省交易成本。企业制度作为经济制度的有机组成部分,当然也会遵循节省交易成本的总目标。企业和市场不过是经济组织的两种可以相互替代的手段,交

易无论是在企业内部通过等级制来组织，还是在企业之间通过市场自发地进行，都是一种决策变量，具体采取哪种方式，则要在比较两种交易成本的高低之后决定。每一种企业制度形态及相关制度的产生都是人们寻求最低交易成本的结果，因为企业和市场可以相互替代，人们往往根据历史条件的演变，在企业和市场之间进行权衡，以确定到底建立什么样的企业制度、市场制度及其他相关制度。企业制度的演变既与经济发展水平和技术发展水平相关，也与市场制度和其他相关制度密切关联。因此，不能孤立地就事论事地研究企业制度。

根据威廉姆森的总结，在非专用性投资向专用性投资转化的过程中，企业制度和相关制度会发生深刻的变化。非专用性投资是指可以较自由地改变投资形态的投资，而专用性投资是指专为生产某种产品所作的投资，很难改变形态。前者如商业投资，后者如技术要求很高的规模很大的工业投资。

即使是商业投资，当市场交易的技术发生变化时，其企业制度也会发生深刻的改变。上海等通商口岸开埠初期，因为航运线路长，信息不灵通，因此外国洋行都是拥有巨资的大企业，它们必须拥有自己的船队，必须做自负盈亏的生意，必须兼做金融业务。19 世纪 70 年代初电报的运用和苏伊士运河的开通则深刻地改变了洋行制度：由于信息的快捷和航路的缩短，大量做代理业务的小洋行兴起了，洋行出现了专业化分工，原先的格局改变了，原先一个企业内部的交易（按新制度经济学的理论），即大企业各个部门之间的交易，现在变成了小企业之间的交易。

在非专用性投资的状况下，可以主要依赖市场，这时的交易成本是最低的；而在专用性投资的状况下，完全依赖市场则很容易造成过度竞争，或产销脱节，也不易筹集大规模的资金，因此企业制度和相关制度会逐渐发生深刻的改变。

官督商办和官商合办企业，其交易成本有一个从小到大的发展，这类企业制度对大规模专用性投资的新式企业的产生是有帮助的，但随着内部和外部摩擦成本的增加（官商矛盾等），这种企业制度的历史使命也宣告结束。

民营企业所遇到的最大难题就是如何解决由道德背景引发的信息不对称和交易成本上涨问题。一个社会在走向市场经济的过程中，特别是在旧秩序被打破、新秩序尚未建立或尚不完善的条件下，由道德背景很容易诱发各种交易成本上涨的事件。由道德背景诱发交易成本上涨，既可以发生在企业内部，也可以发生在企业与企业之间。信口雌黄，名实不符；言不由衷，诱人上钩；出尔反尔，不守信用；如此等等，都会使真实的信息变得十分昂贵，会使谈判、履约变得十分艰难，那就会使双方在谈判、交易和诉讼过程中花费许多额外的费用，使成功的概率降低，失败的概率提高，也就是提高了交易费用。

比如，1925年至1930年间，刘鸿生在同义泰兴煤号老板杜家坤合作推销开滦煤的过程中，两个合作伙伴始终明争暗斗。开滦售品处作为这两家的协调机构，却是由刘鸿生控制的，刘在分给义泰兴应得的利润时，借口在售品处成立前，刘在同义泰兴合作时有坏账，须从中扣除。杜家坤摸不到底细，认为是受了刘的愚弄，于是反过来也还刘以颜色。义泰兴利用其他名号在通州、江阴、镇江、南京、无锡销售日本的崎藤煤以及山东煤，同开滦售品处竞争。因为刘鸿生不让别家煤炭在他的码头上岸，义泰兴就在江阴建造一座新码头。有人问义泰兴的一个董事：“他们（指开滦售品处）同我们有密切关系，何以竟同我们竞争得如此激烈?”该董事回答：“我们所有的开滦售品处的股权可能被排除。”

这样的“合作”无异于同床异梦。“合作”的结果，彼此增进的不是友谊，而是不信任、疑忌，进而发展到彼此大动干戈，交易成本当然也就随之而水涨船高了。

2.儒家伦理对中国近代企业制度有重要影响

由于道德背景同交易成本紧密相关，民间商人在创办企业时，就会去寻找一种企业制度，在这种制度下，道德背景刺激交易成本上涨的机会最小。人们找到了家族企业这种企业制度，而在这种企业制度形成的过程中，儒家伦理无疑起了十分重要的作用。这有两方面的含义。

(1)希望建立父慈子孝、兄友弟恭的企业主要管理层模式

这是为了降低交易成本而缩小企业经营者圈子的措施。深受儒家传统伦理熏陶的中国近代企业家，总是信不过别人，生怕与他人合作会失去对企业的控制，其结果只能安排自己的子侄、亲属在企业的高层要职上做事。这样，由家族控制企业这一点是做到了，但是又出现了另一种形式的道德危机。族中子侄尽管在形式上都会听命于家长，但难保不会出现人品道德问题。所以企业家为了逃避一种道德危机而陷入另一种道德危机。当然，对于大多数企业家来说，在一定的时代条件下，他们宁可选择家族企

业，毕竟血浓于水，血亲与外姓相比，前者毕竟更容易获得信任。而且，家族企业出现道德危机是要有一个过程的，有些问题在第一代在位时未必就会很清楚地暴露出来；即使出现苗子，第一代的心理也往往希望通过加强管束和提倡中国合理的传统伦理道德来加以遏制，不像同外姓的关系那样容易迅速地彻底破裂。在这一层面，企业家对儒家伦理的重视，一是为了正心修身，二是为了齐家。

企业家还希望用儒家伦理来协调家族企业家族管理层的内部关系。家族管理层的父子矛盾和兄弟矛盾，除了人的道德品质因素外，主要源于对企业控制权的争夺。为了缓解家族内的矛盾，家族中人或家族会议就往往强调中国传统的伦理道德原则，劝导儿子孝顺父母，弟兄间各方相互谦让，勤俭克己，安于本分，而不要兄弟阋于墙。即使是那些家族内和谐融洽的企业家，为了防患于未然，也特别强调树立中国传统伦理道德。

因而，重视儒家的“正心修身齐家”和“父慈子孝，兄友弟恭”等伦理说教就是为了搞好家族企业，要搞好家族企业就要遵行这些伦理规范，这已是一个二合一的问题。家族企业制度规范之带有儒家伦理的印记，是显而易见的。

(2)把企业当做放大了的家族，企业当家人也就成了这个大家族的家长

儒家思想在社会伦理观上以群体为本位，以家庭为中心，由小而大，由近而远，由亲而疏，延伸扩展，形成社会关系的网络；同时提出以伦理为基础，以“忠”“孝”为主要原则协调人际关系，强调个体对群体的义务与责任。家族关系及其与之相关的同乡关系成为中国传统社会组织的基石。这种观念不仅在广大民众中根深蒂固，而且广泛渗透到社会政治经济的各个领域。此不独宁波人为然。“宁波帮”的成功就在于，他们根据新的历史条件和要求，把这种传统的家族、同乡关系与近代经济活动有机结合起来，从而产生出巨大的能量和活力。这是近代“宁波帮”对中国传统文化运用得最成功也最具有影响的一个方面。

近代“宁波帮”是一个以血缘家族为核心、以地缘关系为纽带的范围广泛、组织松散的企业家群体，强烈的血缘和地缘色彩是近代“宁波帮”的一个显著特点。这种由家族、同乡关系所形成的团结力量和群体互助意识，是近代“宁波帮”能到处扎根、发展、壮大的重要原因所在。“家族的团结和同乡的忠诚是新兴资产阶级赖以发展的基础”。

亲邻相帮和同乡扶助的习俗不仅推动大批宁波人走上工商之路，而且为他们日后的成功创造了条件。对此法国学者白吉尔夫人指出：“乡谊情感是个人只身跨入竞争环境的前提。”她说：“有多少大亨在他们于数年或数十年前到上海时，还是光着两只脚的！据他们的正式传记称，他们所以获得成功，应当主要归功于他们的智慧和勤奋。然而实际上，他们是得到早在上海定居下来的家族和同乡的具有决定作用的帮助的。”

“宁波帮”企业家在把传统家族、同乡关系成功地转化为近代企业雇佣关系的同时，事实上也就把受雇者对家族、故乡的忠诚转化为对企业的忠诚。由于雇佣关系与家族、同乡关系融为一体，使员工对企业有一种认同感和归属感，企业利润成为重视的目标，人人都为此勤奋工作，特别是在企业陷入困境时，能形成一致对外的力量，从而有利于企业的稳定和摆脱危机。

不可否认，“宁波帮”企业家在重视和依靠传统家族、同乡关系过程中，不可避免地存在着门户之限、畛域之分和“近亲化”现象。但这是在近代中国社会陷入深刻危机的情况下，无所适从的民族资产阶级企业家为了对付险恶的社会环境和防范经营风险，借助团体的力量和优势联合起来，以求得自我保护和发展的反映。

而且，宁波商帮的家族、同乡关系及其组织并非是封闭的宗族组织，而是一种日益与时代同步的、开放的、能随时容纳各种社会力量的联合体，其核心是强调团体和联合的力量。这种传统的家族、同乡关系之所以在近代民族工商业中具有顽强的生命力，其根本原因就在于此。

（二）买办制度和担保制度是与近代“宁波帮”家族企业制度紧密相关的企业制度

根据前面的研究，近代“宁波帮”家族企业制度曾是中国近代企业制度的代表，其显著特点是企业主同时具有帮办或买办身份，并由此派生出买办制度和担保制度。

买办制度和担保制度，是有中国特色的企业相关制度。这两种制度部分也是由家族观念和同乡观念转化而形成的。儒家伦理重视家族关系、氏族关系，而同乡观念则是家族、氏族观念的放大或延伸，或者说同乡观念是家族观念在社会关系上的放大或二次投射。因而，尽管孔子没有直接论述过同乡关系，但同乡观念可以看作是中国传统儒家伦理的一个组成部分。

重视同乡关系的出发点，和重视家族关系的出发点是一样的。一个家族可以控制一个企业，但不可能把整个市场都控制起来，不可能只同本家族的人做生意，而势必要有一个非家族的交易网。同时，为了降低交易成本，必须尽可能地限制这个交易网，避免同陌生人打交道。而以诚信为基础的同乡观念则引导人们去完成各自交易网络的编织工作。基于此，在时局动荡的中国近代，官督商办企业不可能办成家族企业，管理层乃以同乡结帮，各地商帮都有自己的会馆公所组织，藉以联络感情，增进团结。当时“宁波帮”控制了上海很多工商团体。

买办是一种象征权力和财产的职位。但是要进洋行当买办并不是一件容易的事，必须有著名商人或别的买办为之担保。在某些情况下，担保人自己可以由别人再担保，这样就构成了一种双重担保。还有一种联合作保的方式，即由两至四个担保人联合为一个买办担保。如果他们中的某个人或某些人因故丧失了履约的能力，那么其担保责任就由其余的人分担。为此，保证人也能从他所担保的买办那里按年取得一定份额的回报。保证人要为所担保的买办立下保单，保单上特别注重说明被保人的忠实可信。担保人所负的责任很大，因而人们不肯轻易为他人当买办作保。在一般情况下，担保人首先挑最信得过的家属成员担保，因此会发生家族买办网的情况。例如：从 19 世纪 70 年代起，到 20 世纪 30 年代止，在约 50 余年的时间里，洞庭山帮席氏家族共有 23 人担任过 13 家外商银行的买办职位，有 5 人担任 2 家洋行的买办。几乎所有上海著名的外商银行的买办职位，均为席氏家族囊括。王铭槐家族中当买办的，除了他自己外，有 3 个儿子、9 个孙子、4 个内侄、1 个外孙、2 个姻亲，由他介绍当买办的同乡和朋友有 6 人。

洋行每每偏向于雇佣来自同一家族的成员。早期太古洋行的上海买办都来自陈家，而其香港买办都来自莫家。1860 年琼记洋行的 5 个买办都是同一家族的成员。无论从担保人还是从洋行方面看，这样的安排都比较靠得住，交易成本低。

除了进洋行当买办要有人担保，一般而言，在近代中国，进任何企业做事也都要有人担保或有店铺为之担保(铺保)，有的中国企业还要求雇员交付押金。同为买办担保的情形相似，担保人一般只愿意为自己的亲属或熟知的同乡担保，从而形成家族雇员和同乡雇员的普遍现象——一个企业的大多数雇员来自同一城镇、同一乡村的情况比比皆是。其结果就是某个行业主要由来自某一个或某几个地区的人所经营。这种担保制度使用工的交易成本减至最低。

完全可以说,家族观念和同乡观念奠定了买办制度和担保制度的部分基础。也就是说,儒家伦理在这两种企业相关制度的形成过程中起了重要作用。

在1935年以前,上海钱业公会是以习惯法来进行行业治理的同业组织,同乡观念在行业治理中也起着不容小觑的作用。上海钱业公会的入会钱庄按股东或经理的籍贯可分成很多帮派,在帮助陷入资金周转困难的会员钱庄时,同乡钱庄有着义不容辞的重任。1929年2月,上海钱业公会会员裕成钱庄陷入资金困难,公会决定帮助。具体办法是这样的:由公会名义筹垫现银20万两,其中一半即10万两由裕成的同乡钱庄“山帮”协助,另外10万两主要由公会执行委员各庄垫出。所谓“山帮”,据考证,即为苏州洞庭山帮,从1929年2月24日上海钱业公会致垫款经手庄敦余庄的信中看,山帮8庄中6庄各垫款1.1万两,2庄各垫款1.7万两,合成10万两之数。

在为会员追讨欠款时,有时以同乡出面晓以利害,较易相互沟通。1931年1月,公会会员信裕钱庄与林庆记发生欠款纠葛,公会请三山福宁会馆以乡谊开导林庆记,“从速理了,以免纠结”。1929年6月江西吉安益记申庄倒闭,欠下公会会员裕大等庄8万余两,公会写信给上海江西会馆,要求该会馆诸董事主持公道,妥善处理吉安益记申庄倒闭事件。

公会对违约的贸易对手实行联合抵制,有时将联合抵制的范围扩大到对手所在的整个地区,以此向对手施压。1918年冬,江西帮王鹤记倒闭,它所经手的江西汇票银3.8万两未予承付,上海钱业公会会员鼎康庄是收票人,到江西力争,对方只肯付银1.7万两,引起上海钱业的公愤。公会决定“无论大小同行,自明年起各庄与江西全帮汇票不收,不予往来”,“如私自违背,大小同行逐出同业,不收本票,幸各照行”。但是,公会并不经常使用对某一地区违约的贸易对手联合抵制的手段。因为联合抵制成本很高,因此在大多数情况下,公会虽可以联合抵制为最后手段,却常引而不发,晓以利害。1929年阴历六月,公会会员恒大庄与山东帮昌记丝栈发生款项纠葛,公会“先函请山东会馆秉公开导,若仍无效,再联合银行公会”联合抵制。事实证明,引而不发的做法是很有成效的。

第四节 “宁波帮”家族企业制度与现代企业制度的融合

由于宁波是近代中国第一批对外开放的通商城市，得以领风气之先，较早接触到西方文化及其管理，而这一接触的前沿便是“洋行买办”。买办作为一种职业名称并非始于近代，只是到了19世纪，随着中国社会的近代化，买办才逐渐成为一个社会阶层，“于士农工商之外，别成一业”。近代买办是在中国门户开放的特定历史条件下从事对外贸易的新式商人。买办是在华外国行号的中国经理，在外国行号同中国人的交易中充当中介人。应该说，买办是当时中国最早接触和熟悉西方资本主义知识的一群人。作为西方商人打开并进入中国市场的商业成本，买办的收入极高，他们的积累后来成为中国工业化初始资本的重要来源。买办投资或主办独立的近代工商企业，成为民族资本主义的一部分。拥有众多买办是宁波商帮的一大优势。买办的经历不仅因为享受高薪待遇积累了可观的货币资本，而且也使他们有可能在自己创办的企业里效仿西方企业的管理思想和方式，建立了一套机构健全、效率较高的管理制度，有力地推动着“宁波帮”的崛起和壮大。

一、理念之融合

（一）经营理念

“宁波帮”从时代的特征出发，继承以王阳明、黄宗羲为代表的浙东学者的创新思想，又立足于当代，从近现代的实际出发，借鉴西方的先进管理思想，创造出符合近现代时代特征的经营理念。“宁波帮”在短短的时间里能在上海站住脚跟，而且迅速发展壮大，其中一个重要的因素是“宁波帮”实业家有创新的理念，实行制度创新、技术创新和管理创新。

朱志尧有一个座右铭：“人无新思想，即无新事业。”1904年，他独资4万元创办求新制造机器轮船厂。所谓“求新”，就是取“器惟求新”之意。为此，他创新了许多新产品，诸如适应内河浅水河道航行的浅水小火轮、客货轮、兵船、码头船、拖船、铁船等。“每造一船，必大加改良，求新异，求精良”，使工厂的工艺设计、制造水平有所提高。刘鸿生成功地对企业管理进行创新，他曾经说：“做大事，一定要敢于冒风险。”通过引进西方的先进管理方法，对企业管理制度进行改革创新，制订中西结合的管理制度，在财务管理中成功地使用了成本会计的方法，起到了有效的监督企业成本核算的作用。竺梅先、金润痒采用先进的现代企业制度——股份制的办法进行制度创新，组织民丰、华丰股份有限公司。项松茂的股份公司制度以及商会制度等也都是新的制度。这些都是“宁波帮”继承浙东古代的创新思想，从近代的实际出发，借鉴西方的先进管理思想，所形成的符合时代特征的经营理念，由此也体现出“宁波帮”家族企业制度与现代企业制度的经营理念融合之特点。

（二）开放理念

宁波是一个历史悠久、“贸易立市”的开放性城市。从其外部条件看，良好的港口、便利的交通和发达的传统商业，为宁波作为沿海城市的开放提供了硬环境；从其内部条件看，宁波滨海居民所特有的开拓精神与冒险传统又引导他们进入一片独创和全新的生存空间，为宁波的进一步开放提供了软环境。在内外部条件的结合下，宁波商帮在对外贸易中左右逢源，在新式商业中长袖善舞。基于浙东的海洋文化与这种开放环境，“宁波帮”必然具备了博纳兼容的理念，其表现为兼容的开放主义。

首先是对中国古代各种学派学说的博纳兼容。明清浙东学者虽然各有宗旨，但不独守门户、唯我独尊，而是兼容并蓄。黄宗羲对中国古代的不同学派，诸如宋明理学、明代学术采取兼容并包的态度。在明代的300年中，理学名儒、英贤辈出，对于他们的生平、思想，黄宗羲广泛加以收集，着重梳理各家学术观点，提供各家学术见解的具体资料，最后写成了我国学术断代史巨著《明儒学案》。冯全垓在其跋中就说：“所著《明儒学案》穷源竟委，博采兼收。”当然，他在博纳兼容之中有独立思考和创新。

博纳兼容、文化开放还表现在接受西方文明，学习西方的科技文化知识，进行中外文化交流。明末清初，西学输入我国，利玛窦、庞迪我、熊之拔、汤若望等相继来华，带来了西方先进的科学文化，影响着浙东学者的思维和视野。浙东学者纷纷学习西学。他们主张学习西方的科学技术，对于当时西方传入的天文、地理、历法、数学等科学知识，则努力学习并积极吸收。黄居中的“千顷堂”收藏有利玛窦、汤若望、庞迪我等耶稣会士与徐光启、李之藻、李天经等著译的多部西学著作。黄宗羲曾数度寓居黄居中家，将其“千顷堂”之藏书翻阅殆遍。汤若望在明末向朝廷进呈或自制望远镜、日晷、星晷等西洋仪器，而且也向黄宗羲馈赠日晷。全祖望在《明司天汤若望日晷歌》歌名之下有“得之南雷黄氏”自注。黄宗羲在《赠百岁翁陈庚卿》诗中也说：“西人汤若望，历算称开辟。为吾发其凡，由此识阡陌。”这说明黄宗羲的天文历算知识是向西方科学学来的。他的《泰西历假如》、《勾股图说》、《开方命算》等著作，都是学习西方科学文化知识的成就。

最为可贵的是万斯同提出了“中国文化互补”说：“适西法既人，其说实可补中国所未及。”他对兼通中西之学的人予以赞扬：“梅子既贯通旧法，而兼精乎西学，故其所著《历学辨疑》，旁通曲畅，会两家之异同，而……究其指归，乃知西人所矜为新说者，要皆旧法所固有，而西学所独得者，实可补旧法之疏略。”应该说，万斯同主张吸收西方文化，在当时来说，这是一种很高的境界。

其次是浙东学者的海外贸易以及中西文化交融、兼容并包的思想，对“宁波帮”产生较大影响。“宁波帮”的开放理念，涉足全国，走向世界，学习西方的先进科学技术和先进管理方法都是对浙东学者上述思想的继承。民族文化与外来文化是互动的。先进文化的建设，不仅要深深植根于民族文化土壤，保持中国特色，而且还要吸收西方的先进文化，借鉴外来优秀文明成果，才能更好地面向世界，面向未来，保持先进文化发展的旺盛活力。要使中国传统文化向现代化转变，必须着眼于世界文化发展的前沿。但是，再好的外来文化，如果不与我们的民族特点和现实相结合，也不可能真正生根和结果。“宁波帮”在经营活动中既继承中国古代的优秀管理思想，又吸收西方的经营思想，融合成符合时代的开放的经营理念。朱志尧就潜心西学，他所经营的实业与其接受西方的社会思想有关。他帮助其弟朱云佐创办《格致新报》，传播西方科学知识，开办中西书屋，销售外文书籍。通过对西方国家经济发展情况的考察，他看到了创办民族机器工业的重要性：“考察邦国强弱贫富之原因，凡机器愈多制造愈新者，其国经济必充，商业必盛，而国力亦必因此日增。”为此，他得出了“机器者，真为国家之命脉”的结论。他还认为“稍识时务者于众醉独醒时，光著祖鞭，借鉴欧西，步武仿造”。

二、管理之融合

鸦片战争后，中国封闭的社会体系被戳开了大大小小的窟窿，透过这些窟窿,中国被卷入了资本主义世界市场。封闭的大门一旦开放,具有价格机制、利益导向“张力”而无孔不入的市场关系便渗透进来,由此产生的经济变化像水面波纹一样层层翻出,缓缓荡开,在旧社会的肌体里沉淀、发芽、生根、膨胀,成为以后种种经济变革的滥觞。两千年来的清一色终于变成了斑斑驳驳的杂色,参与、融入世界经济已经成为时代主旋律,更是中国通向现代经济的必由之路。顺应时代潮流的“宁波帮”,在近代资本主义发展的大趋势下,超越传统的樊篱,把握住了先进生产力的脉搏,领先进文化风气之先,实现了从传统商帮到现代商帮的转型,也因之傲立众商帮之首。具体而言,这得益于宁波商帮以能吃苦、勤奋好学、不断进取的精神,不仅通过不断的制度创新,而且通过买办身份,不断模仿学习西方先进的管理模式。

(一)制度化运行

在企业制度方面,宁波商帮采用现代企业制度——股份制的办法进行制度创新。当时的股份制既借鉴了西方资本主义国家的经营管理方式,也结合了中国资本主义商品经济发展的实际经验,组合成为中西相结合的管理制度。他们以家族企业为龙头,通过组建企业集团、连锁经营、行业协会等办法使企业不断适应市场竞争的变化。制度创新的典型人物是刘鸿生。他成功运用了企业制度创新的方法,经过40年的艰苦经营,逐步创办了一个包括煤矿、火柴、水泥、毛纺、码头堆栈、搪瓷、煤炭经销以及银行、保险等业的庞大的民族资本企业集团。较典型的企业有四明银行、五洲药房股份有限公司、利华羊毛工业股份有限公司、天厨味精厂、国泰化工厂股份有限公司等等。

1. 刘鸿生的企业组织改革

刘鸿生经营的火柴业,当时在中国市场上除了中国火柴外,还有瑞典和日本火柴。瑞典火柴公司是拥有几百家火柴厂和火柴原料厂的国际火柴托拉斯,企图独占中国市场。它先收买了日资火柴厂,在1925年又想收买华商的鸿生和中华火柴厂,未能得逞,于是就采取大量跌价倾销的办法,企图挤垮中国的火柴工业。在1927—1929年的三年中,瑞典输入中国的火柴分别为1920年的9倍多、13倍多和18倍多。为了对付瑞典火柴对中国市场的强大倾销势力,保护民族火柴业的市场,刘鸿生认为必须组成“相当之资力与适法之组织的大规模公司,否则决难得良好之效果”。1928年,刘鸿生在一封信中指出:“外来火柴充斥,营业竞争,危机潜伏,再三思维,惟有合并数厂为一,以厚集资力人才,藉图竞存。”同年的《告火柴同业书》中,他又阐述了联合的六条益处:“一、各厂合并后,可减少对内竞争,以免自相残杀之害。二、各厂合并后,可调剂出生产数量,以期供应之适合。三、各厂合并后,各种经费均可通盘筹措,最合经济原则。四、工厂合并后,直接定购大宗原料,可省洋行佣金,并可得廉价利益,每年为数不赀。五、各厂合并后,新公司规模宏大,即可聘请专门技师,改良出品,以与外货相竞。六、各厂合并后,新公司负担力强,一切改良事宜,均可次第实进,前途光明,不可限量。”刘鸿生的上述分析正是对当时形势的认识。在他的倡议下,当时的鸿生、中华、荧昌三家火柴公司先行合并,于 1930 年 7 月组成大中华火柴股份有限公司,其时资本为 191 万元。大中华成立当年获利近 24 万元,1930—1932 年盈利达 126 万元。以后陆续又有几家厂参加。到 1934 年,大中华公司直属企业有 7 个火柴厂、1 个梗片厂,资本总额增至 365 万元,拥有全国火柴产量的 15%,成了当时全国规模最大的火柴公司。随后在 1935 年 7 月,先成立了华中地区包括苏、浙、皖、赣、鄂等省国产火柴制造同业联合办事处,有大中华火柴公司所属火柴厂和大中国火柴公司筹备处所属 9 个厂参加。同月,联办处又同美内团(美光火柴公司及其镇江分厂)组成火柴产销管理委员会,协定了各方产量比率,并核定价格,以控制华中地区火柴市场的盲目竞争。接着,为了避免华北日资火柴厂对华中地区的冲击,刘鸿生又同在华日本磷寸同业联合会和华北地区华商火柴厂协议,于 1936 年 3 月,由国民党政府批准,组成了中华全国火柴产销联营社,作为经营全国火柴产销事宜的管理机关。通过合并、联盟,逐步壮大了以刘鸿生为首的大中华火柴公司的实力和以大中华火柴公司为首的民族火柴工业的整体实力,保护了民族工业,有利于参与国际市场的竞争。诚如刘鸿生在 1932 年给留英诸子信中所讲的那样:“我的宿愿是把所有火柴制造厂及其有关企业归并在一个庞大的联合公司之中。我力图把这一行业发展成一个巨型的民族工业……我的这种努力并非出于自私。因为我想,只有用这样的组织手段,我们才能真正地发展和保护我们的民族工业。”

2. 四明银行的股份制

四明银行是 1908 年成立的一家股份制商业银行。这家银行的发起人、主要投资者和主要当权人物均为旅沪经商的“宁波帮”实业家。开办时,资本额定为 150 万两,先收半数,实际收到 50 万两,当时投资在 5000 两以上的股东有 22 家。

最初投资人孙衡甫的股份后来逐渐增大，最多时拥有 5258 股，股份金额达 262,900 两，占该行资本总额的 35%。

开办时，列名为发起人的有袁鎏、周晋镳、朱葆三、李厚垣、方舜年、严义彬、叶璋、李翊燕、吴传基、李云书、陈子琴、虞洽卿等 12 人，都是清一色的宁波人。它的第一任董事会总董事为周晋镳，董事为袁鎏、朱佩珍、吴传基、李厚垣、方舜年、严义彬、李翊燕、叶璋，总经理为陈薰，协理为虞和德。担任这家银行的九名董事和两名总协理，集中了宁波旅沪的著名工商业者。

我们由上述的材料中看到：四明银行的最高决策机构是董事会，由股东大会选出，在股东大会授予的权限内，负责制定决策和经营方针，然后委托受聘于董事会的专职总经理陈薰（子琴）和协理虞和德（洽卿）具体执行。这样，由 9 个董事组成的董事会和专职的总经理、协理便成为四明银行的最高管理层，是典型的公司制企业。四明银行的法人治理结构上设有总董 1 人，董事 8 人，总经理和协理各 1 人，类似于股份有限公司的组织机构——股东大会、董事会、经理、监事会。在股份公司内部，所有权被分解了，股东凭借其出资（股票）拥有对企业财产的终极所有权，具体体现在通过股东大会选举董事会和监事会及监督公司事务，有权按股份取红利。由股东投资形成的股份有限公司财产由董事会支配，形成法人财产权，经理则负责公司的日常经营管理事务。杨荫博先生认为，四明银行是中国最早以股份有限公司形式组成的新式银行。

由于四明银行实行了股份制，其业务发展很快，在北洋时期还取得钞票发行权，存款总额不断上升。1926 年四明银行存款 2000 余万元，1930 年达到 4000 余万元。与此同时，四明银行的资本额也在不断上升，参见表 2-1。

表 2-1　四明银行历年资本额一览

年　份	资本总额（两）	实收资本额（两）
1918—1923	750000	649825
1924—1926	750000	750000
1927—1930	1500000	1500000
1931—1935	2250000	2250000

资料来源：《上海研究资料》（续集）第 264 页。

在钱庄业逐渐走向衰落的过程中，四明银行迅速发展，信誉良好，成为上海14家著名银行之一，被视为“宁波帮”的金融根据地，在“宁波帮”的近代化中发挥了重要的作用。

(二)管理模式

在企业管理上，“宁波帮”十分重视学习和借鉴西方先进的经营管理方法。在近代中国，“宁波帮”是最早把西方先进的管理方法引入企业经营活动的人士之一，但他们并没有照搬照抄西方的东西，而是努力与中国社会的实际结合起来，从中国传统管理思想中汲取营养，博采众长，从而形成了颇有中国特色的企业管理模式，使其企业具有较强的竞争力和生命力。为了弥补在资金、技术等企业发展“硬件上”的不足，“宁波帮”企业家充分认识到人力资源在企业经营发展中的至关重要的作用，因此他们十分重视人的因素和作用，大多能运用科学管理方式，以人为本，注重企业内部的组织和管理，努力调动全体员工的积极性，充分发挥企业内部潜力。

1. 学徒制与职工培训

他们深知“善用人才者胜”，因而视人才为企业兴衰的根本，不惜重金聘用，大胆使用。同时，他们注意提高一般员工的文化和技术素质，发挥其在生产和经营上的作用。学徒制是近代宁波人培养人才的一种成功方法。拜师学艺，成为众多宁波子弟跨入商界的必修课。

为使企业有更大发展，“宁波帮”注重开展职工培训，不断提高员工业务素质。“宁波帮”企业家通过多种渠道和多种方法，加强对企业职工进行在职培训，以提高他们的整体素质。

(1)开办补习班进行在职培训

身居沪甫银钱业要职的俞左庭在20世纪30年代就积极提倡职业教育，开办商业职业学校和商业补习夜校的劳工班，培养商业人才。他说，工厂商店职工文化水平和业务水平的高低，直接影响工厂产品的良莠、商店营业的盛衰。大多数职工在就业前失去学习机会或者学非所用，他们迫切要求学习文化，学习职业技能。叶澄衷既重视近代商业的开拓，又重视近代职工培训，在上海创办了第一所中国人自己兴办的“洋学堂”。在老顺记则以组织夜校的形式，“夕则延西师，聚少年学贾之子弟课以语言文字，并商务税务各款窍”，这既提高了在职职工的经商素质，也使一部分商业人才脱颖而生。

（2）就地培训，在工作实践中把专业知识的传授和实际操作结合起来，学用结合

如上海西服业鼻祖王才运，对门生、学徒不但亲自传授西服专业知识，而且还聘请文化教师，在打烊后业余时间教授他们国文、英语、珠算、会计等课程。王才运还对学徒进行严格培训，进店后一律先要到裁缝工场学习，学服装结构、裁剪技术、缝纫手艺等基础知识，再视学艺期间的表现、专长和能力，安排合乎他个性擅长的工作。有些继续留在工场当工人，有些分配到门市部当营业员，有些分派做财会或管理工作，知人善任。凡分配在缝纫工场的学徒，先要进行拜师典礼，然后由技术师傅教学裁剪、缝纫、熨烫等工艺，使其掌握各种呢绒、绸缎、棉布、衬头等不同性能的原料，按质缝制熨烫，做到服装规格、款式不走样，最后经专人验收。不符合质量标准的要返工重做，并指导其在实践中提高水平。凡分配到门市部的营业员，必须掌握量、算、试三项基本技能。“严师出高徒”，在他的严格培训下，他独资经营的荣昌祥成为上海商界颇有名气的西服商店，而且经他培训教育出来的徒弟，日后均成为上海西服行业中的名流。先后离开荣昌祥自立门户开店开厂的有：

王才兴、王和兴兄弟，开设王兴昌呢绒西服号于南京路 807 号；

王来富，开设王荣康呢绒西服号于南京路 815 号；

王辅庆，开设王顺泰呢绒西服号于南京路 791 号；

王廉方，开设裕昌祥呢绒西服号于南京路 781 号；

王士东、周永昇，合资开设汇利呢绒西服号于南京路 775 号；

王正浦、王介甫兄弟，开设洽昌祥西服号于广西北路 346 号；

王继陶，开设汇丰西服号于静安寺路 429 号；

孙永良，开设顺泰祥西服号于贵州路；

王增表，开设开林西服号；

王丰莱，开设王荣康西服于重庆路。

20 世纪三四十年代，在南京路上蓬勃发展的西服店，几乎都为王氏的门生所垄断。这些企业绝大部分成为上海名牌商店，他们对西服业的发展作出了一定贡献。

（3）专门设立相关学校，培养专业人员

船王包玉刚在 20 世纪五六十年代初涉航运业时，发现香港海员行业混乱不堪。香港人把到远洋轮船上工作称为“行船”。由于“行船”风险

大，与家人团聚机会少，一般人不愿去干，所以香港“行船”的海员，大部分是一些文化素质较低、经济地位差的人。包玉刚意识到这样的海员难以担当起发展航运事业的大任。1965年，他成立了“环球航海训练学校”，用以自行培养海员、训练“新军”。该校免费传授“行船”的有关知识，但学成之后要签一份三年的服务合约，约满后可以自己决定留用或另寻他途。在学校的课程设置方面，包玉刚颇费心思。他决定把理论和实际相结合，避免只谈一些空洞的理论。他经常分析船队所遇到的问题，从而确定船员需要学习什么课程。1965年到1982年间，环球航海训练学校共为环球公司培训了1700名行政人员、水手和工程师，这些人员为环球航运集团的繁荣昌盛作出了很大的贡献，成为该集团的骨干力量。不少人认为，包玉刚的环球航运公司，如果不是很早就办了一个培训学校，培养出大批有学识、有技能、有士气和有归属感的“子弟兵”，则很难想象在1983年波斯湾战争期间，包玉刚的船员能够驾驶三四十万吨的海上长城式的巨型油轮，在弥漫硝烟中完成如此艰苦的任务。包玉刚深有体会地说，企业要发展，员工的素质是关键。企业要想取得辉煌的成就，就要建立一套正确、合理的人事管理制度，来培育大批员工，作为企业发展的后备力量。环球航运公司如果没有环球航运学校的员工作基础，想夺取世界船王的桂冠并非易事。

2. 人本管理

“宁波帮”的企业家们在经营企业的过程中大多在自觉不自觉地运用人本管理的基本原则，尤其是注重人情化的管理，争取人心。无论管理环境如何变幻，善于争取人心（内为员工，外为顾客），都是管理制胜的不二法门。现代企业人本管理的核心是：对企业中的人应当视为人本身来看待，而不仅仅是将他们看作一种生产要素或资源。人乃是世界上唯一具有丰富感情的社会动物，关注人的情感成为人本管理的一个极其重要的方面，合理运用“情感”是人本管理的一个重要支撑点。

由于“宁波帮”企业家注意对员工的感情投资，刻意营造和谐、有序的企业氛围，努力调动全体员工的积极性，所以在这些企业里，劳资关系融洽，员工有良好的精神状态。他们对企业有一种强烈的向心力和归属感，进而激发出生产经营上的积极性与创造力，成为企业蓬勃发展的内在动力。特别是在社会动荡或企业经营发生严重困难时，企业上下一心，有很强的凝聚力，充分显示了这一管理模式的独特魅力。

(1)企业家本人身体力行,注重节本开源

企业的经营管理,最重要的是降低成本,提高效率,而提高效率一定要科学管理。“宁波帮”对控制成本和费用开支特别重视。包玉刚在经营管理上严格控制开支以降低成本,提高经济效益。他认为企业如欲成功,必须控制成本,而成本控制得法,必须健全制度。多年来,他一直采用“复查制”,其目的是鼓励所有人员必须研究与说明开支理由并尽可能想出更节省的办法来。包玉刚一直坚持不让他的船长浪费公司一分钱,水手们形容包玉刚是一个“十分讨厌浪费的人”。直到包玉刚建立庞大的商业王国,他的这种节约的习惯仍保留着。一位在包玉刚身边服务过多年的高级职员回忆道:“在我服务他的日子里,他给我的办事指示都用手写的条子传达,他用来写这些条子的白纸,都是纸质粗劣的,一张一行的窄条子。他会把写的字撕成一张长条子送出,这样的话,一张信纸大小的白纸也可以写三四张指示。”这就是包玉刚“应省即省”的原则。

由于包玉刚注意成本管理,所以环球集团成本与其他公司相比,要低得多,而经济效益却要高得多。但凡白手起家、事业有成的海外“宁波帮”企业家们,都有勤劳节省的好习惯。他们善于理财,精打细算,个人生活也十分俭省,往往都是烟酒不沾边,自己不参赌,连太太们也不搓麻将。有的家里连洗衣机还是旧的,电视机还是黑白的,外出不坐豪华轿车,而坐公交车或干脆走路去上班,为的是节省开支。号称香港钟表大王兼任瑞士英纳格钟表公司董事长的李惠利先生,夫妇俩去香港时根本无产业可言,靠为别人帮工,一分一厘地攒,才挣得在香港号称“钟表大王”的产业。尽管他们的经济实力很强,但夫妇俩的日常生活,继续保持节俭的老传统,甚至起居饮食的事都尽量自己动手,始终保持勤劳节约的本色,充分展示了海外“宁波帮”企业家“富贵不能淫”的良好素质。

(2)将中国人传统的厚道温情融入制度化管理

“宁波帮”企业家努力把中国人传统的厚道温情融入制度化管理,关心员工的生老病死,搞好员工的福利待遇。他们重视对员工的精神教育和企业文化的培育,在鼓励员工学习各种技术和管理知识的同时,“宁波帮”企业家十分重视对员工进行道德的教化和爱国、爱企业的教育,在企业中提倡勤俭、务实、忠诚、守信等传统道德,力戒赌博、偷盗、懒惰、不孝等陋习。

许多“宁波帮”人士被称为具有中国传统美德的近代企业家。在他们的企业中，先进的技术、科学的管理与传统的道德实践是并行不悖的，现代的经营手法与传统的道德行为在大多数“宁波帮”企业家身上比较完美地结合起来。以严信厚、朱葆三和虞洽卿为代表的近代上海宁波商帮是传统文化与西方文化相结合的代表人物。虽然有许多近代宁波商帮由买办起家或者曾到洋行里兼任买办，在他们的青年时期接受了西方的价值观念，是在中西方文化相结合的环境中成长起来的，但他们受中国传统的价值观的影响较深。受儒家思想的先义后利的影响，在义和利之间，“宁波帮”企业家大多主张兼顾义利，以义取利，即所谓君子爱财，取之有道。强调以德立业，以德兴业，做事先学会做人，否则成不了大事。在宁波城乡颇为流行的“上半夜忖忖自己，后半夜忖忖人家”的民谣就是“己所不欲，勿施于人”的儒家道德的一种通俗说法。

商务印书馆创办人鲍咸昌实行了商务职工福利待遇制度化，对职工发花红、退俸金、子女教育扶助金，女工产假照发两个月工资，每个职工每年有事假20天，如不用，年终照发工资，还举办印刷技工艺徒学校，对艺徒供应食宿，每月发2元零用钱，年终可与高级员工一样享受同等比例的花红待遇等；1922年起还推行“股息公积”办法，企业遇有盈余、股息超过10%时，可酌量提存部分股息作为公积金，待企业扩充股额时改作股份。根据商务的史料记载：鲍咸昌平时对“工人生计体贴备至”，遇有生活困难的职工常予救济，因此颇得全馆职工敬重，以至“工厂同仁三五千数，无论男女老少，爱之如已”。这些举措有助于企业增加资金积累、增进内部凝聚力，从而促进整个企业的发展。

实业救国开拓者陈万运，自称是“股东的经理人”，职工的“头头”，“与职工站在同一方面”，而且“处处为职工着想”。他经常吃住在厂里，同员工同甘共苦，关心职工的生活福利。20世纪20年代，上海大中型工商企业职工月薪一般仅5元，烟杂店仅3元，但“三友”职工的月薪已达20元，远远高出其他企业，年终还送红股，而且建造职工宿舍、浴室、医疗处，设立俱乐部、图书室、文化技术补习班。在陈万运提议下，“三友”每周组织员工座谈会，出版内部小报《三角之光》周刊，使其成为沟通企业上层与职工群众的桥梁。这样富有人情味的管理方式，极大地激发了员工的工作积极性，形成强劲的向心力和凝聚力，使企业呈现兴旺繁荣的景象。

出身苦寒之家的董浩云，是从生活的底层一步步爬上来的，所以他特别能够体会打工一族的艰辛，加之董氏集团企业创始阶段所能依靠的就只有员工的通力合作,所以董氏家族更注重人性化管理。董浩云常常对员工说,董氏集团是一个大家庭,不是洋行。他平时从不在员工面前摆什么老板架子,反而常常有意无意地拉近与员工的距离。每次他的船只回到香港,他肯定会亲自到船舱巡察,还会留下来与船员一起吃饭,船员吃什么,他就吃什么,通常是一碗咸菜面条。董氏集团的公司福利也比其他公司高。而且,董氏很注意提高员工的士气,增加员工的归属感,这是中国人的经营传统,也是董浩云的经营作风。董建华是当代新型的企业家,接受过西方教育。他在强调企业的现代化、规范化、制度化管理的同时,也特别注重情感管理。当董建华宣布竞逐香港首任行政长官后,在一次会见香港劳工代表曾健成时,曾健成曾向董建华历数香港劳工的苦境。身为东方海外集团主席的董建华当时表示,在我的公司里不会出现这种情况,公司员工待遇好,工作环境安全。曾健成当即回应道:可惜全香港不是全部公司都是你当老板。

3.运用激励手段,集聚和造就优秀人员

“宁波帮”的企业家在经营管理中普遍运用激励手段,并且集聚和造就了一大批优秀的企业经营和管理人员。1919年,三友实业社陈万运授意张子廉去杭州招收10余名中学生,后经重点培养,这些知识青年成为企业技术骨干,发挥了积极的作用。为改善财务管理,“三友”创设了新的财务制度,以西式簿记替代传统的旧式账册,有效地控制了企业成本核算。1922年,“三友”还登报向全国招收30余名大学生组建营销队伍,同时吸纳一批留学生参与企业管理,如留美学生郑祖廉担任引翔港总厂首任厂长。与此同时,“三友”每年从享誉沪上的中华职业学校毕业生中招收新员工,还吸纳在广告宣传、外语、纺织印染工艺、企业管理等方面有一技之长的专业人才。在用人问题上,陈万运主张择优选贤,实行亲族回避制,并以身作则,不介绍亲属进“三友”就职。这些集聚人才的举措,改善和提高了“三友”各个层面的员工综合素质,为企业发展打下了坚实的基础。

刘鸿生在章华毛纺厂管理中善于运用奖惩激励手段来聚集人才。在章华毛纺织厂初创期间,出现了产品质量低劣、连年亏损的局面,刘鸿生细细分析原因,认为经理能力的强弱、管理组织之好坏,对企业的生存和发展起着决定性的作用。因此,他从企业最高经理开刀,1932年一年之内四易经理,直至聘请程年彭为总经理后,才开始扭亏为盈。当时他实现当初的诺言:奖励程年彭股金 20 万元,又重金聘请英国里士毛纺织学院毕业生张训恭出任总工程师,派往日本培训的一批学生学成回厂后,充实各车间负责生产管理和技术指导,又更新一部分机器设备,加强了技术力量和管理,使章华厂的面貌焕然一新,产销部得到顺利发展。刘鸿生一生爱才重才,这是他事业成功的关键。刘鸿生给科技人员林天骥每月 1000 元左右的总收入,这是一个极高的薪俸。作为经理的刘鸿生本人,也不过是近 1000 元的月薪。林天骥得到刘鸿生如此的赏识,非常感动,迸发出极大的积极性投入企业的技术研究,通过潜心钻研,攻克当时企业面临的难关:用美国晒胶解决火药头受潮脱落和磷边磨损两个主要问题,极大地推进了企业的快速发展。

著名的“宁波帮”实业家王宽诚,在管理企业中也注意运用奖惩激励手段来激发员工积极性,培养造就企业人才。他在出任维大鼎记面粉号经理时,用人不讲情面,以才取人,学徒进店取消拜师仪式,不订明 3 年学期,若工作优良,3 个月后即可提升为职员。另订有严格的责任制度,赏罚有度。各项报表一律在每天收市前 1 小时,汇总经理室,经理审阅无误后,指示次日营业要点。如遇店内急需某项人员,则不惜出高薪聘请。不到两年维大号便得到发展,到了年终,设宴招待全体职工,利润获得多的分号人员让坐首席。红利分 3 等 9 级,特优人员由他亲授红包。

民华、丰华两厂的实业家在管理中则采用反馈激励手段,及时把员工的工作成果反馈给本人,同时作出客观的评价,实行了奖金和职工股制度,采用多产多奖,把职工的个人收入和工厂利润紧密联系起来。随着职工积极性的提高,产量不断增长,奖金也相应增加,多的时候,甚至超过个人工资。公司章程还规定,职工也可以分得一定比例的职工股形式的红利,许多职工都持有两厂的股票。这对职工的积极性是很大的激励,使员工们认识到“厂盛我兴”、“厂毁我亡”,有一种强烈的归属感,员工们忘我工作,科技人员拼命攻关。抗战胜利后,金润庠被推举为两厂总公司的总经理,除了继续采用反馈激励手段,还运用目标激励,设置适当的目标,激发职工的动力,达到调动职工积极性的目的。他一方面提升和重用造纸、电机、机械、化工等技术人员和经营管理人才担任总公司和两厂领导职务,并提请董事会,革除抗战前任用行政人员为两厂领导的旧例,由董事会聘请留美的电机工程师褚汉维(褚辅成之子)担任总公司副总经理兼两厂总工程师,聘请留德专学造纸的工程师陈晓岚担任两厂副工程师兼民丰厂厂长,提升竺培农担任总公司副总经理，提升“高工”毕业的机械工程师吴贤哲担任华丰厂厂长，再由总公司提升或新聘一批早年由各大学毕业的人才担任两厂副厂长和工程师职务。另一方面，他有计划地预先培训中级技术人才，以加强车间一级领导力量，在民丰厂副厂长金志朗和厂级工程师主持下，创办了多种技术培训班，对所有中级技术人员进行现代造纸、制浆、机械、电器等专业知识的培训。结业后，根据考试成绩，分配到两厂各车间负责技术和设备管理。

深深懂得激励手段重要性的包玉刚，在他经营管理的企业中处处渗透着激励手段。比如他要留住优秀员工，就采取三项措施：一是委以更多的重任；二是付给丰厚的报酬；三是时常与他们谈一谈工作，保持与他们的相互沟通。丰富的管理经验、卓越的管理方式造就了这位世界船王，也造就了船王旗下许许多多优秀的经营管理人才。包玉刚认为，有三个方面的因素需要激励和鼓励，即工作、工人及主管。其一，工作看起来必须具有一些意义，必须能给人以某种满足感。如果员工感到他们的工作在整个生产中是微不足道的，那么工人们很难以他们的工作为荣，这就会影响工作的质量。其二，员工必须相信，无论他们做什么，都该负有责任，不论他们是制造一种产品，还是提供某一项服务。这样，他们就必须有自主权，工作间里的气氛就该是友好的，而且不应该有什么压抑感。其三，主管必须为工人提供反馈信息的渠道，而且在工人表现出色的时候，应该及时地进行奖励。另外，在提高产品质量以及工作效率方面，主管也必须提出一些切实可行的建议。

三、经营之融合

(一)以商业资本家优势，开拓经营项目

鸦片战争后，欧风东渐，社会风尚有了新的变化，市场需求也有了新的变化。“宁波帮”商人预感到并看准了这种变化的趋势，在保持传统行业特色的同时，以具有资产阶级经营理念的商业资本家为中坚人物，以顺应时代潮流的新兴行业为经营重点，不失时机地更新经营项目，重点投资新兴行业，并且往往一家经营数业，互为挹注，使“宁波帮”经营的许多行业在国内实业界居于优势。其时，“宁波帮”中既有不少人从事进出口贸易，经销五金、颜料、洋油、洋布、钟表、西药等畅销洋货，也有不少人经营房地产业、

保险业、证券业、公用事业和新式服务业。如“宁波帮”巨商叶澄衷的顺记五金号,开始包销美孚火油公司的美孚油时生意并不好,乡民用惯了油盏灯和土制蜡烛,不愿买火油。叶澄衷不惜工本大做广告,廉价推销,并随油赠送火油灯,终于上至缙绅之家,下至蓬户瓮牖,莫不采用火油灯,迅速打开销路。

欧美轮船进入中国后,沙船业衰落,“宁波帮”便转向经营轮船业。19世纪末经营钱庄的“宁波帮”意识到钱庄不久将被银行所淘汰,便未雨绸缪,参与中国通商银行筹建,并在上海、天津等通都大邑相继组建多家银行。即使是老行业,也注意调整经销品种。

定海人朱葆三创办慎裕五金号致富后,继续投资其他工商业、金融保险业、航运业、公用事业:(1)工商业方面,光绪四年(1878)自设新裕商行,从事进出口贸易,后又投资上海大有余榨油厂、同利机器纺织麻袋公司、丝织公司、华商水泥公司、和兴铁厂、龙华造纸厂、中兴面粉厂、立大面粉厂、上海绢丝厂、华丰造纸厂、上海第一呢绒厂、上海水泥公司、宁波和丰纱厂、江苏海州赣丰饼油厂、上海祥大元五金号、柳江煤矿公司、长兴煤矿公司、马来亚吉邦橡胶公司、定海电器公司等。(2)金融保险业方面,除参与创办中国通商银行并任总董外,还投资中华商业银行、江南银行、四明银行、浙江兴业银行、中华懋业银行、浙江地方银行、浙江实业银行、华安保险公司、华兴水火保险公司、华成保险公司、华安合群人寿保险公司。(3)航运业方面,投资东方、大达、宁绍、长河、永和、永利、永安、舟山等轮船公司。(4)公用事业方面,投资上海华商电车公司、上海内地自来水公司、舟山电灯公司、广州自来水厂和汉口利济水电公司等。

颜料业商人贝润生经销德国进口颜料致富后,曾独资创办赓记缫丝厂、振成缫丝厂,光绪三十二年(1906),又与朱葆三、顾松泉等合资创办中兴面粉厂,并继续投资厚生纺织厂、裕和缫丝厂、纶华缫丝厂和房地产业。

企业大王刘鸿生投资的企业达60多家,涉及煤炭业、码头业、火柴工业、煤矿工业、水泥工业、纺织工业、交通运输业、银行业、钱庄业等众多行业。

(二)积极合理有效利用外资,促进企业发展

“宁波帮”凭着他们的聪敏、机智和拼搏、创新的精神,不但能涉足全国,走向世界,而且能正确看待资本主义,借鉴、吸收、利用资本主义的合理

的东西。

近代“宁波帮”实业家叶澄衷的“借鸡生蛋”就是运用外资筹划资金的一个事例。19世纪60年代，美孚公司把火油打进中国上海市场，并对经销美孚火油开出优惠条件，即每销售一加仑火油，公司支付25%的佣金，结账收款时间为60天。叶澄衷利用这一商机，向美商提出条件，要求美孚公司由他独家代理，货款结算时间改为90天，经过商谈，与外商签订了经销火油的长期合同。叶澄衷根据这个合同，充分利用90天结交货款的时间差(叶与内地商户结算时间为1个月)周转资金，发展企业，又投资于地产和钱庄。他除了能获得经销权规定的利益外，还能获得其他额外利益。这是“宁波帮”早年利用外资的典型事例。

刘鸿生也把吸引外资作为企业开放的一个内容和重要环境条件。他在分析上海的投资环境时，就把企业利用外资的便利作为投资环境的一个重要方面。他明确指出：“工厂之创立与发展，须适应经济环境之条件。”这就是说，只有具备了相适应的投资环境，工厂企业才能展开正常的经营。刘鸿生还具体分析了上海的投资环境，认为它是企业发展的重要地方，除了交通便捷、信息灵通外，一个不能忽视的条件是吸引外资的优势，因为上海是“金融流畅，划汇简易，国内外银行林立，集资与借贷迅速”的城市。

(三)注重品牌，提升企业

近代甬商在扮演买办身份，打造自己的家族企业过程中，发现企业或产品品牌发展成为名牌后，就会产生神奇的魔力，产品卖得贵、卖得快、卖得多。一两个名牌的示范、导向、辐射作用，对企业的发展起着直接的作用。宁波有句俗话，叫“金字招牌硬黄货”，说的就是企业要有质量、信誉，就要注意产品的档次和品牌。为此，“宁波帮”在经营活动中十分重视品牌的效应。

方液仙推出“三星蚊香”、“三星牙膏”、“三星调味品”和“剪刀牌肥皂”四大品牌产品，受到消费者普遍欢迎，出现产销两旺、蒸蒸日上的兴旺发达景象，资本迅速增值，在1931年资产增至40万元，到了1938年已增至200万元。

镇海柴桥(今属北仑)人胡西园针对外商低价倾销，也在品牌上下工夫。他一面加强广告宣传，一面加强质量管理，终以“亚浦灯泡”品质精良，在激烈的竞争中压倒外国名牌产品而取胜，产品畅销全国，遍及南洋。

童涵春堂也十分注意品牌。童祥权认为，名店应有名人题写的店招牌，才能有影响。为此，童祥权用800两纹银作礼品托人请光绪皇帝的老师、状元陆润痒题写了“童涵春堂”四个大字，并请能工巧匠精工制成匾额，黑底金字，高悬于店堂中央，成为童涵春堂的无形资产。

第三章 当今宁波本土家族企业制度建设现状

当今的宁波本土家族企业伴随着改革开放的浪潮，传承“宁波帮”精神，崛起于20世纪70年代，渐趋兴盛，支撑起了宁波民营经济的大力发展。改革开放以来，宁波民营经济的发展大致可归纳为三个阶段：第一阶段为1978年至1992年，长期以来受到禁止和歧视的个体私营经济重新得到发展，全市个体工商户从1978年的187户增加到1992年的147530户，私营企业则从零增加到2264家；第二阶段为1992年至1997年，党的十四大确立建立社会主义市场经济体制的改革目标后，个私经济得到了迅猛发展，到1997年底，全市共有个体工商户194350户，从业人员343372人，比1992年增长35%以上，私营企业19812户，增加7.5倍以上；第三阶段为1997年至今，民营经济的发展地位进一步确立，民营各类经济实体超过30万家。当今的民营企业贡献了宁波70%的财政收入、80%的GDP、85%的就业和90%的上市公司。民营经济的发展由数量型向质量型，由粗放型向集约型转变，总体规模和发展水平逐年得到提高。

据宁波市工商联统计，到2008年，宁波民营企业户均注册资本达152.97万元，注册资本100万元以上企业达20923家，比重占22.49%，其中注册资本超亿元的企业有78家。据全国工商联公布的2008年度上规模民营企业调研结果，共有22家宁波民营企业在全国民营企业500强中榜上有名，约占全国的1/23强，全省的1/9强。同时，雅戈尔等17家民营企业还进入了全国进出口500强，奥克斯集团有限公司等9家民营企业进入了全国企业信息化500强。宁波民营企业的原始积累已经完成，规模正在不断壮大。

1999年开始，宁波市积极响应党中央、国务院关于国企改革攻坚的号召，率先用三年时间基本完成了4000多家国有企业和城镇集体企业“两项制度”改革，近30万职工理顺了劳动关系，实现了国有企业战略性重组、国有经济的布局调整和投资主体的多元化。借此东风，宁波民营企业同时吸收了大量高素质的管理人才。一部分经营管理较好、发展较快的民营企业，在经营管理权设置上作出了社会化大生产的调整，如聘任职业经理人等，企业组织也从个体制、家庭制、合伙制转向公司制发展。2000年，全市私营有限公司占民营企业总户数尚不足一半，到2008年年底已占61.2%以上。

第一节　当今宁波本土家族企业产权制度现状

一、当今宁波本土家族企业产权制度产生的背景

当今，宁波的本土家族企业多是在我国市场经济的初创阶段成立，即在特定的历史条件下产生，并在计划经济的缝隙中逐渐成长壮大。“在中国私营企业中90%以上是家族制企业，绝大部分实行家族式管理”，这句话已是理论界的共识，更是实践界的公认。从其形成来看，宁波当今的家族企业大致有以下几种形式：一种叫白手起家型，就是从个体户起家，逐渐积累发展起来的或直接由家族成员投资兴办的家族制企业，比如宁波如意股份有限公司就是储吉旺于1985年毅然甩掉“铁饭碗”，两手空空地创办的宁波塑料九厂之“成人”。第二种是朋友、同事参股合资开办的合伙制企业。第三种是通过组建、承包，买断乡镇、集体或国有企业转型过来的“红帽子”企业等，比如奥克斯成立之初就是郑坚江先生带领七人承包负债20万元的小厂开始创业。它们共同的特点是企业归一个或一些投资者所有。这种独特的产权制度的出现，既有客观的经济原因，又有深刻的社会文化背景，并体现出特有的“宁波现象”。

（一）家族制企业产权制度产生的文化背景

我国的传统社会是以家庭为中心，以儒家文化为主流。这种文化在很

大程度上是一个强化“国”与“家”两层的文化。我们对国家是忠实的，对家庭是无私的，但对社会公共生活却表现出自私和冷漠。这就不利于各种组织形式的产生，而中间组织由于缺乏生存的空间也难以发展起来。与此相适应，国有经济与家族式组织就十分“发达”。因此，“家”在中国人心目中有无可替代的地位，这是家族制企业产权制度在文化价值观上产生的根源。

中华民族传统文化是以家庭血缘关系为本位的，家庭是人们最初和最重要的社会组织方式，浓厚的家庭观念使华人对企业最终所有权怀有强烈的偏好。正因为如此，家族制企业才成为大家首选的企业制度。随着经济和社会的发展，加上人们思想观念的转变等原因，家族制企业的家族血缘关系已扩展为亲缘关系和地缘关系，其产权制度突出地表现出“三缘”即血缘、亲缘和地缘特征，具有超经济性质，比如“宁波帮”在世界各地的会馆或贸易促进会等为宁波籍人士开办的企业服务，表现出了显著的地缘特征。

（二）家族制企业产权制度产生的社会背景

受家族制企业诞生时特殊历史条件的影响，采用家族制是当代中国私营企业兴起时几乎唯一的选择。当今的家族企业多产生于20世纪七八十年代，恰逢改革开放起步阶段。当我国的家族制企业在政策允许其产生时，社会几乎没有提供产生一个企业所需的各种要素，如资金来源、技术、信息和管理经验等。而私营企业主大部分又处于社会的最底层，他们既没有良好的社会关系又缺少资金来源，在企业创立时困难重重，再加上主要生产要素的国家掌控和银行信贷制度的制约，使家族制企业在产生时只能寻找其他出路。而家庭是基本的社会单位，家庭在资金的积聚、劳动力的提供及基于“三缘”关系的同一家族、同一地域的人的信任感和亲切感之上的人际关系的形成，无疑为家族制企业的产生提供了天然的条件。利用血缘和亲缘关系，家族制企业容易获得创办所需的人力资本和物力资本，降低企业的创立成本。宁波如意股份有限公司董事长储吉旺先生在创办宁波塑料九厂时，无厂房、无设备、无资金，只是在原城北马路塘旁用油毡搭起了一个简陋的工棚，出差住的是一两元一夜的地下室。有了订单，他一家4口和全厂工人夜以继日地在车间加工生产，使企业逐渐渡过创立初期的难关。

（三）大胆先行的“宁波现象”

1993 年 11 月 26 日，宁波被国家体改委正式批准为率先建立社会主义市场经济体制的全国综合配套改革试点城市，新一轮体制改革由此被“引爆”。这时宁波的民营企业开始大胆尝试改革试验的新步伐，直接促进当地政府加快“摘红帽”的举措。

自 1993 年起，宁波市委、市政府冲破重重阻力，先于全省，层层统一思想认识，在全市乡镇企业中由点到面地开展了以产权制度改革为核心的转换经营机制工作。同时，以产权制度改革为核心的乡镇企业转换经营机制试点在各县（市）区推开。在实施中，各地坚持“抓大转中放小”的原则，因厂制宜：

（1）对优势产业、名牌产品，以骨干企业为龙头组建企业集团；

（2）对规模较大、效益较好、有一定知名度的企业组建股份制企业；

（3）对具有一定规模、效益较好的企业改建成股份合作制企业；

（4）对小型、微利、亏损的企业进行拍卖、租赁或风险抵押承包。

大胆的改革在深水潜流中逐渐推进，改革的成效也随之体现。实践证明，乡镇企业的产权制度改革，对推进资产重组和制度创新，增强市场适应性和竞争能力，重塑全市工业经济微观基础，推进农村集体资产管理体制改革，均发挥了重大作用。

基于前期经验，1997 年，宁波又开始对转制企业开展了规范、完善、提高工作，促使企业尽快按新机制要求规范运作，收到了较好的效果。通过改革，明晰了产权，实现了投资多元化，盘活了资产存量，扩大了资产增量，增强了企业后劲，提高了企业运行质量。紧随其后，宁波在全国又率先冲破国有外经贸企业“职工不能持大股”的禁令，一大批充满活力的外经贸职工持股有限公司成立，这被誉为中国外经贸企业改革的“宁波现象”。到 1998 年 12 月底，宁波全市 17904 家镇（乡）、村集体企业实行各种形式转制的有 16607 家，转制面为 92.75%，镇、村两级在企业的集体所有者权益为 70.7 亿元。从此，宁波的“红帽子”企业向现代公司制迈进，这也孕育了第一批宁波现代家族企业。

二、当今宁波本土家族企业产权制度的现状与特征

(一)产权制度的现状

1. 中小企业占绝大多数,存在少数大企业

与国内其他地区的家族企业相类似,宁波本土的家族企业发展的时间比较短暂,大多数家族企业的规模扩张不快,企业规模比较小。当今,绝大多数家族企业仍是中小型企业,企业组织形式上以有限责任公司为主,但企业规模都不大。据宁波市工商联统计,到 2008 年,宁波民营企业注册资本 100 万元以上企业达 20923 家,比重占 22.490%,其中注册资本超亿元的企业有 78 家,这相比于 90970 多家的企业基数,可谓凤毛麟角。

宁波市甬商基地课题组 2007 年底对 388 家本土民营企业开展问卷调研,有关数据显示,总资产在 500 万元及以下的企业占样本数量的 42%,501 万~1000 万元的占 36%,而 1000 万元及以上的占 22%;销售收入小于 1000 万元的企业占样本数量的 42%,1000 万~5000 万元的占 32%,5000 万元以上的占 22%;平均注册资本为 220 万元;2007 年的平均销售收入达到 1632 万;2007 年平均全职员工人数约 47 人,其中管理人员占全体员工的比例为 25.8%,技术人员占全体员工的比例为 12.9%。由此可见,宁波民营企业总体上属于中小型企业。

2. 企业产权集中在家族手中

为了适应企业的进一步发展,宁波相当一部分家族企业在产权制度上已经走出了家族制的形式,独资、合伙、有限责任公司是当今宁波家族企业的主要注册形式,2001 年开始呈现独资与合伙企业减少,有限责任公司增加的趋势。但调研中发现,有限责任公司虽已经成为宁波本土家族企业的主要组织形式,但家族成员在股份中占有主体地位,可以说家族成员在家族企业中处于绝对的控股状态。这说明有限责任公司在相当程度上是家族企业规避制度风险和改变企业形象的一种摆设,其本身并没有真正形成现代公司制的企业制度。

宁波市甬商基地课题组 2007 年年底的调研显示,有限责任公司是民营企业的主要形式,其比重占到样本企业总数的 69%;股份有限公司占 19%;两者相加达 88%。从发展趋势看,宁波民营企业中的有限责任公司增长很快,已经成为宁波民营企业的主体。但是,在这些被调查企业中,有 211 家

（占样本企业总数的62%）承认企业本质上仍是家族企业。这就是说，尽管民营企业采取了有限责任公司等形式，但家族制的实质并未改变，没有走出家族企业治理的模式；加上独资与合伙企业，则实质为家族企业的比例为74%。如此高的比例说明宁波民营企业主体依然是家族企业。

3. 家族企业在证券市场上的信心下滑

据宁波市工商联于2009年4月始对全市范围的2008年度上规模民营企业问卷调研数据显示，入围2008年度上规模民营企业的196家中，有12家为上市公司（包括上市/控股/相对控股上市企业），占调研企业的6.12%，包括10家国内上市公司，2家海外上市公司。196家中有87家企业表达了上市意愿，占被调研企业的44.38%。这一数据对比2007年的101家、67.79%，有明显降低，说明企业对资本市场信心在下滑。

4. 股权激励形式单一，经营者平均持股率低，激励强度弱

宁波市甬商基地课题组2007年年底的调研显示，在实股激励方面，被调查的企业中有22%的企业已经实施实股激励，36%的企业打算实施股权激励，42%没有实施也没有此打算。从经营者的持股情况来看，被调查的经营者中，有27%的经营者持有股份，其中最大比例为20%，最小比例为1%，持股经营者均是通过购买的方式获得股份的。在目前尚没有拥有企业股权的经营者中，有78%的经营者希望拥有股权，说明民营企业经营者对股权激励的愿望较强。可见，民营企业在股权激励方面，激励形式比较单一，平均持股率较低，激励强度较弱，与经营者的期望有较大差距。被调查的企业中，有25%的经营者享受干股分红待遇。干股实际上是一种虚拟股票，即企业名义上授予经营者一定数量的股票，在规定的期限内，经营者享有股利（红利）收入权。

5. 债权结构与企业规模紧密相关

宁波市甬商基地课题组2007年年底的调研显示，宁波民营企业的资产负债率随着企业规模扩大而升高，企业规模越大、利润越高，企业的资产负债率越高：销售收入5000万元以上、平均利润为461万元的企业平均资产负债率为42%，高出销售收入1000万～5000万元、平均利润99万元的企业约7个百分点，更是高出销售收入低于1000万元、平均利润28万元的企业达18个百分点。这说明随着企业发展壮大，所需资金越来越多，“内源融资”不能满足其需求，开始由“内源融资”向“负债融资”发展，而且“负债融资”占有一定比例。“负债融资”对民营企业有一定的监控作用，债权人有

强烈的动机关注公司的经营状况，监督企业行为，故其债务市场对民营企业有较强的约束，有助于企业形成合理的治理机制。

(二)产权制度的特征

1. 产权的单一性

当今，宁波大多数家族企业的股权过于集中，往往控制在一个家族甚至一个家长手中，即使是有限责任公司或者上市公司，也是一股独大。这些家族企业多是依靠企业主(或家族成员)个人出资、个人经营，使企业由小变大，在艰苦拼搏中成长起来的。企业主在企业中树立了绝对权威，企业的各高级管理人员大部分是家族成员，形成家族内部完全控制企业的局面。

宁波市甬商基地课题组2007年年底的调研显示，在股权结构上看，被调查的388家企业中自然人股东占绝大多数(66%)，其次是社会法人股东(28%)，再次是小股东(6%)，说明宁波民营企业股权结构比较单一。

从股权集中度来看，第一股东平均占有63%的股份，其余股东仅占三分之一的股份。这种股权结构表明个人控股、家族控股是民营企业股权结构的重要特征，是家族制管理的重要产权基础。

2. 产权清晰与产权模糊现象并存

家族制企业产权清晰，是相对于国有企业而言的。国有企业因为产权不清，所有者缺位现象极为严重。家族制企业产权清晰，是从家族制企业投资的角度来说的。家族制企业大多是个人或家族投资，谁投资，谁就拥有产权，谁就可以从中受益，并受法律保护。

但家族制企业在产权清晰这一点上并没有达到现代企业制度的要求。现实生活中的家族制企业，产权关系不明晰的现象是极为普遍的，主要表现在以下三个方面：

(1)家族成员自然人之间产权界定不清。家族制企业在创业之初，一般都是几个兄弟姐妹或者父子共同创业，每个家族成员投入企业的资本金很少，只是几百或者几千元钱，其内部产权很少进行界定，造成初始投资主体不明确。

(2)增量资产部分产权在出资人之间不清晰。在家族制企业中，出资者往往又是企业经营者。在企业经营和发展中，不同出资人的职位、能力和贡献是不同的，而企业的增量资产(利润)却往往只按原有资本金存量的比例进行分割，很少有企业考虑不同出资人（管理者）人力资本的作用。

（3）家族企业与外界的产权界定不清。企业在开始创立时，为获得各种政策支持，家族企业挂靠国有或集体企业，成为“红帽子”企业。

3. 产权封闭、流转不畅

家族企业产权的封闭性是以牺牲其产权的社会性为代价的。家族独占股权，肥水不外流，既不愿外界来参股，也不打算走产权多元化的道路；有时尽管成立有限责任公司，股东在两个人以上，但是持有者或是妻子儿女，或是少数亲戚，董事会形同虚设。

4. 单一资本产权

当今多数家族企业是以“单一资本产权”为特征的产权制度，即“资本雇佣劳动”。货币资本是主动方，而“人力资本”处于一种被动的受支配的地位。所谓“人力资本”，不是指企业的所有人，主要是指企业的经理阶层和技术创新者。在经营过程中，家族企业往往忽视“人力资本”的作用，具体来说主要表现在两个方面：一是“人力资本”没有参与合理的利益分配，即在出资人管理者与非出资人管理者之间，出资人管理者可以享有剩余索取权（收益权），参与企业剩余的分配，而非出资人管理者只能享有劳动收入——工资，不能参与企业剩余的分配。二是“一元化”的产权关系，加之人才市场的信息不对称，使家族企业不敢把财产交予与其没有关系的人使用，在人事任免上强调血缘化。

5. 所有权和经营权两权合一

在大多数家族制企业中，家族企业主不仅是最大股东而且是企业主要经营者，企业财产所有权与经营权不分，重大经营方针和日常的经营管理事务都是由家族作出，企业的发展取决于企业主的自身人格魅力。宁波市甬商基地课题组2007年年底的调研显示，企业总经理主要来源于企业内部，也就是企业所有者，有70%的总经理是家族成员，30%是外部招聘。

三、当今宁波本土家族企业产权制度存在的主要问题及原因

（一）家族制企业产权制度存在的主要问题

1. 家族制企业产权高度集中在家族手中，形成一元化的产权结构，一股独大现象严重

一元化的产权结构和高度集中的决策机制，在家族企业创业初期曾极

大地促进了企业的发展。然而,一元化的产权结构也有其自身不可克服的缺陷,影响了企业规模的扩大。

(1)一元化的产权结构容易导致家族成员对企业的干预。这是因为单一产权结构的家族企业,往往把产权关系和血缘关系融为一体,以血缘关系来组建企业的内部管理,结果是企业摆脱不了家族血缘关系的干预,造成企业的经营困境。

(2)一元化的产权结构容易使家族企业的资金来源只是局限在家族范围之内,限制了企业所能筹集到资金的数量,不利于企业规模的扩大。产权的一元化,在客观上切断了人力资本与货币资本的联系,严重阻碍了两种资本的融合,在企业不断做大的时候甚至出现对立。从家族企业投资主体看,家族企业的投资主体通常只包括家族成员以及与家族有密切关系的亲友,这种以家族为中心构筑的小圈子无法提供企业进一步发展所需要的巨额资本,投资主体单一化与加快资本积累之间的矛盾呈现不断激化的趋势,企业无法实现规模经济。

2.家族企业产权不明晰,导致产权纠纷,甚至产权分割

这主要表现在以下两个方面:

(1)家族企业内部产权关系不清。家族企业创立之初,企业发展急需资金、人力资本、信息和技术,大多数家族的共同做法是,吸收家族成员进入企业。这一产权制度安排的合理性表现在,它能有效利用家族成员廉价的人力资本、较低的监督成本和低廉的融资成本来完成企业早期的资本积累。但很少或几乎没有任何一家企业在创立之初,对家族成员之间的产权进行界定,这就埋下了日后企业在家族成员、自然人之间产权不清的隐患。

随着家族企业规模的不断扩大,家族企业内部产权关系不清的弊端就会暴露出来。传统观念认为,家庭和家族是社会经济结构中最稳定、最具凝聚力的结构,但在市场经济条件下,家族成员间的亲缘关系也经受不住经济利益关系的冲击,家族成员间的忠诚也是可以被资产利益所侵蚀而出现叛逆的。近来,一些知名家族企业内部出现的父子成仇、夫妻反目、兄弟分家的现象充分说明:只要企业资产不在自然人之间界定清晰,其产权的排他性总是不严格的,而且伴随企业的发展,迟早会提出在单个成员之间界定产权的要求。这是“经济人”的本能,即使父子之间、夫妻之间、兄弟姐妹之间也难以逾越这种本能。如早期市场经济的弄潮儿“傻子瓜子”,最初红红火火,后来父子、兄弟各立门户,相互争夺相近商标,无序竞争,造成企

业四分五裂。这个结果主要是创业之初产权界定不清造成的。

(2)家族企业与外界产权关系不清。家族企业为获得国家或地方政府的各种政策支持,往往挂靠国有或集体单位,即成为“红帽子”企业。曾经有一段时间,全国各地的家族制企业在发展的过程中出现过“六假”现象。所谓“六假”,就是假国有、假集体、假合资、假校办、假知青、假残疾等。因为这样可以获得一定的利益,如政策上的优惠、可担保的贷款、减少各方摊派、获得良好的声誉和降低经营风险等。但“红帽子”使企业产权模糊,使产权成为人们争相获取的目标,造成法律纠纷,使企业陷入“产权官司”中,生产、经营受到严重影响。

3.家族企业财产所有权对企业法人所有权进行干预和控制

当今宁波的家族企业以有限责任公司和股份有限公司为主要形式,但在有的家族制企业中公司制仅仅是一种形式而已,家族企业并没有按规范的公司制来运作,没有健全的企业法人制度来保证企业以独立的法人资格存在。大多数的家族制企业,企业主个人投资占投资总额的一半以上,包括有限责任公司在内,即便有多位股东共同投资,企业主在企业中也是“一股独大”。

近几年,实行公司制的家族企业中,资本高度集聚的现象并没有明显的变化,也就是说,企业法人所有权深受家族所有权的干扰和控制。这主要表现在企业的经营管理方面,家族企业所有权高度集中在企业主手中,这为家族企业主干涉企业的经营管理提供了条件。企业主对企业经营管理的干预造成了企业法人所有权与个人或家族紧密联系,使企业的发展深受个人或家族的制约。

4.所有权与经营权高度统一于所有者手中,所有者直接参与经营决策,产权流转不畅

在大多数家族企业中,出资者和企业的经营管理者在自然人身上是统一为一体的,家族不仅是资本投入者,还是企业的经营管理者,产权链条极短,基本不存在或很少存在委托—代理关系。

在访谈中发现,一些中小企业所有权与管理权紧密结合,决策权和管理权高度集中在企业主手中,“董事长兼总经理”是最普遍的老板身份,家庭成员在企业中居要位,表现出深厚的家族控制特色。尽管有的企业初步建立了公司制的企业制度,有接近30%的企业董事长和总经理并非一肩挑。宁波市甬商基地课题组2007年年底的调研显示,企业在决策时,“董事

会共同决策”、“企业主和主要管理人员共同决策”的分别占52%和37%。但因为企业为家族所有，家族内地位高的人控制着这两个位置，所以其管理方式仍然是家族管理模式，如方太集团，父子俩一个任董事长，一个任总经理。家族企业对重要岗位的管理人员也大多从家庭、家族或亲戚朋友中挑选，强调“忠诚第一”，非家族成员很难进入企业的核心层。

（二）家族制企业产权制度存在问题的原因

1.“三缘”性特征，是家族企业产权制度存在问题的根源

家族企业的产权很不明晰，有相当部分的家族企业的资本在产权主体上带有强烈的血缘、亲缘、地缘特征，这正是导致其遭遇产权障碍的根源。

“血缘”，是指家族企业在创业初期的原始积累过程中，是以家庭血缘关系为基本纽带联结成为统一的创业积累主体，家庭成员共同成为企业资本的所有者。“亲缘”，是指家族企业的产权主体是以家庭亲缘关系为基础形成的，也就是说，是以若干个具有家属关系的家庭，或具有家属关系的个人联合为一体，共同成为企业的所有者。“地缘”，是指有些家族企业的创业，是在所谓“离土不离乡”、或“离乡不离地”的条件下进行的，也就是说，或者是由原来的农业中游离出来的资本，虽然转入非农产业，但仍未离开自然村落，仍未脱离本乡本镇，其产权主体是同宗、同乡。

这种“三缘”的产权有其局限性，这种局限性的根本在于产权本身的宗法性与市场经济的法权性之间的矛盾冲突。这种冲突主要表现在三个方面：

(1)“三缘”性的产权界定，本身就具有天然封闭性，从而极大地降低了家族制企业产权交易的社会广泛性，而市场经济恰恰要求在界定产权的基础上，不断提高产权市场的可交易的社会性。

(2)“三缘”产权的宗法性成为阻碍企业融资信誉和能力提升的重要因素。

(3)“三缘”产权是阻碍家族制企业建立现代企业制度的重要因素。

可见，家族企业的产权存在着严重的超经济性。只要企业的产权存在超经济性，在本质上就与市场经济的要求相冲突，而宗法规则支配下的家族企业产权就会出现上文分析过的一元化和封闭性倾向，并且引发个人财产权侵犯法人财产权。可以说，产权“三缘”性是家族企业存在问题的罪魁祸首。

2. 与家族企业产生时的国家政策有关

现在有很多“红帽子”企业已经摘掉了帽子，但“六假”现象还比较普遍。为什么家族制企业要用假国有、假集体的名义呢？

(1)家族制企业为了在政治上获得实惠。这与中国长期以来对“私有制”有着很深的偏见有关，因为不论什么形式的“私”都是历次运动挨整的对象，所以，家族制企业给自己找一顶“假国有”、“假集体”的帽子，在政治上寻租安全。国有、集体名义下的家族企业，比较灵活，可进可退。国家允许就可以继续搞下去，一旦政策有变，不允许搞了，家族企业则可以因为有“红帽子”而得以生存。

(2)家族制企业为了在经济上获得各种实惠。家族企业为享受在信贷、税收以及各种收费等方面的优惠，往往挂靠国有或集体单位。因为家族制企业刚产生时，我国在价格方面实行的是双轨制，即计划内价格和计划外价格。只有公有制企业可以享受计划内价格，而家族制企业是不能享受计划内价格的。但如果企业有了一个“国有”或“集体”的帽子，就可以得到相应的优惠。

(3)地方政府为了增加收入。地方政府愿意为家族制企业戴“红帽子”，是因为这些企业可以通过上交管理费的方式，将部分国家应收税款变为地方政府的计划外收入，由地方政府支配。

“六假”现象的后果是非常严重的，它造成了家族制企业产权不清，给国家和当事人造成了许多麻烦。许多企业在后来摘“帽子”的时候，出现了许多纠纷，限制了企业的发展，有的企业甚至被拖垮。

3. 出于节约交易费用的考虑

交易费用与产权是密切相关的，它是指在产权从一个经济主体向另一个主体转移过程中所需要花费的资源的成本。新制度经济学认为，产权是一种稀缺资源，界定产权本身是需要成本的。如果界定产权的成本大于界定产权后所得收益，产权就不会被完整地界定。

家族企业在创业之初，资本、技术、信息等资源都极其缺乏，靠用“自己人”或“熟人”来治理企业。这种治理方式能根据市场的需求快速调整价格、降低成本，同时也能有效节约代理、监督等交易费用。正如经济学家所言，家族企业在创业阶段最大的优势是企业内部资源成本最小化，特别是在产权制度方面，企业主一身二任，不存在委托—代理的问题，节约了代理与监督的成本。但是，家族企业主大多数时候是靠自己的感性认识和经验来决策的，这种非科学化的决策机制难保其在所有的决策上都能做到科学合理，而且随着企业经营范围的扩展，所有权与经营权不分的状况既造成所有者不堪管理重负，又容易导致决策失误，而且无法获得资本与管理分工带来的收益。

4.出于对家族制企业安全的担忧

特殊主义与普遍主义是美国著名学者帕森斯和希耳斯提出的一对概念。特殊主义是指根据行为对象的关系而认定对象及其行为的价值高低。特殊主义是有缺陷的，它的根本缺陷体现在两个方面：一是非原则性；二是封闭性。

家族企业主虽然知道血缘亲缘的特殊主义传承原则存在很大缺陷，但他们在选择接班人时，也只得作出“明知山有虎，偏向虎山行”的冒险抉择。这种家族内外有别的“特殊主义”排斥了社会优秀人才的加盟，用人唯亲导致企业人才渠道不畅，这主要是企业主出于对家族企业安全的担忧。因为目前我国法律、法规尚不健全，职业经理人市场还不完善，职业经理人对家族企业主的“不道德”、“背叛”大有人在。正如张维迎所说：“中国民营企业家摆脱家族制是非常困难的，这主要是由于我们的整体素质还不高，我们用一个人，先不管他有没有能力，首先要信得过他，也就是他要有职业道德，而目前中国的人才市场缺少的并不是企业家和老板，而是愿意为老板诚心诚意服务的有道德的职业经理人。”

在现阶段社会诚信体系还不健全的中国社会，企业主出于对职业经理人的防范心理，在考虑家族利益和安全的情况下，选择经营者时一般都遵照特殊主义原则，采取内部培养的方式，即选择自己的子女作为接班人。这就造成了产权结构的单一、封闭、流动性差，造成了所有权和经营权不分，造成了资产所有者和法人财产权不分。

四、当今宁波本土家族企业产权制度创新的基本思路与对策

在企业的各项制度安排中，产权制度是核心，企业产权制度是其他制度是否有效率的决定因素。宁波本土家族企业产权制度在一定程度上适应了本身初期发展的需要，如企业可以灵活决策以适应市场的变化，也可以充分利用家族成员廉价的人力资本和物质成本，同时减少委托—代理关系中存在的监督成本和代理风险等。但对于接近或已达到规模以上的企业，这种制度安排方式却无法实现现代产权制度安排中存在的诸多外部利

润，例如规模经济、管理分工等。随着企业规模的扩大，管理分工的要求将愈来愈强烈，家族制企业所无法实现的外部利润将愈大，进行产权制度创新，向现代产权制度演进的需求则愈强烈。而对于中小型的家族企业来说，伴随着企业的发展、市场的变化，企业产权制度创新则需要把握现代企业制度核心，探求适应自身发展的产权制度模式，李锦记在这方面作出了典范。

（一）企业产权制度创新的基本思路

对于接近或已达到规模以上的家族企业产权制度，伴随着时间推移和企业规模的扩大日益显现出不适应，其核心表现是企业产权不清晰、企业所有权与经营权高度集中等。因此，明晰产权，以实现产权多元化，建立现代企业制度，是当今宁波本土家族企业大力发展的必经之路。为了使家族企业产权制度能顺利走上并始终坚持正确的创新之路，创新主体和政府在这一过程中应发挥各自的作用。

1. 对家族制企业本身而言，产权制度创新的思路

（1）突破“家”观念的限制，树立企业永续发展的战略观念

首先，树立企业社会化的观念。企业的社会化，即企业的股权分属于不同的所有者，企业作为一个法人独立于家族。这不仅是促进企业和经济社会发展的要求，也是家族利益保持之所求。其次，突破子承父业的观念。子承父业未必是坏事，如果前提是子辈们的领导、管理能力不亚于父辈们。但如果前提不存在，那么父辈们就得为了企业的更好发展而转变观念，重新考虑接班人问题。

（2）调整家族企业产权结构，促进企业持续、健康发展

首先明确界定产权。随着家族企业规模、经营范围的不断扩大，家族企业对明晰产权的要求也就越来越强烈。产权界定虽然要付出巨大的成本，但毕竟对企业未来发展有着十分重大的意义。其次吸收其他股东入股，实现企业产权结构的多元化、社会化。这既是获得企业所需资金的条件，也是企业能够持续、健康发展的保证。在这一点上，四川新希望集团已经进行了尝试并取得了成功。

（3）加大“职业经理人”的引进力度，提高企业现代化管理水平

企业聘用了家族之外的管理者后，自然不可避免地会存在委托—代理成本问题，但这与提高家族企业管理水平而带来的经济利益相比，肯定是

利大于弊，更何况委托—代理成本能够通过投资者的监督和经营者参与剩余索取分配而得到一定程度的控制。

2. 从政府层面，促进企业产权制度创新的思路

“从人类经济结构的变迁分析，没有一个明智政府的积极促进，任何经济增长事实上都是不可能的。”因此，在家族企业产权制度创新中需要政府发挥积极作用。

(1)制定相应的政策和法律、法规降低家族企业制度创新的成本

一是建立比较公正和可以预见的司法体系，保护私有产权不受侵犯，严厉杜绝“乱收费、乱罚款和乱摊派”现象。二是针对部分大型家族企业的上市要求，制定和规范法律、法规。如党的十六届三中全会提出的要建立“归属清晰、权责明确、保护严格、流转顺畅”的现代产权制度，这就非常有利于保护私有财产权，促进非公有制经济发展。

(2)完善市场环境，为家族企业制度创新提供保障

一是完善职业经理人市场，规范职业经理人行为。要建立各方支持的大容量的职业经理人才信息库，以利于在更大范围内选拔人才；建立职业经理人才的市场工资制度，做好人才的薪酬调查和咨询工作；建立公正有效的仲裁机构，保证职业经理人市场各方的合法权益，提高市场供需双方的积极性。二是完善资本市场，提倡公平信贷。要建立多层次的资本市场，充分发挥资本市场的资源配置功能。银行信贷要以企业的效益为依据，大力拓展银行信贷间接融资的空间；建立企业融资担保基金，降低银行贷款的风险；拓展证券市场的直接融资空间。三是完善产权交易市场。要建立产权交易中心、产权交易事务所、产权交易服务部等场所；完善产权的定价机制，促进产权的流动。

(二)企业产权制度创新的基本对策

具体而言，家族企业产权制度创新可以从以下几个方面来进行。

1. 明晰内部产权

现代企业制度的核心是现代产权制度。现代产权制度的核心要求是产权清晰。所以，要对家族制企业产权制度进行创新，第一步就是要明晰产权。

首先，在家族企业内部明晰产权。不管是小型的，还是大中型的家族制企业都要划清家族成员之间的产权界限。在家族成员之间理顺产权关

系时可以依据以下原则:(1)能力和贡献原则。如果某个家族成员工作能力很强,过去又为企业作出了很大贡献,就应该多给他一些股份,对他的能力和贡献加以肯定。(2)效率和公平原则。在未来的家族企业经营中,如果没有某个家族成员情况会变得更糟,那么应该多给他一些股份,如设立技术股、管理股等;但还要坚持公平的原则,因为我国社会有“不患寡而患不均”的传统,所以股权差距不能过于悬殊,否则产权纠纷难以有效解决。

其次,划清家族企业与外部的产权界限。部分家族企业过去挂靠国有或集体企业时,由于既没有政策依据,也没有规章制度,再加上时间跨度大,牵涉问题多,所以应当慎重、客观、积极地对待“红帽子”现象。明确企业的性质是集体所有制还是私营经济,是界定企业产权的前提和关键。对假集体真私营的家族企业,要明确其私营的性质,还其本来面目。在处理“红帽子”现象过程中,需要政府有关部门在调查研究的基础上,出台一个符合当前实际的合理界定产权关系、有效解决产权纠纷的法规,使摘“红帽子”有章可循。

2. 调整和优化产权结构,实现产权社会化和分散化

按照经济学的一般规律来说,企业的产权结构分为两大类,即一元化产权结构和多元化产权结构。家族制企业的一元化产权结构中出资者只有一个,在现代市场经济条件下,不适合经济发展的要求,也许在企业成立之初能使企业获得发展,但是最终会给企业带来种种困惑。比如,一些较大规模的家族制企业,由于产权结构不合理,导致家族血缘关系的干预,造成了企业内部矛盾多发,影响了企业的发展。家族企业要想生存和发展,不能不走规模经济的道路。而要搞规模经济,首要的问题是资本问题。为了获得家族企业进一步发展所需的资金、降低企业风险、吸引外部优秀人才,家族企业应在明晰内部产权的基础上向公众化迈进,实现产权结构多元化。

从目前我国市场发育的条件来看,以下四种方式是家族企业实现产权多元化的有效途径:

(1)吸纳国有、集体和其他非公有制企业的资金入股,让它们加盟到企业股东的行列。

(2)通过与其他企业合资合作、合并、兼并等形式,或者与其他企业形成企业集团,实现资本社会化。

(3)将股权奖励给有突出贡献的员工,使人力资本制度化,调动他们的

主动性和积极性，全面打破家族产权“一股独大”的封闭结构。

(4)有条件和上规模的家族企业可以通过上市，引入社会公众投资，这也是实现产权多元化的一个重要方式。

随着企业的不断扩大，投资者面临着日益繁多和复杂的企业经营管理事务，往往显得力不从心，必然要求由专门从事企业经营管理的人才代替，即必须实行委托—代理制。

由于家族制企业的产权大部分是以“三缘”关系为纽带，创办者极易将企业作为家庭财产的延伸，为了全面控制而不愿分散其所有权。家族企业要么将企业发展置于家族利益之下失去发展机会，要么不怕牺牲家族的控制权而追求企业的成长，将商业利益放在首位。明智的企业主一定懂得追求企业成长目标的重要性，应该为企业的成长开辟道路。

3. 建立现代企业制度

家族企业的产权实现多元化以后，经营管理就应向现代企业制度转变，这样企业才能发展得更快。现代企业制度的基本形式是公司制，主要是有限责任公司和股份有限公司两种形式。

家族企业在向现代企业制度转变的过程中，部分中小型家族企业应参照《公司法》向有限责任公司转变。有限责任公司通过法律规定，确立公司独立的法人地位，即成为法人企业。公司成为法人，意味着公司财产能够从自然人财产中分离出来，并取得独立地位。但是，由于有限责任公司采取内部控股的方式进行资本联合，股东的数量较少，而且股权不能自由转让(只能在内部进行转让)，因此很难及时把风险转移出去，更难在社会范围内进行资本合作。一些发展态势好、规模较大的家族企业要进一步发展和扩张，在全社会范围内筹集资本时，有限责任公司就会成为一种障碍。这时，家族制企业就要向股份制企业(股份有限公司)转变。虽然，股份有限公司同样是实行有限责任和法人财产制度，但它采取了向全社会公开招股的方式，即通过证券市场发行股票筹集企业资本金。这种方式可以使家族制企业的资本联合真正扩大到全社会，家族制企业也因此变成真正的公众化公司。

与家族制企业产权制度相适应的治理结构也要改变，要采用现代公司治理结构的科学管理模式，实行董事会领导下的总经理负责制，形成股东大会、董事会、监事会和经理层各自独立而又相互制约的关系。企业主只任董事长，把经理的职能让位给专门从事管理工作的职业经理人。企业聘请的总经理向董事会负责,而不是对企业主或家族成员负责。对那些在企业发展初期有功但已不能适应企业发展的家族成员,可以支付其应得的利益使其离开岗位;而对那些有能力、讲信用、又有事业心和责任心的非家族成员给予充分的信任与授权。管理大师德鲁克曾说过:“家族企业要能生存和保持有效运作,在高层管理人员中,无论有多少家族成员,也无论他们多么出色,也至少要有一位非家族成员。”

4. 建立有效的激励与监督机制,做到所有权和经营权真正分离

真正实现家族制企业产权制度创新,还要解决好激励与监督问题,否则股份制只能是有其形无其实,产权问题仍然没有解决。

企业所有权与经营权合二为一,在家族企业发展初期具有很多优势,但当企业发展到一定规模之后,两权合一的形式就会产生许多弊端。如果股份制公司的主要股东出任总经理的话,就会形成新的“一股独大”,就等于两权没有分离;如果把企业的经营权剥离,让职业经理人出任总经理,在董事会与总经理之间必然存在着委托—代理关系。由于信息不对称,可能出现代理人侵犯委托人利益的“机会主义行为”。因此,无论什么人当总经理,要使产权的明晰带来效率,要使股份制企业有效运行,就需要一套切实可行的激励与监督机制。

激励机制的核心是责、权、利的统一。在这个共同原则之下,不同的企业可以有不同的做法,但激励与监督机制是一套人人必须遵守的制度,也是企业内部活动的游戏规则。如正泰集团设立“岗位激励股”,就是对人才激励机制的革新。企业健康发展的关键不仅仅在于建立现代企业制度,由老板一人说了算的企业,即使实行了股份制,也是“一股独大”,也是做不好的。

总之,在新的时代背景下,家族企业要想跳出“其兴也勃,其亡也忽”的循环周期,要想真正做大、做优、做强、做长,必须要有自我否定和自我超越的勇气。要以战略眼光、机遇意识、开放理念认识产权制度创新的必要性,克服家族企业的短期行为。不论是新建的家族企业,还是发展到一定规模、进入到一定生命周期的家族制企业,都必须突破家族制产权制度的束缚,以家族资本去有效融合社会资本,与非家族成员共享企业的资产所有权、剩余索取权和经营控制权,完成从家族制企业向现代企业制度的切实变革。

前述的研究分析更多是家族企业发展到某生命周期阶段或达到规模

以上的企业产权制度创新思路与策略，而事实上，针对宁波当今本土家族企业的现状，规模以下的家族企业仍大量存在。这迫使我们在研究前瞻问题的同时，必须考虑到现实的存在，并以超于现实的理念引导人们既要务实，又要创新。因此，对于短时期难以实现从家族制企业向现代企业制度变革的家族企业，应以现代企业制度为理念，探求适应本身发展的企业产权制度。对此，香港的李锦记集团的有关做法给我们以启发。

（三）企业产权制度创新的典型案例——李锦记

香港李锦记集团是亚洲地区一家历经四代经营的华人家族企业。李锦记集团由李锦裳先生创建于 1888 年，其间历经李锦裳、李兆南、李文达、李惠民兄弟等四代，迄今已有 117 年的历史。中国企业联合会研究室副主任、中企联家族企业研究课题组成员胡迟认为，了解李锦记的管理经验，对内地的家族企业有着一些深刻的启示。

1. 扬长避短的封闭式股权结构

对任何类型的企业而言，股权安排都是产权制度中最关键的部分。从世界各国家族企业的经营实践看，家族企业的股权安排一般有两种形式：封闭式结构与开放式结构。所谓“封闭式股权结构”就是企业的股权只掌握在有限的家族成员手中，或者只在这些家族成员之间流转。按照目前占主导地位的观点，家族成员拥有的股权比例很高虽然有利于把企业控制在自家人手中，但却不利于调动企业内部其他骨干人员的积极性，也不利于建立企业内部的制衡机制，最终制约企业的进一步成长。从世界范围看，家族成员完全控股的事例是较少的，比如美国的沃尔玛，在 20 世纪 70 年代股票上市时，家族控制 77％的股权，另外 23％则成为公众股。目前，其家族的股份已经降至 38％。

但从李锦记集团的现状而言，它之所以能够在最近 20 年获得飞速成长，又恰恰得益于其选择了完全封闭式股权结构，即企业的股权完全掌控在主要家族成员——李锦记集团主席李文达、李惠民（长子）、李惠雄（次子）、李惠中（三子）和李惠森（四子）手中。

“应该说，封闭式结构与开放式结构没有绝对的优劣之分，每一种结构都有其优势和不足。”胡迟说，“一个企业究竟采取哪种股权结构完全取决于企业的发展阶段以及家族内部与外部的人力资源状况。”胡迟认为，李锦记集团之所以选择这种封闭式股权结构，是由其独有的条件决定的：企业在代际传承中没有外传，股份一直保持在家族成员手上，而家族内部也的确具有强大的人力资源来支持这种结构。例如第四代"李锦记"传人共有五人：四个儿子和一个女儿，四个儿子从美国大学毕业后全部返回香港，现今全部任职于"李锦记"集团。不像有的家族企业，后代成员中要么缺乏可以继承事业的人才，要么选择了经营传统企业以外的事业。

2. 家族委员会：制度化管理的保证

从家族企业的经营实践看，管理成本低无疑是家族企业一大优势。但家族与企业的相混合有时也会造成管理者行为的模糊性，由此带来管理上的困难。"一个经常列举的例子是，家族成员动用了企业的资金，而他则认为所用的就是自己的钱。那么如何给这类事件定性呢？这件事还要不要处理呢？"胡迟认为，虽然家族企业中企业与家庭是高度重叠的，但企业与家庭毕竟还是两个概念，家族企业管理中的一大问题就是必须严格地把企业事务与家族事务相分离，否则这个因素就会影响企业的良性成长。

李锦记的应对方法是，除了在企业经营的实践中不断总结，通过建立各种规章制度来使企业内部的日常运营活动正规化外，还特别在组织机构上，设置了一个独立于通常董事会—经理层—职能部门外的家族委员会。这个委员会是李锦记集团最重要的决策机构。它由以集团主席李文达为首的几乎所有家族成员组成，共计 26 个成员，其中有 7 个核心成员。这是一个四世同堂的组织，许多家族成员没有股份，但也是家族委员会的成员，而家族委员会中掌握企业股份的成员为核心成员。这个家族委员会由家族办公室和家族基金组成，是家族做重大决策的委员会。它领导李锦记集团，并凌驾于企业董事会之上。家族委员会由其核心成员组织各种有助于家族成员团结的活动，每三个月开一次会，每次会议持续四天。

在家族委员会上，成员之间不谈经营，主要讨论家族"宪法"、家族价值观，以及第三、第四代甚至是第五代的培训，通过这些将家族的价值观念传给下一代，提高家族成员共同的价值观，并且向年轻一辈的家族成员解释家族创始人采用某种治理结构的原因。

家族委员会与董事会虽然人员上是重叠的，但机构却是分开设置的。有关企业发展的重大事项，如组织、战略计划、员工雇佣、股权转让、红利分配政策等问题都是在董事会上讨论并作出正式的决定，有关家族的事务是不到董事会上讨论的。

通过家族委员会的设立有效地把企业事务与家族事务相分离，把由同一人承担的家族成员、股东、董事和管理层的不同角色有效分开。这样既保证了家族对企业的控制力与影响力，体现了家族企业的特色，又在组织上规范了企业的活动，避免了家族企业常犯的干扰企业经营活动的弊病。

从世界范围看，家族企业设立家族委员会并不是李锦记集团的首创，目前也不止李锦记集团一家在采用，但李锦记集团却成功利用了这种形式来对企业实施有效的制度化管理。

李锦记家族四子李惠森在回答有关李锦记集团经营成功的秘诀时，第一点就提到了李锦记集团的家族委员会，由此可见家族委员会在李锦记集团中举足轻重的作用。

3.启示

(1)只要适应企业发展的产权制度就是合理的

李锦记的封闭式股权结构充分利用了家族企业固有的家企合一的特征，股份没有外流，避免了许多企业中存在的“委托—代理”问题，在企业发展中具有较强的信任度和亲和力、极低的交易成本、决策程序快等明显的竞争优势。但李锦记集团似乎也意识到了任何制度安排都不可能是完美无缺的，他们一方面最大限度地利用封闭式股权结构的优点来推进企业成长，同时又采用其他手段来避免经营中可能出现的风险。例如，作为一家非上市的私营公司，李锦记于 2003 年 8 月委任香港著名执业会计师方正为公司的首位非执行董事。

胡迟认为，虽然现行的封闭式股权结构的确促进了企业在这个时期的大发展，但它却有其阶段的特殊性。从长远看，当李锦记传承到第五代时，由于其子女数目远远大于第四代的人数，因此，其股权在家族内部就更加分散了。这些子女中有些人就有可能对经营企业不感兴趣，也有可能由于本人的知识、智力结构的原因而不适合经营企业。那么，对李锦记而言，是如第四代那样，继续选择在家族成员内部集中股份，还是为了吸引精英人才而将股份扩散到家族成员之外呢？这应是值得李锦记认真考虑的问题。

(2)封闭式股权结构并不意味着股权模糊

由李锦记的案例看出，企业的股权完全掌控在主要家族成员——李锦记集团主席李文达、李惠民(长子)、李惠雄(次子)、李惠中(三子)和李惠森(四子)手中，股权的设置是明晰的。这便给予我们的家族企业一个强烈的信息：股权安排是产权制度中最关键的部分，不论企业处于生命周期的哪个阶段，产权明晰是根本。

(3)李锦记的家族委员会不仅仅是制度化管理的保证

由家族委员会的成员组成(共计26个成员,其中7个核心成员,是一个四世同堂的组织),以及家族委员会的会议内容(成员之间不谈经营,主要讨论家族"宪法"、家族价值观,以及第三、第四代甚至是第五代的培训)看出,李锦记的家族委员会还为培养企业的家族接班人提供了组织保障和教育基础。这极大限度地避免了家族内下一代对上一代经营企业的不理解、不认同,进而导致企业规避继承危机问题。

第二节　当今宁波本土家族企业治理结构现状

一、当今宁波本土家族企业治理结构特征

基于宁波市工商联2009年的有关调查数据显示,当今宁波本土家族企业治理结构既有顺应现代企业制度的特点,也有鲜明的弱项。这主要体现在以下方面。

(一)董事会和监事会的设置情况

当今宁波本土家族企业中,设立董事会、监事会的企业占半数以上,有五分之一的企业引入了独立董事,比例虽然不高,但这是宁波家族企业进行的有益探索,符合公司治理结构的发展趋势。

(二)所有权与控制权分离情况

在当今宁波本土家族企业中,有近三分之一的总经理是外部招聘的,近三分之二的总经理是内部选拔的,在内部选拔的总经理中有一部分不是股东,不拥有企业的所有权;董事长兼任总经理的有三分之一。可见,宁波民营企业的所有权与控制权有了一定程度的分离,这符合宁波民营企业现代化、集团化、国际化的发展趋势。

(三)治理结构的成员构成

在设有董事会、监事会的企业中,董事会和监事会成员人数仅限于个位数,董事有四分之三来自本企业内部,而监事有五分之一。这表明宁波

民营企业的董事会、监事会的结构不合理，平均规模小，独立董事的引进尚处于起步和探索阶段，进而使董事会、监事会功能的发挥大打折扣。

（四）决策方式

根据调查结果看，企业的民主决策与本身规模的大小紧密相关，企业规模越大，民主决策的比重就越高；经营者在决策时考虑的第一因素强调的是“企业利益”，而非“家族利益”。这说明绝大部分宁波家族企业的决策是理性的、科学的。

（五）决策层的素质

企业决策的科学性、合理性与决策者的素质紧密相关，而决策者的素质主要体现在学历职称和年龄上。首先学历职称是能表现体现一个人素质的指标，决策能力的高低直接与决策者的文化水平和职称紧密相连。根据调查资料显示，宁波家族企业决策层整体素质比较高，特别是董事长和总经理，经理层的学历也比较高，具有本科及以上学历的经理已成为主体。但是，监事会成员的素质较低，这也是其监督职能难以发挥的根源。其次在年龄上，董事的知识、经验在某种程度上是与年龄同向增长的，但是，年龄过大会影响决策的质量。宁波本土家族企业的经营者有接近三分之二是30～50岁的年富力强的中青年。经理层面临的工作多、压力大，特别是对创新有更高要求，在此年龄段的比例胜任值最高。这表明宁波家族企业决策层成员的年龄分布有助于企业决策的科学性与合理性。

二、当今宁波本土家族企业治理结构影响因素的实证分析

本书基于宁波本土家族企业治理结构特征分析，在考察家族企业治理结构模式相关理论的基础上，认为企业应明确治理结构的内在机理，进而优化本身的企业治理结构模式。为此，本书在宁波市企业家协会的大力支持下，开展了家族企业治理结构模式影响因素的调查分析。

（一）家族企业治理结构模式影响因素的理论认识

1. 家族企业治理模式的类型

家族企业治理模式可以划分为三种类型，它们从低级到高级依次为：传统家族企业治理模式、混合家族企业治理模式和现代家族企业治理模

式。其划分的依据:一是企业管理的制度化程度,即企业是“人治”还是“法治”;二是企业控制权从企业主及其家族成员手中向非家族的外来经理人员转移的程度;三是家族拥有企业股权的状况。

(1)传统家族企业治理模式

它是指企业管理的制度化程度较低,而且职业经理人没有作为主要经营者参与企业经营管理的一种家族企业治理模式。它体现出如下三个基本特征:①企业管理的制度化程度低,基本上处于“人治”的阶段。②家族成员掌握企业的主要经营权,即家族成员占据总经理、副总经理等主要高层管理职位。③企业决策家长化。这种模式具有治理成本低廉、企业的凝聚力强、稳定程度高、权力集中、决策迅速的优势;同时也面临“人才荒”、经营、决策的风险。该模式所要解决的核心问题除家族和企业的关系外,还有董事长、总经理或企业主与中下级经理人员的委托—代理问题。

(2)混合家族企业治理模式

它是指企业管理介于“人治”与“法治”之间,职业经理人和家族成员共同分享家族企业经营权的一种家族企业治理模式。该模式体现出如下两个基本特征:①企业管理处于由“人治”向“法治”的过渡,一方面按现代企业制度的要求建立了规范的制度,但另一方面制度的执行不规范。②实行折中治理,由职业经理人和家族成员共同分享总经理、副总经理等高层管理职位,家族成员占有不少于一半的高层职位。这一模式的优势就在于充分发挥家族的长处和职业经理人的长处,把家族优势和职业经理人的优势相结合了。其劣势就是存在如何处理好家族成员经理和职业经理人之间的关系,充分调动二者积极性的问题。混合家族企业治理模式所要解决的核心问题除家族和企业的关系外,还有股东会与董事会之间、董事会与总经理及高层经理之间的委托—代理问题。

(3)现代家族企业治理模式

它是指企业基本建立了现代企业制度,而且主要由外来的职业经理人掌握家族企业经营权的一种家族企业治理模式。它结合了传统家族企业制度形式和现代企业制度形式两者的优势(见图3-1)。

现代家族治理模式具有如下几个基本特征:①企业严格按照现代企业制度的要求运作。②企业股权相对分散。③具有合理的企业治理结构。它建立了相应的监督机制、激励机制和约束机制,一方面改变了家长制管理,企业决策由个人决策转向组织决策,使决策更具有合理性;另一方面加

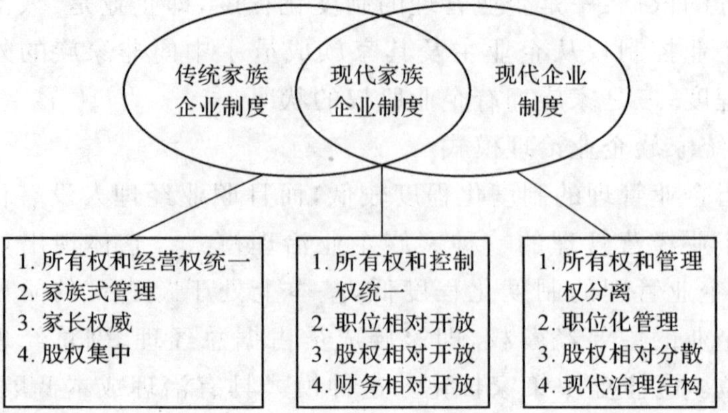

图 3-1 现代家族企业制度

强了对企业主和经理人的制衡和监督，杜绝了企业经营管理中的随意性。另外，还有效地激励了经营层，打破了家族企业信息完全保密的格局。④引入了外部管理人员，且家族在掌握所有权和控制权的情况下，做到了所有权与经营权的分离。

现代家族企业治理模式的最大优势就是充分利用了家族外的管理资源，把家族掌控所有权的优势与职业经理人的管理优势完美地结合了起来。其劣势是如何激励约束外来的职业经理人，减少由于采用外部职业经理人员所产生的委托—代理成本，以及如何确保家族优势的发挥。该模式所要解决的核心问题除家族和企业的关系外，还有股东会与董事会之间、董事会与总经理及高层经理之间的委托—代理问题。

2. 家族企业治理模式的影响因素

德姆塞茨(1983)认为，企业的所有权结构应当根据以下条件来建立：劳动力、生产规模、企业所有者潜在的经营能力。中国学者对此也进行了有益的探讨，张维迎(2000)认为公司治理结构与个人经营能力、资产和风险态度有关，杨晓维(2000)提出企业所有权的安排最终依存于生产的技术条件和市场环境。结合当今企业的转型升级，以及家族企业治理模式的现实情况，我们尝试提出这样一个理论假设：对于家族企业而言，假定最优企业治理模式为 y，家族企业治理模式选择的几个影响因素是：企业所处的发展阶段为 a，企业所面临的产业技术特点为 b，业主经营能力和学习能力为 c，家族人才的储备和供应为 d，外部人才供给状况为 e，则得到这样一个函数 $y=f(a,b,c,d,e)$，见图 3-2。

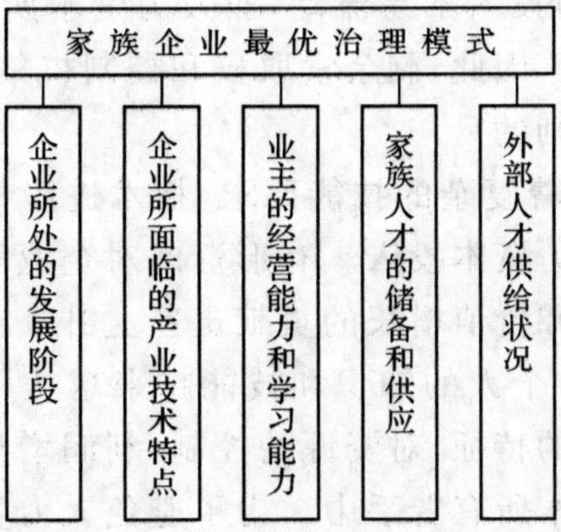

图 3-2　家族企业治理模式影响因素

(1)企业所处的发展阶段

企业的成长表现为一个包括创业、早期成长、高速成长到成熟等发展阶段循序渐进的有机发展过程。在企业成长的不同阶段，要求有不同的企业治理模式与之相匹配。当家族企业处于创业期时，这时企业的规模较小，采用家族制治理模式，企业的绩效能够提升，表现为图 3-3 中的 CP。而当企业规模跨过 B 点继续扩大时，采用传统的家族制治理模式就可能会影响家族企业的绩效，即图 3-3 中的 PD。这时企业就面临治理模式的选择问题。

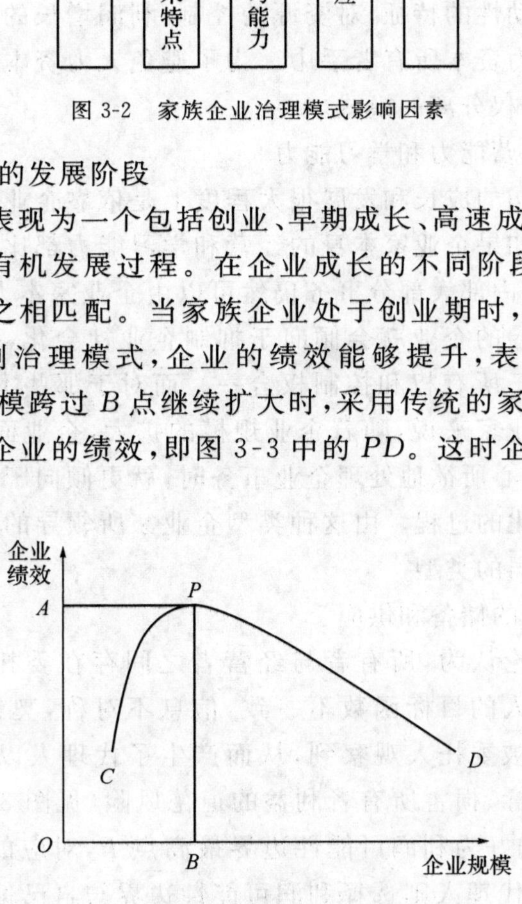

图 3-3　企业规模与绩效

(2)产业技术特点

在低技术和中技术产业中，技术壁垒低，劳动力成本往往是主要成本，企业的竞争优势来自于对资源的利用和成本的控制，非人力资本相对于人力资本而言更为稀缺。由于劳动力市场的逐渐成熟，劳动力的流动性和可替代性增大，而资本的投入不易流动，非人力资本所有者承担着比人力资本所有者更大的风险。因此，剩余索取权和控制权集中在出资人手中是符合企业所有权分配原则的。

但高技术产业有着复杂的技能要求，技术进步日新月异，技术创新者需要持续增加自身人力资本投入。有形资产对企业利润的贡献相对下降，无形资产对企业发展和价值增长的贡献迅速上升。在这类企业中，由于技术的专业化程度加深，个人的知识和技能越来越从属于团队的协作，人力资本呈现出非流动性的特征，对资源的控制、利润增长的贡献、经营活动的风险都集中于人力资本所有者手中。为了避免人力资本的流失，减少经营风险，最好选用两权分离的模式。

(3)业主的经营能力和学习能力

家族企业最初的成长和发展很大程度上是依靠企业家本人的勇气、执著和创业精神。如果企业家本身的经营和学习能力都比较强，伴随着企业规模的扩大，企业内部大部分事务仍然可以由企业家本人来处理。由这种类型企业家所领导的企业就会倾向于抑制企业社会化，排斥外人，其治理模式更可能偏向于所有权和控制权合一。而对于那些本身经营能力和学习能力不强的企业家来说，随着企业规模的扩大，企业面临的外部环境日渐复杂，不能够随心所欲地处理企业事务时，就更倾向于聘请职业经理人，并加速企业社会化的过程。由这种类型企业家所领导的企业，其治理模式就倾向于公众公司的类型。

(4)家族人才的储备和供应

现代企业理论认为，所有者与经营者之间存在委托—代理关系。由于代理人与委托人的目标函数不一致，信息不对称，契约不完备，代理人的行动不能直接被委托人观察到，从而产生了代理人以个人目标代替股东利润最大化目标、损害所有者利益的道德风险(见图 3-4)。委托人追求利润最大化，其偏好为利润可能性边界最高点 P，对应的产量为 Q_0，对应的利润为 OA；但代理人则选择利润可能性边界与自己偏好的无差异曲线相切的点 R，产量为 Q_1，利润为 OC。AC 为代理成本，即委托人由于代理人道德风险而必须放弃的利润损失。委托人可以利用各种利润分配计划、股票选择以及公司治理机制的优化引导代理人的运作向 P 点靠拢，如可以使代理人偏好曲线与利润可能性边界交于 K 点，从而使代理成本由原来的 AC 变为 AB，但由于道德风险的存在与目标上的冲突，代理成本永远不可能为0。

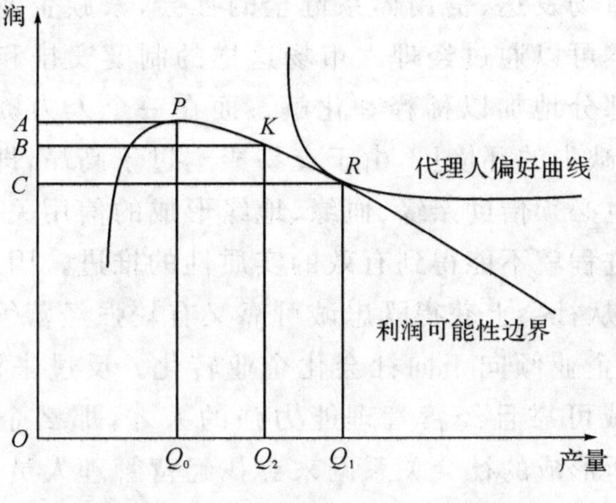

图3-4 委托—代理关系与道德风险

雇用家族内部成员则可以有效解决现代企业理论中的委托—代理问题，在一定程度上克服了信息不对称及机会主义行为，使传统委托—代理关系下的道德风险大大降低。因此，对于某特定的家族企业而言，当家族内部人才储备充裕，企业能够很容易得到适合企业发展的优秀人才时，家族企业倾向于雇用家族内部成员，这样就阻止了企业的社会化进程，使企业停留在传统家族企业治理阶段。对于那些家族内部人才储备不足的家族企业，由于不能从家族内部获得适合企业发展的人才，为了谋求企业的进一步发展，不得不雇用外部职业经理人。随着企业规模的进一步扩大，职业经理人数的增加，企业的所有权和经营权慢慢开始分化，即企业主掌握着企业的所有权，而经理人员逐渐控制企业的经营权，家族企业就开始向社会化企业转化。

因此，人才济济的家族企业可以发展成巨型跨国家族制企业，如香港李嘉诚家族的长江实业集团，父亲李嘉诚是足智多谋、精力充沛的"恺撒式"管理专家，儿子均是留学海外的高才勇将，因此长江实业发展成为全球性家族企业仍兴盛不衰。

(5)外部人才供给状况

家族企业治理模式变迁的过程中离不开要素市场的作用，而在所有的生产要素中，人的因素是第一位的。张维迎指出："职业经理人的职业道德对企业的扩张十分重要。如果没有职业道德，对所有者缺乏忠诚，就不会有资本家信任他们，那企业只能是一个家族企业。"由此说，职业经理人市场发育的成熟程度决定家族企业治理模式选择和变迁的成本和风险。在一个人力资本市场发达、信用体系健全的社会，家族企业向社会开放产权的相关交易成本可以通过经理人市场这样的制度安排和讲求“诚信”的社会文化环境来部分地加以稀释和化解。而在一个人力资本市场发育程度不高、信用体系缺失的环境里，由于交易成本过于高昂，即使企业内部最基本的职能分工也必须借助亲缘、血缘、地缘形成的信用关系网来维持，家族企业的社会化进程就不能得到有效的实质性的推进。因此，对于家族企业而言，如果能够从社会上获得既忠诚可靠又有较强经营管理能力的职业经理人，那么家族企业倾向于向社会化企业转化。反过来说，如果企业不能从外部获得忠诚可靠且经营管理能力强的人才，那么企业只能通过由亲缘、血缘、地缘所形成的社会关系网来寻找经营管理人员，可以选择的范围大大缩小，企业进一步发展就会受到限制，从而仍然会保留传统家族制的治理模式。

(二)调查分析

1. 研究设计

(1)问卷的设计

本调查问卷是针对家族企业主设计的，问卷内容分为两大部分：第一部分按照上述分析的影响家族企业治理模式的五大因素而设计，总共包括25个小题。其中描述企业所处的发展阶段的问题有5个，描述企业的产业技术特点的问题有4个，描述业主经营能力和学习能力的问题有4个，描述家族人才的储备和供应的问题有7个，描述外部人才供给状况的问题有5个。第二部分描述的是家族企业内部制度建设，这部分总共有8个问题。研究方法上，通过使用SPSS11.5软件对回收问卷进行分析，验证假设，其中包括效度分析、信度检验、因子分析、相关性分析、多元线性回归分析等分析方法，进而得出分析结论。

(2)研究对象和样本情况

本书的目的是调查家族企业治理模式选择的影响因素，根据本书的特点，调查对象限定为家族企业的企业主。本书的样本取自宁波市的家族企业，共发放问卷100份，回收85份，其中有效问卷74份，有效问卷回收率为74%。问卷的发放渠道是在宁波市企业家协会的大力帮助下，将问卷直接邮寄给各家族企业主，因而回收的问卷具有较高的可信度。研究样本涵盖机电制造、纺织服装、商贸服务、房地产及建筑等行业的家族企业。被调查企业以及企业主的基本情况见表 3-1 和表 3-2。

表 3-1　企业背景

企业背景		问卷数	百分比
创办年数	5 年以下	0	0
	5～10 年	22	29.7%
	10～20 年	40	54.1%
	20 年以上	12	16.2%
小　计		74	100%
企业所属行业	机电制造	19	25.6%
	纺织服装	13	17.6%
	商贸服务	28	37.8%
	房地产	5	6.8%
	建筑	9	12.2%
小　计		74	100%
企业规模	500 万以下	6	8.1%
	500 万～1000 万	10	13.5%
	1000 万～5000 万	17	23.0%
	5000 万以上	41	55.4%
小　计		74	100%

表 3-2　企业主个人情况

企业主个人情况		问卷数	百分比
年　龄	30 岁以下	0	0
	30～45 岁	43	58.1%
	46～60 岁	31	41.9%
	60 岁以上	0	0
小　计		74	100%

续表

企业背景		问卷数	百分比
文化程度	初中及初中以下	0	0
	高　中	27	36.5%
	大　学	38	51.3%
	研究生及以上	9	12.2%
小　计		74	100%

2. 问卷的信度检验和因子分析

(1)问卷的信度检验

信度的高低是评价问卷质量的重要指标。所谓信度是指对同一事物进行重复测量时,所得结果的一致性程度。这反映了测量工具的稳定性和可靠性,一般用信度系数评价,即将两种测量结果的相关系数作为信度系数。信度可以分成两类,内在信度是指在调查表中的一组问题是否测量的是同一个概念,也就是这些问题之间的内在一致性如何。如果内在信度系数在0.8以上,则可以认为调查表具有较高的内在一致性。外在信度是指在不同时间进行测量时调查表结果的一致性,即用同一问卷在不同时间对同一对象进行重复测量,然后计算一致程度。

根据多数学者的观点,任何测验或量表的信度系数如果在0.9以上,则该测验或量表的信度效果甚佳;信度系数在0.8以上是可接受的;如果介于0.7~0.8区间,则该量表应进行修订,但仍不失其价值;若低于0.7,则需要重新设计。

本书运用SPSS11,5软件对问卷的信度进行检验,首先检验了各个因素的信度,而后对问卷的总体信度进行检验。检验结果见表3-3,各因素的信度系数分别是0.7592、0.8173、0.8530、0.8080、0.8493、0.8958,总体的信度系数是0.8551。因此,说明研究中采用的问卷是可靠的,可以对收集到的数据进行分析。

表3-3　问卷的信度分析

项　目	Reliabilities Coefficients		
	N of Cases	N of Items	Alpha
企业所处的发展阶段的信度检验	74	5	0.7592
企业的产业技术特点的信度检验	74	4	0.8173

续表

项　目	Reliabilities Coefficients		
	N of Cases	N of Items	Alpha
企业主经营能力和学习能力的信度检验	74	4	0.8530
家族人才的储备和供应的信度检验	74	7	0.8080
外部人才供给状况的信度检验	74	5	0.8493
家族企业内部制度建设的信度检验	74	8	0.8958
问卷总体的信度检验	74	33	0.8551

(2)因子分析

因子分析是最为常用的数据简化的方法,用于考察多个定量变量的内在结构,或者是提取数据的主要信息。因子分析中各变量间必须有相关性,否则,各变量间没有共享信息,就没有公因子需要提取。因此,首先使用 KMO 统计量和 Bartlett's 球形检验加以判断。

KMO 统计量:用于探查变量间的偏相关性,它比较的是各变量间的简单相关和偏相关的大小,取值范围在 0～1 之间。若 KMO 统计量接近 1,做因子分析的效果好。一般认为,当 KMO 值大于 0.9 时效果最佳;0.7 以上时效果尚可;0.6 时效果较差;0.5 以下时,不适宜作因子分析。

Bartlett's 球形检验:该检验用于检验相关阵是否是单位阵,即各变量是否各自独立。如果结论为不拒绝该假设,则说明这些变量可能各自独立提供一些信息,它们之间没有什么联系。

①对家族企业治理模式影响因素分问卷的因子分析

采取因子分析和方差极大正交旋转法对家族企业治理模式影响因素分问卷作因子分析,经计算 KMO＝0.835,适合作因子分析,具体结果见表 3-4(参考本章附件)。

表 3-4　对家族企业治理模式影响因素分问卷的因子分析结果

项目内容	因子数				
	1	2	3	4	5
2. 您的文化程度	−.005	−.321	.218	.079	.367
3. 企业创立的年数	.044	.153	−.162	.644	.061
4. 企业固定资产总值	−.198	−.373	−.224	−.366	−.286

续表

项目内容	因子数				
	1	2	3	4	5
5.您公司销售增长率是多少	—.105	—.122	.556	—.155	—.308
6.企业所在行业的竞争状况	.339	.101	—.166	.192	.492
7.您估计竞争压力将会	.461	.054	.074	.485	—.364
8.企业所属行业	.109	.130	.754	—.036	.092
9.企业在生产过程中投入的主要生产要素是	—.409	—.293	.087	.280	—.471
10.企业每年研发新产品的投入占当年产值的	—.460	—.220	.052	—.241	.006
11.您在日常经营过程中是否认识到有补充知识的必要	—.171	.861	.344	—.035	.001
12.如果有时间和机会的话您是否会参加学习	—.171	.861	.344	—.035	.001
13.对于日常生产经营您能否应付自如	—.126	.527	—.397	—.170	—.174
14.家族成员比外人更值得信赖	—.133	—.120	.507	.254	.347
15.家族成员比外人更具有牺牲精神	.033	—.459	.302	.066	.165
16.家族成员适合到企业任职的多不多	.813	—.175	.074	.060	—.056
17.家族成员是否愿意到您的企业任职	.667	.058	—.034	.215	—.034
18.家族成员在自己企业是否称职	.842	.184	—.020	.038	—.143
19.家族成员积极参与企业经营，像团队一样工作	.791	.022	.204	.051	—.082
20.您是否有培养家族成员担任企业高级管理人员的计划	.732	—.204	.296	—.402	.059
21.聘用外部管理人员前后企业的经营状况变得	—.089	.042	—.136	—.329	.687
22.你对聘用的管理人员的表现是否满意	.634	—.008	—.207	—.521	—.017
23.从外部聘请的管理人员能否胜任企业的管理工作	.411	.323	—.204	—.314	—.044
24.您对外聘管理人员最大的担心是什么	.124	.029	—.402	.482	.243

由上表可知,家族企业治理模式影响因素问卷在删除了荷重系数小于0.3的第1个项目后最终得到五个因子。其中项目14到项目20等7个项目为一个因子解释了19.280%的变异,其主要是家族人才的储备和供应。项目11到项目13等3个项目为一个因子,解释了11.505%的变异,其主要涉及企业主经营能力和学习能力。项目8到项目10的3个项目为一个因子解释了9.503%的变异,其主要涉及企业的产业技术特点。项目4到项目7为一个因子,解释了8.762%的变异,其主要是企业所处的发展阶段。项目21到项目24为一个因子,解释了7.244%的变异,反映了外部人才供给状况。

②对家族企业内部制度建设分问卷的因子分析

同样采取因子分析和方差极大正交旋转的方法对家族企业内部制度建设的8个项目进行因素分析,经计算KMO=0.748,适合作因子分析。

表3-5 对家族企业内部制度建设分问卷的因子分析结果

项目内容	因子数	
	1	2
26.您有没有聘用外人担任高级管理人员	—.178	—.632
27.高级管理人员主要通过何种途径获得	.621	.477
28.如果没有的话您是否会聘用	.140	—.121
29.您是否愿意把企业的机密与非家族成员共享	—.267	.639
30.您是否会把企业的主要管理权下放给外聘管理人员	—.495	.731
31.在招聘外部管理人员时您更看重什么	—.698	—.018
32.您能信任外聘管理人员并对他的工作给予充分的支持吗	.140	—.121
33.目前企业里的主要管理人员以外聘为主还是家族企业内部为主	.767	—.188

对家族企业内部制度建设分问卷的因子分析得到特征值大于1的四个因子,删除因子项目数小于两的项目,最终得到2个因子,共解释了43.530%的差异。其中项目27到项目33(不包括29、30)的4个项目为一个因子,主要是对家族企业聘任外部管理人员情况的描述,解释了23.092%的差异。项目29到项目30的两个项目为一个因子,解释了20.438%的变异,主要反映了企业主对外聘管理人员的信任程度。

③对家族企业内部制度建设影响因素的因子分析

对影响因素进行因子分析，从每个因素中提取出解释力强的变量，从而减少分析的变量数。

对企业所处的发展阶段进行 KMO 统计量检验，可得 KMO 值为 0.444，效果比较好，Bartlett's 球形检验的相伴概率为 0.000，适合作因子分析。前两个主成分总体变量的解释程度为 55.936%。因此，从这五个问题中只要提取两个主成分就可以了，这里选用解释力最强的项目 6 和项目 7。

对企业的产业技术特点的 KMO 统计量检验，可得 KMO 值为 0.530，效果较好，Bartlett's 球形检验的相伴概率为 0.000，适合作因子分析。第一个主成分总体变量的解释程度为 60.445%。因此，从这四个问题中只要提取一个主成分即可，这里选用解释力最强的项目 9。

对业主经营能力和学习能力进行 KMO 统计量检验，可得 KMO 值为 0.961，效果比较好，Bartlett's 球形检验的相伴概率为 0.000，适合作因子分析。第一个主成分总体变量的解释程度为 70.914%。因此，从这四个问题中只要提取一个主成分即可，这里选用解释力最强的项目 11。

对家族人才的储备和供应进行 KMO 统计量检验，可得 KMO 值为 0.761，效果比较好，Bartlett's 球形检验的相伴概率为 0.000，适合作因子分析。前两个主成分总体变量的解释程度为 67.481%。因此，从这八个问题中只要提取两个主成分就可以了，这里选用解释力最强的项目 16 和项目 15。

对外部人才供给状况进行 KMO 统计量检验，可得 KMO 值为 0，效果比较好，Bartlett's 球形检验的相伴概率为 0.000，适合作因子分析。前两个主成分总体变量的解释程度为 63.900%。因此，从这五个问题中只要提取两个主成分就可以了，这里选用解释力最强的项目 22 和项目 21。

3. 相关分析

为了探索各个因素与家族企业制度建设之间的关系，在因子分析之后，对各个因素与家族企业制度建设作相关分析。具体操作上，分别从各个因素以及家族企业制度建设变量中选用解释力最强的变量作相关分析。即从五个影响因素中分别选择项目 6、项目 9、项目 11、项目 16、项目 22，从家族企业制度建设变量中选择项目 33。分析结果见表 3-6。

表 3-6　相关分析结果

		家族企业内部制度建设	企业的产业技术特点	企业所处的发展阶段	企业主经营能力和学习能力	家族人才的储备和供应	外部人才供给状况
家族企业内部制度建设	Pearson Correlation	1	.028	.134	—.173	.430(＊＊)	.289
	Sig. (2-tailed)	.000	.071	.027	.106	.003	.083
	N	74	74	74	74	74	74

根据上表可以得出结论：家族企业内部制度建设与家族人才的储备和供应关系最密切，相关系数为 .430，显著性检验结果是不相关的概率为 3%；其次是外部人才供给状况，相关系数为 .289，不相关的概率为 8.3%；企业所处的发展阶段，相关系数为 .134，不相关的概率为 2.7%；企业的产业技术特点，相关系数为 .028，不相关的概率为 7.1%。与企业主经营能力和学习能力成负相关，相关系数为—.173，这与实际情况也是相符的，表明如果企业主本身的经营和学习能力较强的话，那么该家族企业倾向于保留家族制企业治理模式，反之，则倾向于引入外部职业经理人。

4.交叉分析

为了进一步检验各因素与家族企业内部制度建设之间的关系，在相关分析的基础上分别对各个因素和家族企业内部制度建设作交叉分析。这里沿用因子分析过程中从各个因素中选出的代表性的项目替代本因素进行分析。

(1)企业所处的发展阶段

企业所处的不同发展阶段直接影响到家族企业的治理模式。如表 3-7 所示，处于创业期的企业有 12 家，其中企业的主要管理人员以家族为主、以外聘为主以及家族和外聘各占一半的分别有 8 家、0 家和 4 家，分别占了 66.7%、0、33.3%。处于成长期的企业有 32 家，其中企业的主要管理人员以家族为主的有 14 家，以外聘为主的有 8 家，家族和外聘各占一半的有 10 家，分别占了 43.8%、25%、31.2%。处在成熟期的企业有 30 家，其中企业的主要管理人员以家族为主的有 6 家，以外聘为主的有 14 家，家族和外聘各占一半的有 10 家，分别占了 20%、46.6%、33.2%。可见，家族企业在创业初期更容易采取家族制的治理模式，然而随着企业走过了创业期进入成长期和成熟期，企业所面临的管理复杂性增强，家族内部的人员无论在素质还是数量上都满足不了企业的需求，在这样的条件下，为了谋求企业的进一步发展，企业不得不引入外部管理人员。

表 3-7　企业所处阶段与外聘主要管理人员的关联度

			目前企业里的主要管理人员以外聘为主还是家族企业内部为主			Total
			以家族为主	家族和外聘各占一半	以外聘为主	
目前企业所处的发展阶段	创业期	Count	8	4	0	12
		% within 企业所在行业的竞争状况	66.7 %	33. 3%	0	100.0%
	成长期	Count	14	10	8	32
		% within 企业所在行业的竞争状况	43.8%	31.2%	25%	100.0%
	成熟期	Count	6	10	14	30
		% within 企业所在行业的竞争状况	20%	33.3%	46.6%	100.0%

(2)企业的产业技术特点

由表 3-8 可知，在生产过程中投入的主要生产要素是劳动的企业有 6 家，其中 4 家企业的主要管理人员是以外聘为主，占了 66.7%，另 2 家企业的主要管理人员中来自家族内和外聘各占了一半。生产过程中投入的主要生产要素是技术的 8 家企业中，有 6 家企业的主要管理人员以外聘为主，占了 75%，另 2 家企业的主要管理人员则来自于家族内部和外聘。生产过程中投入的主要生产要素是资金的 8 家企业中，主要管理人员以家族为主、以外聘为主以及家族和外聘各占一半的分别占了 25%、50%、25%。生产过程中投入的主要生产要素是资金和技术的企业有 52 家，其中主要管理人员以家族为主、以外聘为主以及家族和外聘各占一半的分别占了 7.7%、76.9%、15.4%。由此可见，家族企业所处的产业技术环境不同，对企业治理模式的选择有直接影响。一般来说，当企业面临的技术环境趋向复杂时，企业倾向于从外部聘请管理人员。

表 3-8　企业所投入要素与外聘主要管理人员的关联度

			目前企业里的主要管理人员以外聘为主还是家族企业内部为主			Total
			以家族为主	家族和外聘各占一半	以外聘为主	
企业在生产过程中投入的主要生产要素是	劳动	Count	0	2	4	6
		% within 企业在生产过程中投入的主要生产要素是	0	33.3%	66.7%	100.0%
	技术	Count	0	2	6	8
		% within 企业在生产过程中投入的主要生产要素是	0	25.0%	75.0%	100.0%
	资金	Count	2	2	4	8
		% within 企业在生产过程中投入的主要生产要素是	25.0%	25.0%	50.0%	100.0%
	资金和技术	Count	4	8	40	52
		% within 企业在生产过程中投入的主要生产要素是	7.7%	15.4%	76.9%	100.0%

(3)企业主的经营能力和学习能力

在所调查的 74 家企业的企业主中，有 44 家企业的企业主对于日常生产经营完全能应付自如，这 44 家企业的主要管理人员中以家族为主、以外聘为主以及家族和外聘各占一半的分别有 24 家、12 家、8 家，所占的比例分别为 54.5%、27.3%、18.2%。对于日常生产经营有些力不从心的企业有 16 家，其中的主要管理人员以家族为主、以外聘为主以及家族和外聘各占一半的分别有 6 家、6 家、4 家，所占的比例分别为 37.5%、37.5%、25%。对于日常生产经营难以应付的企业有 14 家，其中的主要管理人员以家族为主、以外聘为主以及家族和外聘各占一半的分别有 2 家、8 家、4 家，所占的比例分别为 14.3%、57.1%、28.6%(见表 3-9)。可见，在业主经营能力与学习能力强的家族企业中，管理人员的构成主要以家族内部为主。

表 3-9 企业主的经营能力和学习能力与外聘主要管理人员的关联度

			目前企业里的主要管理人员以外聘为主还是家族企业内部为主			Total
			以家族为主	家族和外聘各占一半	以外聘为主	
对于日常生产经营您能否应付自如	完全能应付	Count	24	8	12	44
		% within 对于日常生产经营您能否应付自如	54.5 %	18.2%	27.3%	100.0%
	有些力不从心	Count	6	4	6	16
		% within 对于日常生产经营您能否应付自如	37.5%	25%	37.5%	100.0%
	难以应付	Count	2	4	8	14
		% within 对于日常生产经营您能否应付自如	14.3%	28.6%	57.1%	100.0%

(4)家族人才的储备和供应

根据调查,家族成员中适合到企业任职较多的企业一共有 26 家,在这 26 家企业里,企业的主要管理人员来自家族内部、以外聘为主以及家族和外聘各占一半的比例分别是 23.1%、46.2%、30.8%。家族成员中适合到企业任职较少的企业共有 30 家,其中企业的主要管理人员来自家族内部、以外聘为主以及家族和外聘各占一半的比例分别是 0、86.7%、13.3%。有 18 家企业的业主认为家族成员中几乎没有人适合到企业任职,其中企业的主要管理人员来自家族内部、以外聘为主以及家族和外聘各占一半的比例分别是 0、88.9%、11.1%(见表 3-10)。可见,家族企业内部制度建设与家族人才的储备和供应存在密切的关系,当家族内部的人才储备丰富时,家族企业倾向于从家族内部物色管理人员,企业就会继续保持家族制治理模式。反之,则倾向于从外部聘请管理人员,这将会加速企业的社会化。这一结论和前面的理论论述相一致。

表 3-10　家族人才的储备和供应状况与外聘主要管理人员的关联度

			目前企业里的主要管理人员以外聘为主还是家族企业内部为主			Total
			以家族为主	家族和外聘各占一半	以外聘为主	
家族成员适合到企业任职的多少	较多	Count	6	8	12	26
		% within 家族成员适合到企业任职的多少	23.1%	30.8%	46.2%	100.0%
	很少	Count	0	4	26	30
		% within 家族成员适合到企业任职的多少	0	13.3%	86.7%	100.0%
	几乎没有	Count	0	2	16	18
		% within 家族成员适合到企业任职的多少	0	11.1%	88.9%	100.0%

(5)外部人才供给状况

外部人才的供给状况也与家族企业治理模式选择存在密切的关系。这里选择聘用外部管理人员前后企业的经营状况变化情况作为外部人才的供给状况的评价尺度，理由是企业主本人最了解企业的业绩，如果企业主认为企业的经营状况变好了，说明企业能够从外部获得优秀的管理人才。由表 3-11 可知，聘用外部管理人员后企业经营状况变得比以前好多了的企业有 20 家，比以前好一点的企业有 46 家，总计为 66 家。这些企业里管理人员以家族为主、以外聘为主以及家族和外聘各占一半的分别有 4 家、50 家、12 家，分别占 6.1%、75.8%、18.1%。基本没什么变化的企业有 8 家，其中主要管理人员以家族为主、以外聘为主以及家族和外聘各占一半所占的比例分别是 25%、50%、25%。因此，可以得到这样的结论：当从外部能得到适合企业发展的优秀人才时，企业倾向于从外部聘请管理人员。随着外来管理人员的增加，企业将由传统家族企业治理模式向混合家族企业治理模式并进而向现代家族企业治理模式转化。

表 3-11　外部人才供给状况与企业外聘主要管理人员的关联度

			目前企业里的主要管理人员以外聘为主还是家族企业内部为主			Total
			以家族为主	家族和外聘各占一半	以外聘为主	
聘用外部管理人员前后企业的经营状况变得	比以前好多了	Count	2	4	14	20
		% within 聘用外部管理人员前后企业的经营状况变得	10.0%	20.0%	70.0%	100.0%
	比以前好一点	Count	2	8	36	46
		% within 聘用外部管理人员前后企业的经营状况变得	4.3%	17.4%	78.3%	100.0%
	还是老样子，基本没什么变化	Count	2	2	4	8
		% within 聘用外部管理人员前后企业的经营状况变得	25.0%	25.0%	50.0%	100.0%

总之，通过本调查的证实研究，验证了预先提出的理论假设，即家族企业治理模式的选择与企业所处的发展阶段、产业技术特点、业主经营能力和学习能力、家族人才的储备和供应、外部人才供给状况等存在很高的相关性。具体来说，处于创业期的企业，由于企业的经营规模小，易于控制，且企业资源有限，往往采用家族制治理模式。随着企业规模的扩大，管理复杂性增强，无法从家族内部得到适合企业进一步发展的人才，这时企业治理模式将发生转化。当企业所面临的技术较为简单时，倾向于采用家族制治理模式；而处在技术复杂环境下的企业，往往采用现代家族企业治理模式。如果企业主本身的经营和学习能力强，企业将保留家族制治理模式；反之，将会向现代家族企业治理模式转化。当家族人才的储备和供应充足时，企业将采用家族制治理模式；反之，将会向现代家族企业治理模式转化。当企业能较容易地从外部得到适合企业发展的人才时，将会建立起现代家族企业治理模式；反之，则将保留传统家族企业治理模式。

此外，通过相关性分析还可以得到如下结论：家族企业治理模式的选择与家族人才的储备和供应关系最密切；其次是外部人才供给状况、企业所处的发展阶段、企业的产业技术特点，与业主经营能力和学习能力成负相关。

三、当今宁波本土家族企业治理结构的优化选择

借助于对宁波市74家家族企业的调研发现，家族制治理模式适合于企业建立初期，劳动密集型等技术复杂性较小的行业，业主经营能力和学习能力较强，家族人才的储备和供应充足，外部人才供给欠佳等情况。只要存在上述条件，家族企业就有其家族制存在的理由。在这些情况下它甚至比科层制更有效率和竞争力。而随着企业规模扩大、技术水平提高和市场竞争日益激烈，家族制治理模式的弊端会日益明显，家族企业要进一步生存和发展就必须进行企业制度的改革，实现从传统家族制向现代企业制度的过渡。

另外，家族企业的经营是采取家族化形态还是职业化形态往往与企业成长阶段有关，处于不同成长阶段和生命周期的企业会在经营模式上表现出不同的倾向，并非任何企业在任何场合都适宜采用职业化形态。

因此，针对宁波当前家族企业规模差别大等现实情况，对家族制企业进行全面改制既缺乏条件也无必要。家族制企业其适用的企业制度应因时、因地而异，不同行业、不同规模、不同发展阶段和不同背景的家族制企业各有适合自已情况的企业制度形式，没有普遍适用的标准模式，因此应因厂而宜，多元选择。

第三节　当今宁波本土家族企业传承制度现状

家族企业的代际传承，直接关系到企业生命的延续和企业品质的提升。伴随着改革开放成长起来的宁波第一代家族企业创业者正面临着企业的薪火相传、权力交接，如何把企业从第一代创业者的手中平稳地转交给第二代已是一个迫切需要解决的现实问题。

一、宁波本土家族企业的交接与传承迫在眉睫

浙商研究会近期对浙商“接班人问题”的调查显示，家族企业的继承问题日益显现，目前有80％以上的家族企业已面临接班问题。在家族企业占企业总数近八成的宁波，年龄为40～45岁的掌门人最多，占到总量的40.75％，其中有为数不少的企业家已经靠近或迈入老年。近几年来，一些

家族企业的第一代把经营权移交到第二代手里的交班过程正在稳步增加，不久将达到高峰。据预测，未来5至10年，如何成功地把企业传承给下一代是宁波家族企业面临的最为严峻的考验之一。

经过二三十年的发展历程，在最早发展起来的那批家族企业中，当时从三四十岁开始的第一代创业者，如今多数已处于55岁到65岁的年龄段。受身心状况、思想观念、知识结构、市场把握能力等因素限制，这批第一代创业者不得不考虑，并直面企业最现实的交接与传承问题，即企业的接班人选择和权力的稳顺交接。

二、宁波本土家族企业经营者交接与传承的特点

(一)血浓于水，家族传承仍是主流

在宁波民营企业经营者接力棒的传递中，传内不传外，家族传承仍是主要路径。民营企业具有浓厚的家族色彩，以血缘和姻亲为纽带，父业子承。除特殊情况外，在宁波的知名家族企业中，目前尚无完全把企业最高经营权交给"外人"的先例，这种方式已具有普遍性。民企第一代经营者主观上希望最亲近、最放心的人来继承自己一手开创的事业，亲生后代便是当然的最合适的人选。"不是我太保守，自己辛辛苦苦打拼出来的事业，实在不愿意交到外人手里去，即使企业垮掉，也不想在外人手里垮掉。"某一企业主的这段话具有代表性，道出了他们对企业经营者交接的心理状态。

(二)"子女总经理"式架构是过渡时期的普遍选择

在家族企业交接与传承的过程中，先从企业的经营权开始，然后过渡到企业的所有权，"老子董事长，子女总经理"的架构，已经成为财富交接过渡时期企业家们最为普遍的选择。

这种选择有利于第一代对第二代进行"传帮带"，等条件成熟，就实现全面交接。方太集团董事长茅理翔对这一架构的看法是："把他(儿子)推向第一线(总经理)，而在他周围，物色一些能力强、素质高的非家族人员的年轻人组成经理班子。这样交接班的时间在5到10年间，就可以彻底放手，把董事长位置也让掉。"

方太集团正是这样践行的：董事长茅理翔除重大的发展战略的制定自己"圈点"外，企业的所有事务都交给儿子茅忠群打理，他更多的是忙于到

高校讲课。方太集团经营者的交接与传承是一个非常经典的案例。

(三)注重对接班人的精心培养和良好教育

部分第一代民营企业家具有战略眼光,对企业经营者的交接与传承能做到从长计议,培养自己的接班人早已纳入计划。他们懂得人才的培养不是一朝一夕的,一般都会给子女一个良好的受教育的条件,让子女有海外留学背景或拥有较高的学历,等学业完成后再回来给机会在企业里实践,经历一个过程,等条件成熟,就开始企业经营权的交接。

在培养挑选接班人的问题上,白手起家、文化程度并不高的老一代创业者对下一代的能力期望较高。大部分人都希望自己的孩子将来有能力继承自己的事业,并对子女的教育十分重视。据抽样调查,有70%的民营企业家已经送子女出国学习或者有此计划,且出国的年龄越来越低,子女在国外学的大多是与本企业经营业务相关的专业知识或经营管理方面的知识。

与父辈创业时十足的江湖气相比,接班的宁波“民企少帅”们更多表现出现代知识型色彩。他们年富力强,所受的教育更为规范,如:“方太”的茅忠群1991年毕业于上海交大电力系统自动化本科专业,又于1994年获得电力电子技术专业硕士学位;“华茂”总裁徐立勋赴美求过学;“培罗成”董事长陆信国、总经理陆宏国20世纪90年代初均在日本留学;“赛尔富”的第二代林开尤在美国密歇根州完成大学学业……这些新一代的宁波民营企业家学历都较高,普遍都是大学本科以上,或是国外留学的“海归”一派。

目前在研修班就读的“民企二代”也为数不少。据宁波市民营企业家协会的统计,2008年年底,浙大EMBA、上海交大EMBA研修班在宁波招生,整个宁波大市大概有300多名民营企业家报名参加,其中仅余姚一地就有近百名。这些企业家中大多数是家族企业的第二代接班人,其中甚至不乏第三代。

(四)部分民企传承已实现成功交接

部分民企在经营者的交接与传承上相当成功,已出现“青出于蓝而胜于蓝”的良好状况。以下几家民企较有代表性。

宁波方太厨具有限公司在第二代茅忠群的执掌下,品牌价值评估为32.35亿人民币,排名“中国2005最具价值品牌”第190位。

“华茂”控股公司自2002年徐立勋接任总裁以来，这家已有35年历史的企业在接班人手中形成了“独特的产业结构”，以“建国内一流的外国语学校，做全国第一的教育产品”为目标，创办了东钱湖国际教育论坛，打造了学习型组织，同时完成产品的升级换代，2004年的销售额为13亿元。据了解，仅其花2年时间研制成功的“数字化实验室”一个项目，在2006年就带来3亿元的市场份额。

浙东建材总裁邱风雷自2002年从父亲手中接过企业接力棒以后，努力使家族企业向现代管理转型，完成资本与产业扩张，在桩基的老产业上新开发了铝、塑型材等相关建材领域，2004年实现销售额15.8亿元。

罗蒙集团自盛静生执掌后，借鉴新理念，问鼎国际品牌。他在保守、传统的红帮工艺基础上，进行了一系列创新，在国内服装企业中第一家聘请国际顶尖设计师担纲首席设计师，并巨资聘请刘德华为形象代言人，开创了罗蒙集团高附加值的品牌之路。

（五）方太集团独具亮点的探索：接班人学校与交接理论

在“宁波帮”文化影响下，宁波民企敢为天下先，在民企经营者的交接与传承上探索出了一条独具特色之路。方太集团创始人茅理翔在2007年4月创办了一所“中国家族企业接班人专修学校”，这是国内第一家培养民企第二代接班人的专门学校。该学校具有很强的针对性，所有的课程不仅讲理论，而且会用大量的实例加以分析。

茅理翔对民企经营者交接与传承问题进行了理论研究，提出了经典的三句话：交给谁？交什么？如何交？他对这三句话进行了如下阐释：

交给谁？在信用和法律体系还没有十分完善的情况下，交给自己的子女，这是一个客观的不可避免的现实。

交什么？如果交财富，那这个儿子可能是个败家子。如果交事业、交使命，那就不同了。作为企业家的父辈，责任非常重大，既要使自己创业的企业能够可持续发展，成为百年企业，又要让自己的接班人获得成功，成功的接班才能做成百年老店。

如何交？大胆交、坚决交、彻底交，同时还要做到带三年、帮三年、看三年的九年交班过程。

事实证明，方太企业成功的交班，使家族制企业对传承认识的发展跃上了一个新的台阶。

三、交接与传承模式

在最近几年里发生的或者即将发生的宁波民营企业经营者交接与传承的案例中，形成如下三种主要模式。

(一)"子承父业"型

子承父业模式是宁波民营企业交接班的主流方式。较为知名的有方太集团、华茂集团、浙东建材、轿辰集团、罗蒙集团等，均是子女从父亲手中接过企业接力棒。

这种企业"换帅"方式，既有传统社会沉淀的因素，也有时代的特点，主要针对的是血缘和业缘关系重的民营企业。为保证企业权力交接的成功，必须具备一定的条件，子辈或受到良好的高等教育，或在父辈身边得到精心栽培，在父辈的影响之外，拥有自己独特的理念和才略。

(二)"两权分离"型

即企业的所有权与经营权的分离，或被称为"孤胆英雄型"。这种模式主要针对第一代打天下，而家族人力资源不足的民营企业。目前，更多的民营企业开始有意识地实行两权的分离，它标志着民营企业向建立规范化和国际化的现代企业制度迈出了关键的一步。当然，它也为企业的创业元老们提供了一个体面的"退出机制"。

(三)"管理团队"型

这种模式主要针对由国企直接转制而成的民营企业。一般情况下，这类企业引进管理团队，更好地适应企业多元化发展的需求。浙东建材总裁邱风雷已经开始思考用5年时间"变主演为导演"，把企业交给职业经理人，使企业经营者与资产拥有者完成分离。

除了送孩子读书，第一代企业家采取内部培养的方式，让子女跟在自己身边"传帮带"，或给子女一个相对独立的企业让其管理。这种形式是直接让接班人从最基层干起，重视实践的打拼和实际经验的累积，以浙东建材、罗蒙集团、宁波通用塑料机械有限公司、欣达集团等为代表。例如，1989年，浙东建材的邱风雷是从车间里拧着螺丝开始接受父亲的言传身教的，生产部工人、品质部科员、供应部销售员……到1998年做到厂长助理。

这个浙东建材的现任总裁被父亲“逼”着在基层整整锻炼了9年，可以说熟悉生产的每个环节。

宁波通用塑料机械有限公司总经理张允升本可以被免试推荐上大学，却遭到了父亲张宝法的“强硬”阻拦。父亲的理由简单而充分：“跟着我尽快融入这个企业，多学一些学校里学不到的东西。”

罗蒙的盛静生18岁高中毕业，在当时的罗蒙西服厂边工作边学习，20岁当上厂里的经营科长，25岁担任以生产服装机械为主的三盛集团董事长兼总经理。

鉴于宁波民企的家族式特点，在企业权力的交接上，上一辈创业者通常采用“传、帮、带”的方式，为第二代的接班创造了得天独厚的条件。传，指的是言传和身传；帮，指的是帮助；带，指的是亲自带领。“方太”的茅理翔主张对第二代接班实行“带三年、帮三年、看三年”的九年教育。茅理翔认为，要及早地压担子给儿子，培养他的能力，树立他的威信，扶上马再送一程，进而保证家族企业交接班的顺畅进行。

四、现实问题

(一)民企传承代际间的差异性

交接与传承是两代人之间的事情，所以交接与传承是否成功往往取决于两代人的差异性能否求同存异，整合共融。由于出生的年代各异，所受的教育不同，观念和想法上的差异，种种因素很自然地让两代人产生隔阂，在企业的交接与传承中经常会有矛盾，民企的传承正考验着众多家族企业。其差异性主要表现在如下几个方面。

1.经历的差异性

第一代民营企业家有着极为特殊的经历，在长达几十年极其艰辛的创业和掌管企业的生涯中，造就了深刻的市场感觉和打着自己烙印的企业文化，与企业形成了血肉亲情般的关系。第二代人经历相对单一，是在顺境中成长的，缺少应对困难的实践磨砺，较其父辈缺少雄心壮志，紧张感、危机感明显不如第一代，特别是在心理素质上，缺乏敢冒险、擅打拼的精神。

2.价值观的差异性

因为观念上的差异，在交接过程和企业的决策和经营中，父与子之间的矛盾难以避免。在与第一代的沟通中，第二代往往要经历痛苦时期，但所有的痛苦都是成长的代价。宁波欣达集团是一家年销售额达6.5亿元的家族企业,前几年处于团队接班的磨合时期,董事长赵吉康的三个接班人在集团中各有分管,发生扯皮事件、"踢皮球"事件,使企业管理面临危机。

3.学识的差异性

20多岁新浮出水面的"民企少帅"们,更多地表现出现代知识型色彩,毫不掩饰与父辈不同的锋芒和朝气。第二代注重个人价值的实现,他们多数拥有国内、国际两个舞台。由于普遍接受过良好的教育,学习能力、自信心及成就感强,在管理企业时可以超越父辈的时代局限,具有更开阔的视野,对未来的目标也更为清晰。

4.心理压力的差异性

一方面,第二代在企业交接时拥有更高的学历和更丰富的知识;另一方面,他们活在第一代成功身影下颇有沉重感,由于财富并非自己亲手创造,因此,在享受财富的同时面对的还有压力,且家族企业经过多年的发展传到他们手上,更是背负了众人的期望。如果说他们的父辈创造财富的目的是为了生存的需要,那么他们创造财富的目的更多的是为了承担一种责任。

(二)总体上缺乏明确的规划

许多民营企业采取父业子承的方式,知道企业交给谁,却不知该如何交给谁。调查表明,家族企业准备将权力从第一代传给第二代之际,往往成为企业命运的转折点。家族企业第一代经营者往往是自己一头扎在事业的开拓与奋斗中,没有及时及早地规划企业经营者的交接与传承这桩大事,总以为自己还能干许多年,时间还早,等自己觉得应该考虑企业的交接与传承时,结果已是心有余而力不足,导致企业交接与传承工作过于局促与匆忙。

(三)家族企业经营者交接与传承过程中的"软肋"

家族企业传承中会出现剪不断理还乱的复杂关系,一个是血亲关系,例如:父子、夫妻、兄弟、姐妹、亲戚等,其中,父辈与子女的问题是关键,即父亲如何放心大胆地把权交给子女;第二个是元老和新一代的问题;第三个是家族企业成长过程中家族内部成员和外部人才之间的关系问题;还有一个是新团队和老团队的问题。这些问题交织在一起,就会使得家族企业的管理出现非常多的特殊现象。

如果血缘关系和事业关系处理不当，很容易将工作中的问题与矛盾带入家庭生活，影响彼此的感情。以家族企业最为常见的父子兵为例，父亲经过艰苦创业后将产业交给儿子经营，通常会形成由父亲担任董事长、儿子任总经理的局面。但由于父亲对自己一手打造的产业有着割舍不断的感情，而又总认为儿子还不成熟，人生阅历尚浅，时不时地干预儿子的日常经营决策，久而久之造成管理上的越权，甚至出现架空总经理的现象，父子间的冲突由此产生。家族企业到第二代、第三代，亲戚关系缠在里头，有时候产生非常强烈的业务决策和管理决策冲突。

方太成功的个案给研究家族企业经营者的交接与传承问题带来非常多的启发。但是方太在家族企业交接与传承过程中用新的团队，不用一位元老，甚至包括除了儿子接班以外，不让亲属加入企业的这种做法，应该说有一点走极端。因为家族企业要成长，非常重要的一条就是要非常好地组合家族内的人才，非常好地整合家族内外的人才。所以在这个组合过程中，家族企业应该摸索各种各样的有效模式。

(四)“子承父业”的交接模式受到了挑战

家族企业经营者的交接人选有两种：一种是家族后代；一种是职业经理人。但并不是每一家民营企业都能按第一代的愿望顺利交接的，第二代无意接棒的现象和上述“打虎亲兄弟，上阵父子兵”的情况也同时存在。

1.父业难传子：子女不愿接班

子女有条件、有能力接班的，却不愿接班。例如，宁波如意股份有限公司总裁储吉旺一直要求儿子和女儿读书，其子储江现在杭州做外贸，非常成功，媳妇也在杭州；女儿在美国，女婿也在美国。他们都自己打天下，自己赚钱。至于储吉旺的工厂，儿子不愿意接班，女儿也不愿意接班。66岁的储吉旺至今仍在一线打拼，而他的期望是在退下来前，培养一个接班人。

2.有交接，无传承

“第一代”打拼下的基业，交到“第二代”手里后却难以将企业传承下去。一种情况是，子女虽已接班，但接班后兴趣不浓，而把企业转卖。如宁波某企业一位70多岁的老板，几年前将接力棒交给了儿子，可儿子却忙着打广告卖掉企业。另一种情况是，子女虽然接班了，但缺乏企业经营者应有的素质或能力，致使企业经营无力。

据了解，民企少帅们之所以将父辈企业一卖了之的原因有多种。有些是因为个性强，不愿“子从父业”，认为坐享其成无成就感；有些认为家族企业中七大姑八大姨的关系，错综复杂，难施拳脚；有些则考虑父辈所从事的实业竞争太激烈太残酷，人既辛苦利润又薄，不如另起炉灶，走捷径，欲凭借网络经济让财富快速飙升；有些认为，继承父辈的基业面临很大的精神压力，与其辛苦走下坡路，不如将家族企业抛售，卖个好价钱，今后从事自己喜欢的职业。

在一些民企第二代无意接班的情况下，这些民企第一代的眼光也必须着眼长远。从发展的角度看，简单的子承父业，未必是所有民营家族企业的成功之道。

五、建议

(一)“授之以渔而非授之以鱼”是民企交接与传承最为现实的选择

接班人的素质特别重要，不仅需要有眼光、坚韧、创新、冒险和勤奋的精神，还需要有实践的经验和引领团队的亲和力。事实上，仅通过理论学习或 MBA 教育，还不足以培养出合格而优秀的接班人。完整的学校课堂教育得到的系统知识弥补了父辈的不足，但敢打敢拼的企业家精神一半是天生的，一半需要在实践中磨炼。培养后代“授之以渔而非授之以鱼”正在成为民营企业家们最为现实的选择。

坚持严格的选择标准，视孩子能力而定，成为民企传承中的一个重要环节。“赛尔富”的林万炯认为：“假如儿子没有达到心目中的要求，绝不让产业毁在下一代手中。”有开明的企业家称，如果孩子兴趣不在于此，那么等到自己干不动的时候，就把企业卖掉，潇洒地过晚年生活。笔者对 50 位宁波企业家做过一次关于接班的调查，结果想让自己孩子接班的占 27.5%，不想让孩子接班的占 17.5%，而视孩子能力而定的占了 55%。

(二)制度化道路与职业经理人

宁波家族企业经营者的交接与传承，从未来发展来看，应该走制度化道路：建立接班人生成机制，为其巩固地基；建立接班人培育机制，给接班人以信心；完善经营管理机制，创造良好的接班环境，让权杖平稳交接；推行股权、期权机制，为接班人打造动力之源。

家族管理的职业化是一条值得探索的途径。在家族内部设立“宪法”、代表大会、常委会，一些重要问题都必须在“家族宪法”中予以明确规定。家族本身职业化，必须依靠完善的家族法律——首先是实体法的建立，其次是程序法的建立。

职业经理人在家族企业经营者的交接与传承中有着积极作用。家族企业目前正处于由第一代向第二代、第三代转型时期，依照西方国家的经验，这一阶段市场对职业经理人的需求将更加真实地体现出来。家族企业引进职业经理人就是解决企业的管理问题，职业经理人是职业管理者，而不是一个什么都能干的经营者，主要是解决管理问题，因为现实是，企业最大的问题是管理问题。企业家世袭的做法与职业经理人阶层的形成并不是对立的。通过骨干持股，可以解决民营企业中员工与企业利益分离和员工“为谁干”的难题。

附件：

家族企业治理模式影响因素的调查问卷

尊敬的企业家，您好！

本调查由宁波市企业家协会组织实施，目的是帮助宁波民营企业在传承宁波商帮精神基础上探寻最佳企业转型发展、传承模式的路径。问卷采用匿名方式选择划“√”，每个题目的选择均无对错之分。请您在7月15日前据实完成填写并及时回复。调查结果仅供研究之用，对企业无不良影响。

诚挚感谢您的合作！

宁波市企业家协会

2010年7月8日

表1

您的年龄	30岁以下	30～45岁	46～60岁	60岁以上

表2

您的文化程度	初中及以下	高　中	大学（含本、专科）	研究生及以上

表 3

	5 年以下	5～10 年	10～20 年	20 年以上
企业创立的年数				

表 4

	500 万以下	500 万～1000 万	1000 万～5000 万	5000 万以上
企业固定资产总值				

表 5

	10%以下	10%～50%	50%～100%	100%以上
您公司销售增长率是多少?				

表 6

	竞争很激烈	不算很激烈	竞争很少
企业所在行业的竞争状况			

表 7

	上 升	下 降	不 变
您估计竞争压力将会			

表 8

	制造业	批发零售及商贸服务	金融及房地产	高科技行业
企业所属行业				

表 9

	劳 动	资 金	技 术	资金和技术
企业在生产过程中投入的主要生产要素是				

表 10

	1%以下	1%～5%	6%～10%	10%以上
企业每年研发新产品的投入占当年产值的				

表 11

	是	否	
您在日常经营过程中是否认识到有补充知识的必要			

表 12

若有时间和机会您是否会参加学习	是	否	

表 13

对于日常生产经营您能否应付自如	完全能应付	有些力不从心	难以应付

表 14

家族成员比外人更值得信赖	是	否	一样

表 15

家族成员比外人更具有牺牲精神	是	否	一样

表 16

家族成员适合到企业任职的多不多	很　多	还可以	很　少	几乎没有

表 17

家族成员是否愿意到您的企业任职	非常愿意	无所谓	有些不愿意	不愿意来

表 18

家族成员在自己企业是否称职	称　职	基本称职	基本不称职	完全不称职

表 19

家族成员积极参与企业经营,像团队一样工作	是	否	

表 20

您是否有培养家族成员担任企业高层管理人员的计划	已经实施	正在实施	计划实施	还没有计划

表 21

聘用外部管理人员前后企业的经营状况变得	较以前好得多	较以前好一点	基本没变化	较以前更差了

表 22

你对聘用的管理人员的表现是否满意	很满意	满　意	基本满意	不满意

表 23

从外部聘请的管理人员能否胜任企业的管理工作	胜　任	基本胜任	难以胜任

表 24

您对外聘管理人员最大的担心是什么	人　品	才　能	忠　诚	任职不长久

表 25

您认为从外部能得到适合企业发展的人才吗?	能	不能	

表 26

您有没有聘用外人担任高级管理人员	曾经聘任过,现在不用了	聘任过,目前正在工作中	正准备聘任	没有聘任过,今后也不计划聘任

表 27

高层管理人员主要通过何种途径获得	朋友推荐	本企业培养选拔	猎头公司	公开招聘

表 28

如果没有的话您是否会聘用	是的	还没有考虑过	不会

表 29

您是否愿意把企业的机密与非家族成员共享	如果经营需要完全可以	即使经营需要，也不会

表 30

您是否会把企业的主要管理权下放给外聘管理人员	会	不会	

表 31

在招聘外部管理人员时您更看重什么	既要工作能力强，又要可靠	只要工作能力强，可不可靠不重要	工作能力可以稍微差一点，但是一定要可靠

表 32

您能信任外聘管理人员并对他的工作给予充分的支持	是	否	有所保留

表 33

目前企业的主要管理人员以外聘为主还是家族内部为主	以家族成员为主	家族和外聘成员各一半	以外聘为主

第四章　科学发展是宁波本土家族企业的唯一选择

针对当今企业制度建设现状，面对当前宁波积极推进服务业跨越式发展，加快产业转型升级的有利时机，宁波本土家族企业应秉承“宁波帮”精神，遵循企业发展规律，从企业制度建设上大胆创新，科学构建，保证企业的可持续发展。

第一节　科学发展观与“宁波帮”文化的联系

科学发展观与“宁波帮”文化之间因形成和属性的区别，本无直接联系。然而，基于立足宁波，以科学发展观为指导，传承“宁波帮”精神，依托“宁波帮”的力量，科学判断全球发展形势，沿着科学发展的战略轨道，加快宁波现代化进程，积极推进“大都市、大平台、大产业、大项目、大企业”的建设的宏伟目标的实现，结合“宁波帮”对宁波发展的重大影响，使科学发展观与“宁波帮”文化之间又有了必然的联系。

一、科学发展观与“宁波帮”文化之间的区别

（一）科学发展观是一种理论，而“宁波帮”文化是一种基因

科学发展观，是对党的三代中央领导集体关于发展的重要思想的继承

和发展，是马克思主义关于发展的世界观和方法论的集中体现，是同马克思列宁主义、毛泽东思想、邓小平理论和“三个代表”重要思想既一脉相承又与时俱进的科学理论。

而“宁波帮”文化是长期以来，一代又一代“宁波帮”重工兴商、开拓闯荡形成的独特的精神品格。这种品格，个性鲜明，内涵丰富，是宁波人民自强不息、奋发向上的生动写照。她渊源于宁波深厚的历史文化底蕴，植根于祖国振兴的伟大实践，既融合渗透着民族精神的精华，又集中体现了宁波精神的鲜明特征，是一种优秀的文化基因。

（二）科学发展观是重大战略思想，而“宁波帮”文化是一种精神体现

科学发展观，是立足社会主义初级阶段基本国情，总结我国发展实践，借鉴国外发展经验，适应新的发展要求而提出的重大战略思想，是我国经济社会发展的重要指导方针，是发展中国特色社会主义必须坚持和贯彻的重大战略思想。

而“宁波帮”文化是一种精神体现：

树高不忘根的赤子情怀。海内外“宁波帮”大都少小离家，历尽千辛万苦，克服艰难险阻，才在各个领域创造了辉煌业绩。但是，他们无论离家有多远、成就有多大，总是把自己的前途与家乡的命运紧密联系在一起，特别是近代以来，面对饱经沧桑的家乡，许多“宁波帮”人士主动承担起振兴中华的历史使命和社会责任，在不同时期以不同形式纷纷报效家乡，竭尽赤子之心，奉献能及之力。这是对家乡负责任的一种情怀。

不甘居人后的开拓精神。面对创业的艰辛，海内外“宁波帮”以自强不息的执著追求，勤奋好学，顽强拼搏；面对激烈的竞争，他们以敢为人先的坚定信念，敏于时势，锐意进取，用自己的勤劳和智慧在异国他乡励精图治、成就事业。他们这种敢于开拓、善于创造的气魄和胆略，创造了许多可以载入史册的全国第一，如第一家银行、第一家机器制造厂、第一家纺织厂、第一家服装店等等。这是持续发展的源泉。

大海容百川的开明思想。“宁波帮”足迹遍及全世界，在开拓创业的过程中，他们既坚持从传统文化中汲取智慧和营养，又不故步自封，敢于接受新知识，善于掌握新技术，从而形成了顽强的生存和发展能力，养成了宽广的胸怀、开放的性格和深邃的眼界。正是这种海纳百川、兼容并蓄的开明思想，使“宁波帮”赢得了广阔的发展空间。这是不断发展的保障。

至实而无妄的诚信品德。海内外“宁波帮”大都深受浙东学派“经世致用”思想的影响，长期以来十分注重诚信为本，主张以德立业，强调义中求利，坚持诚实守信。这种诚信品德，不仅成就了事业，而且树立了良好的形象，使海内外“宁波帮”人士一直享有很好的口碑和广泛的赞誉。这是科学发展的基础。

励业重义理的互助风格。旅居海内外的“宁波帮”具有风雨同舟、休戚与共的强烈意识，被誉为“团结自治之力，素著闻于寰宇”。在近代中国，凡是有宁波人聚居的地方都会有同乡会之类的组织，如今在海外和港澳台地区，宁波同乡会或以宁波人为主体的社团组织达 40 多个。一代又一代的“宁波帮”传承这种亲邻相帮、同乡扶持的互助风格，风雨携手，互敬互励，从而使“宁波帮”得以不断发展壮大。这是扩大发展的保证。

二、“宁波帮”对当今宁波发展的重大影响

在宁波改革开放的历程中，海内外“宁波帮”不懈努力，促成了一系列国家级动作，推动了宁波的大力发展。

由于历史和地理的原因，20 世纪 70 年代末到 80 年代初，甚至是 1988 年以前，宁波发展的经济基础仍处于较薄弱状况，改革开放面临着很多困难和问题。正是世纪伟人邓小平 1984 年 8 月发出的指示，把全世界的“宁波帮”都动员起来建设宁波，从此把发挥“宁波帮”的优势作为加快宁波改革开放的重要战略举措之一，提升了宁波的战略地位，极大地促进了宁波改革开放的进程。在党中央、国务院和浙江省委、省政府的正确领导下，在宁波全市人民和各地老乡、“宁波帮”、宁波人士的共同努力下，宁波改革开放和现代化建设在区位优势、综合实力、城乡建设、对外开放、社会事业和人民生活等方面都得到了跨越式发展。宁波从 1978 年的 20 亿元 GDP 起步，达到 100 亿元用了 10 年时间，突破 1000 亿元用了 11 年，突破 2000 亿元用了 5 年，突破 3000 亿元仅用了 3 年。宁波的综合经济实力在国内副省级城市中名列前茅。宁波以占浙江省 8%的土地面积，创造了全省 20%的 GDP，21%的财政收入，28%的进出口总额，三分之一左右的引进外资，等等。宁波港口和集装箱运输从无到有、从弱到强，在国内外主要港口中排位不断提升，2009 年完成的集装箱和货物吞吐量分别居世界港口第 11 位和第 4 位。按照浙江省制定的全面小康评价指标体系，宁波包括农村综合得分为 92.5 分，已经基本实现小康。

在宁波改革开放的进程当中，海内外“宁波帮”人士通过各种方式大大提升了宁波的软实力，增强了宁波的品牌效应。而且，“宁波帮”人士更为宁波改革开放带来了许多先进的发展理念、经营方式和管理经验，为宁波改革启动和深化提供了源源不断的动力。

三、以科学发展观为指导，传承“宁波帮”精神，实现宁波民营企业的新跨越

科学发展观，第一要务是发展，核心是以人为本，基本要求是全面协调可持续发展，根本方法是统筹兼顾。以其为指导，在当今的民营企业发展进程中，宁波的民营企业需要大力弘扬“宁波帮”精神，认真践行科学发展观，积极实施大力发展战略，坚定信心求突破，保增长，抓转型，以实现企业发展的新跨越。由此，大力弘扬“宁波帮”精神，切实需要做的是以下几点：

(1)追求真理、遵循规律、崇尚科学。牢固树立和全面落实科学发展观，遵循宁波经济社会发展内在规律，保持宁波发展的个性和特色，使宁波的民营企业发展体现时代性，把握规律性，富于创造性。

(2)尊重实际、注重实干、讲求实效。坚持从世情、国情、省情、市情和面临的实际出发，使企业的发展顺应宁波实际的战略抉择，善于抓住和用好机遇，务实求变、求新、求进。

(3)重规则、守契约、讲信用。把诚信作为企业兴旺发展之道，为“信用宁波”建设添砖加瓦。

(4)具有开放理念、全球意识、兼容胸怀。进一步增强全球眼光和战略意识，跳出宁波发展企业，在更大范围、更广领域，以更高技术参与国内外的经济技术合作和竞争，努力增强企业的竞争力。

第二节 “宁波帮”文化对宁波本土家族企业的影响

近代“宁波帮”是一个以血缘家族为核心、以地缘关系为纽带的范围广泛、组织松散的企业家群体，强烈的血缘和地缘色彩是近代“宁波帮”的一个显著特点。这种由家族、同乡关系所形成的团结力量和群体互助意识，是近代“宁波帮”能到处扎根，得以发展壮大的重要原因所在。随着时间的推移，传统的家族、同乡关系渗入了近代新的因素，尤其是经济因素。

包玉刚、王宽诚、安子介、董浩云、邵逸夫、曹光彪、李达三等一串串响当当的名字，为“宁波帮”的内涵赋予了更加具体现实的内容。他们不仅仅是“宁波帮”精神的具体体现，更是为新生代“宁波帮”从萌芽到成长、从发展到壮大注入了一种优秀的文化基因。宁波的民营企业家，本身就是财富责任和企业品格的忠实践行者。海外宁波籍人士现有7.3万多人，加上后裔达30多万，分布在64个国家和地区。可见，新生代的宁波企业家，不是在干涸的土地上拔高的，而是在丰盈的、文化的商业土壤上成长发展的。

一、联同乡关系，建商会组织

家族血缘关系是构成近代“宁波帮”群体的核心因素，而与家族关系相关联，影响更大、范围更广，也更富特色的是依托同乡地缘关系建立的各地同乡会。在外经商谋生的宁波人重乡谊，有强烈的地域观念和同乡扶助意识，国内外几乎所有宁波商人足迹所到之处都有同乡会一类的组织。即使在只有六七个宁波人的内地偏远处，也要组织一个同乡会。在宁波商人实力最强的上海，按行业分别建各业会馆，如钱业公会、同善会（渔业）、崇德会（海味业）、喻义堂（药业）等商业团体，先后于1797年成立的“上海四明公所”和1909年成立的“宁波旅沪同乡会”是当时影响最大的商会组织。他们以“团结同乡、发挥自治精神”为宗旨，积极致力于团结同乡、服务同乡、促进家乡建设。

基于这种商会组织的传统，自改革开放以来，先后在宁波、北京、上海、天津、杭州、深圳、贵阳、南京、合肥、南昌、武汉、沈阳、郑州、西安、成都等20多个城市成立宁波经济建设促进协会（简称“经促会”）和商会组织。这种组织有力地促成了海内外“宁波帮”有组织、强力量地团结互助，建设家乡。在此基础上，宁波本土家族企业的内展外扩更有了优势。

目前宁波企业已在沈阳、葫芦岛、邢台、淮安、都昌、乌鲁木齐、芜湖、衢州等10多个城市设立了“宁波工业园”，在江西余干设立了鄞州工业园，在辽宁抚顺设立了北仑工业园。异地设立工业园，使宁波企业以整体力量发挥宁波品牌优势，进一步提升了企业的竞争能力。

据宁波市外经贸局统计，截至2007年3月，宁波人已在56个国家和地区创办377家境外企业和机构，其中95%属于民营企业。可以说，当今的宁波民营企业正以新“宁波帮”的姿态，追寻着先辈们的历史足迹，借助盛世国度，充满自信，向世界远航。

二、依科技创新企业，推造福人类的事业

“宁波帮”企业家十分重视企业的科技创新，利用科技创新，提升企业实力，比如近代的刘鸿生、厉树雄、方液仙、项松茂、胡西园都是通过科技创新来发展企业的。而当今的宁波本土企业家，不仅依靠科技创新发展企业，还依托科技创新发展起来的企业，推进造福人类的事业。2010 年被评为第九届宁波市优秀企业家的德安公司俞建德总裁就是这样一位典范。

俞建德自 1993 年创办企业以来，多年来一直致力于水与生态、环保事业的研究及其产业化事业。经由他及其团队的努力，以高新技术产品创立基业，德安公司得到了长足发展，逐步建立了在水处理、生态、环保等多领域的领先地位。

在俞建德的领导及其公司同仁努力下，公司先后成为宁波市工业创业创新技术创新示范企业、国家高新技术企业、国家环保产业骨干企业，系 ISO9001 和 ISO14001 双认证企业。公司始终以科技创新为发展动力，建有宁波市水处理设备省级高新技术研发中心，并设立了国家级博士后科研工作站，长期与国内著名高等院校和科研院所合作，聘请行业内专家及专业高级人才等专门从事环保高新技术的研究与开发以及技术指导。公司十分注重知识产权和自主创新，被评为宁波市专利“试点”企业。公司还获得宁波市名牌产品、宁波市知名商标、中国 AAA 级质量信用企业、中国最具品牌价值中小企业 100 强、2005 年度优秀设备产品厂商、2006 中国成长型中小企业 100 强、2006 年度中国优秀环境工程公司、2006 年度中国水工业十大工程公司、2007 年度中国水工业十大创新品牌企业、2008 年度中国水工业十大民族企业、2009 中国污水处理设备制造企业十强、2009 年中国最具投标实力水处理设备诚信企业三十强。德安已经成为中国环保产业骨干企业、国家重点科研成果转化单位、中国环境污染治理业的领先企业。

俞建德总裁在公司产品组织开发技术攻关和技术合作及质量改进、产品推广过程中付出了大量心血，个人拥有近百项国家专利，其中发明专利 13 项。目前，俞建德所带领的德安主要技术涉及污水生态处理与回用、无水生态洗手间、家用生态无水马桶、生态河道与生态公园设计建设、生态绿化自动补水装置、河道硬堤岸恢复系统、人工生态浮岛、河道治理恢复系统、山体生态恢复、垃圾资源化生态处理、城乡居住区生态化处理工艺、智能凸轮阀、自动反冲洗过滤器、雨水回收处理、废气净化处理等多个领域。

俞建德以独特的视角和观点，是较早提出运用“中国特色”思想解决中国生态环境问题的设计者和实践者：他在城乡垃圾和污水处理、工业废水废渣循环处理与运用领域都具独到见解与成果，在由他所成功实践的垃圾资源化处理、污水处理“三零方案”等诸多个案中，已得到验证。同时，他所提出的“协同处理”循环冷却水处理概念、21世纪最先进的给排水循环经济城市规划理论、“平衡饮水”等诸多思想理论，更是与国内外顶尖专家学者的研究结论不谋而合。这也正是他在传承“宁波帮”精神基础上提出的公司经营宗旨——造福人类的行动写照，更是他践行科学发展观，增强企业竞争力的切实行动。

三、以全球视野，推全球性企业

深受海洋文化影响的“宁波帮”已将“四海为家”、“敢于弄潮”的精神视为从商的一种品格。光绪《鄞县志·风俗》称他们“四出营生，商旅遍于天下，如杭州、绍兴、苏州、上海、吴城、汉口、牛庄、胶州、闽、广诸路，贸易甚多。或岁一归，或数岁一归。……甚至东洋日本、南洋吕宋、西洋苏门答腊、锡兰诸国，亦措资结队而往，开设廛肆，有娶妇长子孙者”。他们四海为家，追逐利润，只要能有一片落脚的土地，便可以落地生根，并很快焕发出旺盛的生机。而当今的宁波民营企业追寻先辈足迹，也正在世界各地淘金并努力在当地生根。宁波的企业通过在外地建厂或设立营销机构，实现了对当地市场的深度开发，如境外工程承包，当今的宁波企业在国外造房子、建公交线路、发展电力设施……宁波人“赚洋钿”的路子越走越宽。据有关统计，2007年宁波企业承包境外工程年度营业额超过10亿美元，成为浙江省首个突破10亿美元的城市，在全国副省级城市中仅次于深圳，排名第二位，在全国36个省、市和计划单列市中排名第七位。

“从小地方走向大世界”这种表面风光的背后，实际是当今宁波企业以全球视野观照自身、以全球标准提升自我的一种与时俱进的蜕变努力。

为突破日趋严重的宁波资源要素的制约，宁波神化化学品有限公司靠着“虚拟研发”和“虚拟制造”，打通了国际、国内两个市场。他们从国际市场获取资源和技术，为国内2000多家企业提供特殊化学品和化工电镀原材料。2009年上半年，“神化”销量同比增长30%，上缴税收超过2008年全年，全年销售额80多亿元。这样的业绩简直创造了一个财富神话。

为吸收世界先进技术和管理经验，宁波耀华灯具公司在挪威、瑞典办起灯具研发机构，借“洋脑”开发出了公司70%的新产品。一些宁波企业还瞅准时机大胆收购境外公司。

为规避贸易壁垒，东海集团把生产车间“复制”到秘鲁首都利马，从而避开了秘鲁出台的针对中国水表的反倾销关税，东海水表成为当地的龙头品牌。

为赚钱，宁波企业又不得不走“赚辛苦钱”之路，宁波的支柱产业服装业尤其明显。作为传统的劳动密集型产业，服装行业给国际大品牌做贴牌生产已经是行业内惯有的操作模式，尤其是宁波的一些服装品牌，如雅戈尔这样的国内一线品牌，多数也都有着类似的贴牌经历。雅戈尔监事长钟雷鸣深为感慨：“这是一个相当痛苦的过程。作为中国最大的BK装生产企业，发展到现在20多年了，品质上与国际大品牌相差并不大，但至今我们出口的服装还是贴人家的牌子，全部都是OEM（定牌加工）。要想在国际服装市场上打响雅戈尔的品牌，实在太难了。”在已经非常成熟的服装国际市场上要推出自己的品牌，企业在产品的质量、技术上的努力且不论，首先就必须要面对一个市场认知、商标认知的过程，而这个过程是相当漫长的，也是痛苦的。

对已经走向全国并尝试向世界进军的当代宁波企业而言，30多年承前启后的创业成就无人能够否认。然而，从日益复杂严峻的全球化竞争环境的大背景下反观，从全球产业链分工及资源配置的地位来看，如同整个“中国制造”，“宁波制造”依然面临着许多困惑。

对于中国企业现阶段的困惑，长江商学院院长项兵（2006）曾经提出：中国企业所面临的跨国公司的挑战，可以作一个形象表述——“三块板”：即核心技术（“天花板”）、对全球性销售网络的掌控（“地板”）和跨国公司的反倾销（中间的“隔板”）。而作为中国企业中最具活力的代表——宁波企业对这“三块板”的感受比其他地区的企业更深刻。

第一，核心技术（“天花板”）方面。目前，自主知识产权依然是制约“宁波制造”的一个“瓶颈”。在宁波制造业迅速崛起的同时，许多企业自主创新能力较弱，运用专利保护自己、拓展市场能力不强。一部分企业至今仍处于简单模仿、低水平加工组装阶段，产品同质化现象严重。据宁波市知识产权局调查，在全市规模以上工业企业中，拥有专利的企业只有17%，而全市192家高新技术企业中，拥有自主知识产权产品的企业也只有50%左右。另一种情况是，虽然宁波市获得国家授权专利数连续五年保持浙江省第一，在全国各大城市中名列第五，但所获专利绝大部分为外观设计专利，高层次、高技术含量的发明创造稀缺，授权专利中，发明专利和实用新型专利所占比例均很低。

第二，跨越疆土的“地板”方面。尽管近年来宁波企业在境外的“据点”已分布在80多个国家和地区。但相对于中国企业不得不面对的跨国企业的激烈竞争，基本上没有真正意义上的跨疆土跨越。

可见，针对目前表面的辉煌，面对未来的发展战略，宁波企业面临“走出去”的挑战，必须把握“全球视野”的内涵，从根本上进行思路创新。除了一如既往地发扬“宁波帮”精神，还必须创造性地转化各种挑战所带来的压力。这是个蚌病成珠的痛苦而又美丽的过程，更是宁波当代企业变“全球企业”的必经过程。

第三节　“宁波帮”文化对本土家族企业制度构建的影响

一、“三缘”性特征，束缚了本土家族企业产权制度的开放

（一）“宁波帮”文化的优秀基因之一——“家族团结，同乡扶助的群体精神”显示出典型的“三缘”性特征

近代“宁波帮”是一个以血缘家族为核心、以地缘关系为纽带的范围广泛、组织松散的企业家群体，强烈的血缘和地缘色彩是近代“宁波帮”的一个显著特点。“家族团结，同乡扶助的群体精神”之积极视角令我们看到：亲邻相帮和同乡扶助的习俗不仅推动大批宁波人走上工商之路，而且为他们日后的成功创造了条件；这种精神使近代“宁波帮”在创业过程中，借助家族、同乡关系，相互支持，相互依存，同舟共济，大大增强了抵御经营风险的各种超经济因素干扰的能力，特别是在抗衡列强经济侵略方面发挥了独特的作用，使他们在近代中国险象环生的社会环境中得以克服艰难险阻，获得成功和发展。“家族团结，同乡扶助的群体精神”之消极视角令我们看到：“宁波帮”企业家在重视和依靠传统家族、同乡关系过程中，难免存在着门户之限、畛域之分和“近亲化”现象。

比如近代“宁波帮”企业家在兴办的实业中，企业的组织形式多数顺应

了当时民国政府修订的《公司法》要求——公司制形式，较典型的“四明银行”就是一个代表。四明银行是一家股份制公司，其成立时的发起人、主要投资者和主要当权人物均为旅沪经商的宁波籍实业家（详见表 4-1）。可见，四明银行在组织形式上具有先进性，但其本质上又具有明显的家族特征。这种现象的存在又与我们第三章第一节分析的内容——当今本土家族企业的产权制度现状相吻合。

表 4-1 旅沪经商的宁波籍实业家在四明银行的地位

姓 名	简 历	股金（两）	占股份总额（%）
陈 薰	镇海人，原源丰润银号经理，该行第一任总经理	35000	7
董杏生	镇海人，老亚隆洋行买办	35000	7
蔡麦氏	上海道尹蔡乃煌之妻	30000	6
李威如		28000	5.6
虞和德	镇海人，荷兰银行、鲁麟洋行买办，开设开顺号及三北轮船公司，该行第一任协理	15000	3
卢少堂	地产商	10000	2
厚大庄	钱庄	10000	2
苏宝善堂		10000	2
严子钧	慈溪人，开设老九章绸缎局	9500	1.9
李厚垣	镇海人，从事沙船业，开设新记公司	5100	1.02
周晋镳	慈溪人，上海总商会第一任会长，该行第一任总董		
朱佩珍	定海人，商会会长，开设慎余号	5000	1
涂严坤		5000	1
公慎堂	地址系义善源钱庄转	5000	1
余庆堂	地址系义善源钱庄转	5000	1
朱铣伯		5000	1
严渔之	上海总商会第一任秘书，严干均的族人		
汤之庆		5000	1
四明公社	宁波慈善团体	5000	1
杨俊卿		5000	1
三多堂		5000	1
喻松荫记		5000	1

资料来源：乐承耀等著：《宁波帮经营理念研究》，第 209—210 页。

(二)宁波民营企业呈现出典型的家族经营特点,产权结构具有一定的封闭性和单一性

当今宁波民营企业的资产绝大部分是靠业主投资积累或者通过亲情关系借贷而来,产权主体带有浓厚的血缘、亲缘、地缘色彩,使民营企业经营呈现为典型的家族经营特点,产权结构具有一定的封闭性和单一性特点。现代企业制度的核心是产权制度,即产权明晰,产权结构多元化,产权可流动性三原则。宁波民营企业的产权结构多元化与产权可流动性仍未显现,与建立真正意义上的现代企业制度仍有差距。

1. 产权结构的单一性和一元化

随着企业的发展,规模的扩张,这种产权结构可能制约民营企业的发展,企业需要产权制度创新,特别是通过参股、入股等办法建立企业内外部的资产联系,实现社会化。否则,对企业而言,产权结构单一性既摆脱不了家族血缘关系的干扰,又无法解决资产所有者的经营能力与资产规模扩大成正比例的发展问题。

2. 产权交易性较差

民营企业由于更多地受关系本位的制约,难以走出自己的小圈子,使企业的生产要素,特别是资产的流动、转移和重新配置都受到了很大的限制,由此影响了企业资源的最优配置,限制了企业的发展。

二、顺应时代的经营管理方式,为本土家族企业管理做出了典范

(一)当今本土家族企业的家长式、集权式管理模式特征明显

宁波本土家族企业具有典型的家族式管理特征,多数是董事长和总经理兼任,出资者和管理者没有分离。随着企业发展壮大,企业生产经营形式逐步复杂,内部专业分工不断细化,家族式管理的弊端逐渐显现。这主要体现在以下几个方面:一是亲情利益与企业利益的矛盾。由于产权的亲情性和封闭性,家族企业的发展和运营在许多情况下可能不是以实现企业的利益最大化为目标,而是追求最大限度地实现业主及家族成员的个人利益;从而阻碍企业的改组、整合,妨碍企业制度的健全和科学管理的实现。二是企业决策水平与企业发展要求相矛盾。家族企业企业主集所有权、经

营权、决策权、管理权于一身，决策缺乏必要的制约和民主。

(二)“宁波帮”企业顺应时代的经营管理方式，为当今本土家族企业的发展提供了有效思路

“宁波帮”商人早期对企业往往采用中国传统的小生产式、家长式的管理。但当企业规模扩大后，尤其企业的经营出现多元化、国际化时，他们又接受了管理现代化。

1.创新与实施制度化管理

冯存仁堂的第五代传人冯福恩借鉴当时西方管理经验，创新制度管理。冯福恩于同治元年(1862)在上海开设分店，继承祖上的经营传统的同时，创新制度管理。主要有：(1)实行经理负责制，用人唯能；(2)因事设人，人员精干；(3)分配红利，调动职工积极性；(4)以销定产，自主合理安排资金。由此把生意做活。

刘鸿生在其经营的企业中实施制度化管理，对生产设备的使用及职员、工人的岗位职责等制定了一整套的规章制度，尤其他创新实施的成本会计制度得到了广泛认可。他把成本会计看做是实施科学管理的重要环节，根据自己兴办企业的体会，认为中国实业界要实行科学管理，应该先从成本会计做起。他认为“每一个企业，一定要有一套完整的成本会计制度。它可以告诉你哪一部门是厂里最薄弱的环节，需要想法子改进；哪一部门有浪费，需要想法子克服。成本会计是你的眼睛”。为此他高薪聘请留美会计专家林兆棠为大中华设计出一套标准的成本会计制度，把每道生产工序都精打细算地列入成本，对所属各企业的产量、原物料耗用、工资、制造费、厂务费以及各分事务所的销货量、营业费、利润等逐项比较分析，监督、指导生产经营，使大中华的成本在同业中最低。他还把这套成本会计制度推广于刘氏各企业。1936 年 11 月，中南、盐业、金城、大陆四大银行曾对刘氏的章华毛纺厂做过调查，一致肯定该厂“厉行成本会计”，“最有价值”，认为“此种严密之算法，各厂急宜效仿”。

2.多元化经营

企业多元化经营的产生和发展，是随着企业外部环境的变化、竞争的加剧和企业规模的扩大、经营实力的增强而逐渐变化的。“宁波帮”企业家在经营实践中逐步认识到，一个企业要在激烈的市场竞争中立于不败之地，必须要开阔视野，一业为主，多元经营。企业的经营从单一产品、资金

主导产品发展到多元化经营，从相关多元化发展到非相关多元化。多元经营至少有三方面的作用：一是分散经营风险，保证企业经营平稳，使企业稳定成长和发展；二是充分利用企业资源，提高企业综合利用效率；三是充分利用市场提供的有利时机，增加企业利润。从"宁波帮"的崛起及其走向世界的历史来看，立足本行、多元经营是"宁波帮"经营管理中一个成功的策略。

叶澄衷是上海的"五金大王"，同时还涉足钱庄业、房地产业和沙船业等，他经营的钱庄最多时达100余家，全国各大中城市几乎都有他的钱庄号。他所经营的房地产树德地产公司，在上海一地即置有地产400余亩。1894年，又在上海开办纶华缫丝厂。1897年与另一"宁波帮"商人宋炜臣合资在汉口和苏州创设燮昌火柴厂。他自置沙船100余艘，经营长江及沿海航运业务。至19世纪末，叶澄衷拥有资本已达约800万银两，可称得上当时中国的巨富。

3. 资本化运作

通过低息贷款、股票上市来筹资，是"宁波帮"企业家保证资金流通的资本运作方式之一，包玉刚在这方面为我们作出了榜样。他认为实业的发展需要借助于畅通的筹措资金渠道。在经营计程租船上，他就是通过低息贷款保证该项业务的资金流的。针对经营计程租船业务，银行是难于预测和控制收回贷款的，即使允许贷款，利息也较高。为此，包玉刚采用了租赁办法。由于包氏采用长期稳健的租赁办法，银行注意到他有长期稳定的租金收入，有租赁合同保证，因而敢于放手发放低息贷款。有了低息贷款，船队就可以稳步发展，而实业越是稳健发展，越容易获得银行信任，乐于给予贷款。所以说，他的长期租赁方针不但保证了利润收入的稳固性，同时又直接促成了一条筹措资金的渠道。此外，包玉刚多年的多元化经营打造的"会德丰集团"正是他借助证券市场，游刃有余地开展资本化运作的杰作。

三、"以人为本"的人才观，促进了本土家族企业用人机制的先进性

（一）"宁波帮"企业家的人才观

"宁波帮"企业家十分重视人的因素和作用，注重企业内部人的组织和管理，努力调动全体员工的积极性，充分挖掘企业内部潜力。他们受儒家

文化影响，深知“善用人才者胜”，因而视人才为企业兴衰的根本，不惜重金聘用，大胆使用。在用人上，他们认为关键在善任与厚待，对人做到善任之，又厚待之，才能使之尽心竭力地为己所用，同时也才能使上下之间和谐协调。他们努力把中国人传统的厚道温情融入制度化管理。在企业中他们多以长者自居，进行家族式管理，关心员工的生老病死，搞好员工的福利待遇。他们重视对员工的精神教育，在鼓励员工学习各种技术和管理知识的同时，十分重视对员工进行道德的教化和爱国爱企业的教育，在企业中提倡勤俭、务实、忠诚、守信等传统道德，力戒赌博、偷盗、懒惰、不孝等陋习，他们本人更是身体力行。许多“宁波帮”人士被称为具有中国传统美德的企业家。在他们的企业中，先进的技术、科学的管理与传统的道德实践相统一，现代的经营手法与传统的道德行为更是在大多数“宁波帮”企业家身上完美地结合起来。

（二）本土家族企业用人机制的优良传承

甬商研究基地2009年的相关调研显示，目前宁波民营企业管理层构成中家族成员为主的现象正在逐步减少，民营企业领导层出现了社会化、职业化的趋势。在这方面，宁波方太就是一个鲜明的例证。

在人们眼里，“方太模式”的交接班范本已经成为当今中国家族企业研究的模板，然而其优秀的人力资源管理系统却鲜为人知。事实上，方太始终抱着“成为受人尊敬的卓越公司、让‘家’的感觉更好、让员工实现人生梦想、回馈社会”的追求，坚持“公平、公正和人文关怀”的用人理念，遵循“能力为本、绩效导向”的考核机制，形成了符合自身企业发展的人力资源管理系统。

方太是一个典型的家族制企业，但细究其组织架构，就会发现它又属于现代意义上的家族制企业：一方面，与其他家族制企业一样，由于家族拥有公司绝大部分的股权，企业决策权高度集中在家族成员手中；另一方面，与其他家族制企业不同，在方太，除了董事长、副董事长、总经理以外，从总经理助理到普通的管理层人员，没有一个是家族成员，而且公司70%的部长以上管理者，是从外地引进的硕士生和本科生。为使这些外地人成为专业经理人，最大限度地发挥专业经理人的作用，方太实施了“阳光计划”和“飞翔计划”。

其中，针对应届生制定了“阳光计划”，通过3～6个月的军训、集中培训、车间实习、销售实习等形式，帮助应届生完成从学生到企业员工的心态和角色的转换，以更快、更好地适应工作的需要。此外，在多年前，方太就已拥有一支内部导师和内部培训师队伍，帮助员工在心态、专业、管理技能、职业发展等各方面作出指导。他们建立了管理职和技术职两条线的升职渠道（见图 4-1），有计划、有组织、多样化地培训提高员工的岗位技能和职业素质，让不同的人才都能找到自己的成长空间，实现人力资本增值。

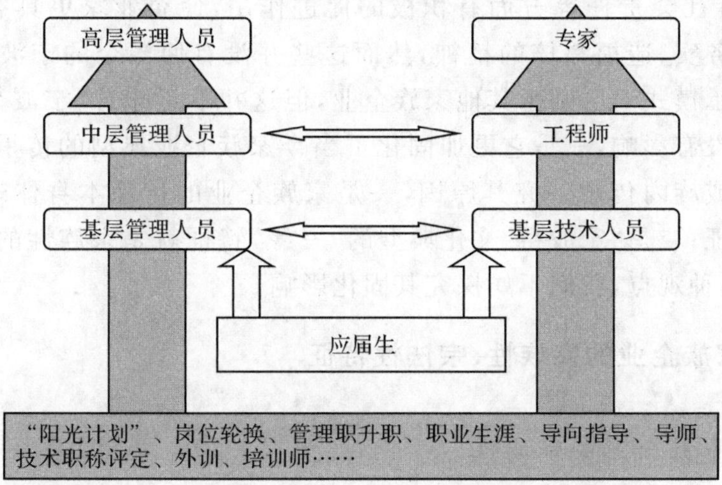

图 4-1　方太建立的管理职和技术职两条线的升职渠道

茅理翔在用人方面有自己的独到之处。他认识到，人才除了物质方面的需求外，同时还有精神上的需求，作为企业的老板，应该为人才提供一个自我价值实现的平台。在方太的中高层人才中就有这样一种认同：他们不是在为老板打工，而是在为他们自己打工。在选人、用人、留人上，他也形成了自己的特色：

（1）选人要看事业忠诚度、工作实战阅历，以及跳槽的因果关系和岗位适应优势；

（2）用人的首要要素是“尊重人”，多予以及时表扬，发现缺点私下谈话，重在优胜劣汰的内部人才竞争机制的形成；

（3）留人要讲究对人才以诚待人、以情动人的待人之礼，重在人、财、职三权的合理下放使其实现自我价值。方法则是注重薪酬、升迁、文化和愿景留人。

第四节 “宁波帮”文化对宁波本土家族企业传承的影响

结合本书第三章第三节的研究主题，应该说，宁波本土家族企业传承没有特殊性。即使“宁波帮”文化的优秀基因对当今宁波本土家族企业的经营、履行社会责任等方面有积极的促进作用，使企业家更具有开拓、创新、诚信、务实、造福桑梓的精神，然而这些并没有使当今的宁波本土家族企业在传承模式上区别于其他家族企业，但这并不意味着“宁波帮”文化在传承方面没有影响，只是它更加固化了当今家族企业典型的传承模式——子承父业或族内传承。究其原因，一是家族企业的传承本身体现宗族性、宗法性特征；二是“宁波帮”文化典型的“三缘”特征就是宗族性的体现。因此，基于这种观点，我们不妨探究其固化影响。

一、家族企业的宗族性、宗法性特征

（一）家族企业的宗族性

钱穆说，各地文化精神之不同，穷其根源，最先还是由于自然环境有别而影响其生活方式，再由生活方式影响到文化精神。中国古代就不是一个个人主义的社会，而是儒家传统所主导的社群主义社会，社群的核心小至家庭，大至家族。

在中国传统的农耕文化下，人们最先依赖家庭、亲属来维持生活，维持生存。家族是构成社会的基本单位，它不仅以血亲为关系纽带，而且连接着地缘的相邻关系，以家族礼仪、规范、制度及传承构成人际关系的文化形态，并以个人的修身和价值治理与国家形成对应同构的社会形态。

家族成为中国文化的柱石，中国文化全部都从家族观念上筑起，家文化构成了中国文化的根基和文化内核。

中国人重视家族，希望家族不断繁盛、子孙享受荣光，内心中人们热望的是“社会阶层结构的代际复制”。也就是说，社会中占据着优势地位的父母总是会想方设法地利用自己所能调控的各种资源尽可能地将自己的优势地位传递给自己的子女，甚至惠及子孙。虽然随着不同历史时期的客观环境，人们的方法和手段不同，但家族永续传承的理想一直未变。

传统社会中，血缘关系在很大程度上渗透于土地关系和政治关系，土地是可以世代承袭的，在村落中的权力关系也因为土地和财富的承袭而巩固。家财万贯、米烂陈仓、广厦千间、良田万顷是恩惠后代的最好财富。伴随着这些财富的拥有，人们在乡村和族群中的权力关系和地位也开始凸显，这些权力关系在一定程度上是可以不断世袭的。历史上以血缘关系为纽带维系着宗法制度和家族制度，从西周后数千年如此，皇权、族权都是血缘关系的产物。所以，人们相信积累财富和后继有人是家族永续发展的关键。

新中国成立后，伴随着土地改革和生产资料公有化，囤积土地传承子孙是不可能了。随着改革开放，国家日益推进法制建设和民主改革，世袭的权力和地位荡然无存，个人的成就需要依靠自己的努力，地位和权力需要民主选举和法制监管。这样一来，社会阶层结构的代际复制很大程度上受到了限制，家族永续传承的理想唯有依靠家族企业来完成。

可见，儒家文化的宗族特征赋予了当代家族企业的宗族性特征。

（二）家族企业的宗法性

所谓宗法，是指一种以血缘关系为基础，标榜尊崇共同祖先，维系亲情，而在宗族内部区分尊卑长幼，并规定继承秩序以及不同地位的家族成员各自不同的权利和义务的法则。家族是由若干具有亲近的血缘关系的家庭组成的，而若干出自同一男性祖先的家族又组成宗族，《尔雅·释亲》把由同一高祖父传下的四代子孙称为宗族，实际上有些宗族还包括更多的世代。家族和宗族密不可分，有时甚至合二为一。

宗法制度是由父系氏族社会的家长制演变而来的。宗法制度的基本内容包括两点：(1)确定继统秩序。(2)在宗族内部依血缘关系区分尊卑亲疏，规定各自的权利和义务；二者相辅相成，构成了宗法制度的基本内容。与此相适应，为了加强宗族内部的凝聚力，祖先崇拜被推进到新的高度。

从中国历史考察，传统儒家思想是一种以个人为中心，强调血缘共同体和建立亲疏远近关系的宗族伦理，人们的生存、发展及社会地位的获得严重依赖于自己的家庭，因而宗族观在中国早已形成，并有极大的发展。在血缘宗法体系的基础上，将这一观念加以扩展，便形成了政权与族权结合、家国一体的政治结构。人们的一切活动都被纳入封建纲常伦理关系之中，使家族内的伦理秩序成为国家秩序，因而政治权威被看做是秩序和道德的象征。人们对统治权威有一种消极忠诚和恪尽义务的观念。

这种家国一体的宗族观和重义轻利的道德观相结合，便成为人们意识形态的主宰。在经济生活中，以这两种思想为核心，形成了对经济、政治统治和个体经济行为的重大影响。

宗族观实际上是一种封闭、狭隘的观念，它以家庭利益为核心，以族规家法为约束。人们所有的活动都纳入家族范围之内，并无条件地服从于家族整体利益。

而义利观实际是对人性中利己、利他关系的描述。在儒家思想下，“自利”几乎就是自私的同义词，对自身利益的追求是不能获得被社会肯定的伦理价值的，因而自利是与社会文明进步相敌对的东西。在这两种观念之下，家族观念至上上升为国家利益至上，与利他主义相结合就形成了中国经济伦理中的一种集体主义价值观。

正是基于宗族观与义利观的结合，形成了现代家族制企业的认识，即同一家族拥有企业的全部或部分所有权，并长期持续经营管理与控制该企业，实行家族规则与企业规则相融合的管理方式。

二、“宁波帮”文化的“三缘”特征与家族企业产权的宗法性的联系

基于前面的分析不难看出，目前我国家族企业产权的宗法性正是家族企业在产权主体上具有强烈的血缘性、亲缘性、地缘性的表现。家族企业产权制度的宗法性造成了家族企业单一的产权结构，使企业的产权层次不清，同时也是阻碍企业建立现代企业制度、确立科学有效决策和管理机制的重要因素。可以说，它就是现阶段我国众多家族企业产权问题产生的重要制度根源。

（一）产权的宗法性是造成家族企业单一产权结构的重要原因

在家族企业创业和原始积累过程中，大部分企业都是以血缘关系、亲缘关系或地缘关系为纽带联结在一起的家族制企业。这种企业的特征是单个企业主占有企业的绝大多数剩余收益权和控制权，承担企业的主要风险。在创业初期或者企业发展的一定阶段，这种产权结构是具有效率的。然而，当企业成长到一定阶段后，这种单一的产权结构由于企业主本身能力和精力的限制，加之缺乏监督机制，容易造成决策失误，企业的风险较

大。解决的办法是企业的产权最好能够多元化。然而,宗法性产权是一种封闭性产权,产权的流动性较差,外部资本不容易进入,从而使家族企业单一产权结构的局面得以长期维持。

(二)产权的宗法性使家族企业的产权层次不清

产权的层次是指在个人所有权的基础上,存在一个企业的法人所有权。多数家族企业在创立时,并没有将个人财产和企业财产加以区分,他们通常把企业资产与家族资产视为一体,视二者为"锅里"与"碗里"的关系。在企业壮大后,他们理所当然地将企业的资产视为家族的资产,将企业产权与家族资产粘连在一起,从而将家族财产所有权与企业法人所有权混为一谈。正是这种混合状态使家族企业始终没有形成超越于家族的产权关系,摆脱个人和家族而独立存在,企业的发展因此受到制约。

(三)产权的宗法性是建立现代企业制度的障碍

由于产权的宗法性,家族企业很难改变单一产权的局面,而且产权层次也不清楚。产权是企业经营权和管理权的最终来源,单一产权必然导致所有权和经营管理权的集中,即使某些家族企业已两权分离,但因为没有触及企业的根本——产权结构问题,这种没有制度保障的分离并不能保证所有权和经营管理权再次从分离到集中的反复。在这种情况下,企业不可能真正形成现代企业的法人治理结构,也难以形成有效的委托——代理机制。

三、"宁波帮"的传承特征

根据现有的资料考察,"宁波帮"家族企业的传承没有脱离宗法性,相反而是宗法性的特征在"宁波帮"中得到较好的发挥,以至于"宁波帮"在地域、行业上形成了气候。

(一)"张同泰国药号"的五代传人与董浩云的家族事业

应该说,"宁波帮"家族企业世袭传承的案例举不胜举,但限于篇幅和资料,在此仅以不同时代的相对较典型的"宁波帮"家族企业传承作一剖析。

1."张同泰国药号"的五代传人

据戴光中教授的《江北儒商》书中记录整理,"张同泰国药号"的五代传承如图 4-2 所示。

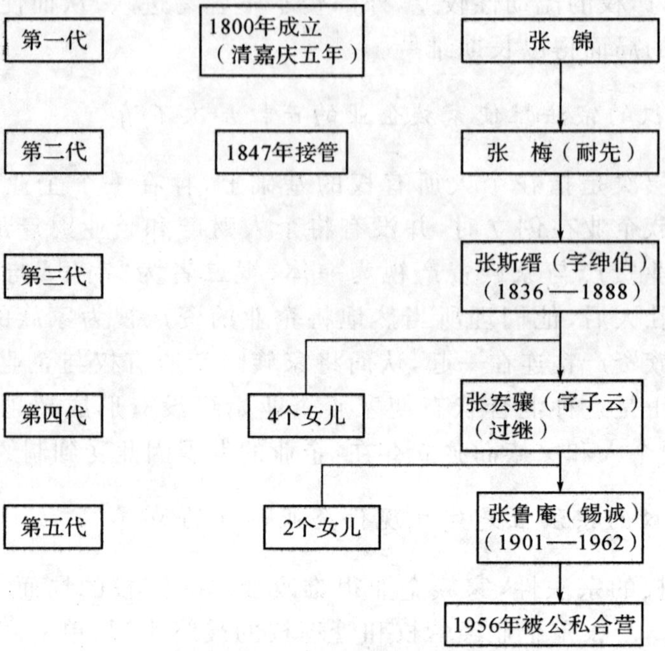

图 4-2　张同泰国药号传承

中华老字号“张同泰”曾是杭州六大药店之一，是由宁波庄桥街道马径村张氏家族的张锦所创立的。“张同泰国药号”延续至今已有 210 年的历史。

2. 董浩云的家族事业

1911 年 8 月 18 日，董浩云出生于浙江定海（现舟山），父亲董瑞昌是早年离乡到上海经营五金的小商人。他在家中三子女中排老三，上有一兄一姐。董浩云青年时在天津航业公司当学徒，学徒结束后以优异成绩被天津航业公司录用，开始了他与海洋紧密相连的事业。

据董浩云家族事业大事对照年表（根据有关资料归整）：

1928 年，董浩云 17 岁任职天津航业公司。

1933 年，董浩云 22 岁创立航运公司，同年爆发日本侵略战争，公司结束。

1937 年，董浩云在上海创立中国航运信托公司，同年因七・七卢沟桥事件爆发，公司被日军接管。

1941 年，董浩云在香港注册成立中国航运信托公司，注册资本为 25 万港元。

1946年,董浩云在上海二次成立中国航运信托公司。

1947年,董浩云在上海创办复兴航运公司,同年9月,董浩云派天龙号由上海驶往法国,成为第一艘抵达法国的中国民营货船;同年,通平号首航美国旧金山。这两次成功的远航,完成了中国人驾驶商务船舶开拓远洋航运的创举,为中国航运史写下光辉的一页。

1950年,公司船只被扣,面临财务困境。

1956年,中东战争爆发,逐渐成为世界最大船王。

1969年,董建华32岁加入"东方海外",开创香港至欧美航运。

1972年,"海上学府"焚毁。

1980年,董浩云收购百万吨级大油轮,完成收购,资产负债率高达83%。

1982年,董浩云去世,董建华45岁继承"东方海外"业务。

1985年,世界航运业不景气,董建华面临破产危机。

1986年,董建华获得霍英东注资1.2亿美元,得以重整。

1997年,董建华上任香港首届特区行政长官,弟弟董建成接掌家族企业"东方海外"。

根据截至2006年董浩云家族事业的有关资料整理,"东方海外"已完成第二代传承,当前正面临第三代传承。家族三代现在"东方海外"任职的共有11人,其中第二代有3人:董建华、董建成、金乐琦;第三代有8人:董立均、董立新、董立筠、董立茂、金昌民、金昌伟、彭士孝、彭士苹。

由上可见,"宁波帮"家族企业的传承呈现出宗法性特征。

(二)"宁波帮"的同乡组织、同业经营充分发挥出家族宗法性的特征

传统中国社会不仅是一个"家庭中心型"的社会,更是一个"族本位"的社会。在传统中国的"家国同构"中,渊源于血缘纽带的"氏族"、"家族"、"宗族"的凝聚力,能够因为生产方式的升级和社会协作的复杂化而轻易转换成"乡族"的团结力,由家族内部的纵向串联演化成为家族之间的横向并联,从而打破人际关系上的"垂直一体化",建立起超越血缘的地缘关系和超越家族的"中间组织"。

"同乡会"是宗法体系衍生为地缘力量的一个显证,它使得来自同一家乡的个人能够围绕着共同的籍贯聚合起来,并通过它的信用链条和人脉网

络渗透到商业组织(如各方客家的会馆和各行各业的“行会”)和官僚系统(如“绍兴师爷”)之中。“同乡会”作为新的社会关系既继承了血缘关系,同时又否定了血缘作为社会关系的唯一性。同乡会更多的作用是将乡族关系扩大到外地,通过其跨域性的贸易渠道对当地的地方组织构成竞争力。

据《鄞县通志》记载,“宁波帮”旅外同乡会在我国内地主要设立的地方有上海、汉口、南京、杭州、北京、天津、吴县(苏州)、常熟、临海、兰溪、严州(建德)、温州、长兴、无锡、盛泽、扬州、徐州、怀宁、芜湖、南昌、江陵(沙市)、应城、长沙、巴县(重庆)、厦门、汕头、青岛、烟台、郑州、大连、沈阳等地。特别在北京、上海、汉口、天津、重庆、沙市、苏州、杭州、温州等通都大邑,“宁波帮”势力尤雄,不少“宁波帮”商人成为当地商业巨子。他们或是垄断行业,或是操纵商团,成为当时经济社会举足轻重的力量。他们以“会所”、“同乡会”、“商会”为组织形式,内接外联,活跃在各地、各业的经济舞台上。其详细情况在第一章第二节中多有描述与分析。

实践篇

以“宁波帮”为代表的家族企业，曾经顺应民族资产阶级发展壮大趋势而称雄中国半殖民地半封建社会的经济舞台，给中国经济社会的发展作出了不可磨灭的贡献，也由此形成了“宁波帮”的文化基因。在今天社会主义市场经济条件下，新“宁波帮”的家族企业怎样才能继承祖辈的辉煌，更好地发展壮大？家族企业在中国特色社会主义道路上还能走多远？“宁波帮”精神能够传承和发扬光大吗？这些学术界关注但没有得出答案的问题，新“宁波帮”商贾群体正在以实践提供着有益的素材。

第五章　奥克斯集团的企业制度创新

奥克斯集团在郑坚江的带领下，从电表制造起家，以空调闻名，以后又进入房地产、医院、手机、汽车、物流、中央空调、冰箱、小家电、金融等行业。经过 25 年奋斗，奥克斯实现了从一个家族制企业迈向现代股份制民营企业集团的跨越式发展，现拥有总资产 91 亿元，控股 12 家子公司，位列中国 500 强企业、中国信息化标杆企业、国家高新技术企业，拥有“三星”和“奥克斯”两项跨行业中国驰名商标和两个中国名牌产品。2009 年，集团销售收入突破 200 亿元，连续五年在宁波市上规模民营企业中排名前三位。郑坚江也以个人拥有 50 亿元的财富而在“2009 胡润百富榜”上排名第 176 位。综观奥克斯的发展历程，其清晰的脉络就是伴随着企业的大步前进，不断创新执行的企业制度起到了强有力的保驾护航作用。在不断完善创新过程中，奥克斯集团通过“制度瘦身”、文化转型的实施，紧密围绕一个核心，形成五大机制的企业制度特色，值得我们借鉴和探究。

第一节　奥克斯集团的“制度瘦身”

一、“制度瘦身”的动力

奥克斯自 1986 年创立到 2001 年年底，像所有发展中的企业一样，其制度几乎覆盖了每一位员工的每一项活动，大到公司章程，小到员工着装，堪称应有尽有，累计已经制定各类文件2183条、9000多款，共计近75万字，如果全部装订起来，厚度超过一本大部头的字典。这厚度当然说明不了什么，关键是对制度的执行有了连锁反应。比如对一项制度的执行可能涉及另一相关制度，为较好地执行必须作出有关说明。这不仅大大影响了制度的执行效率，而且增加了制度执行的负担。因此，“制度也是负担”——数量过多过滥、内容艰涩费解的制度文件，是一种形式隐秘却同样可能引致危机的“大企业病”。面对“隐疾”，奥克斯的掌门人郑坚江深深感到必须给奥克斯的制度动一个大手术，决计实施变革，并倡导“不懂信息化的员工，不能当干部”！

二、“制度瘦身”的工具——信息化

2001年10月，郑坚江决定引进德国SAP公司的ERP（企业资源计划）软件。面对当时外部竞争环境恶劣，内部厂区建设和产能扩充急需注资，万余名员工尚无人通晓ERP为何物的情况，郑坚江毅然投资3000万元启动一个据称“成功率仅为20%”的项目。以此为契机，又逐步实施了PLM（产品生命周期管理）系统、OA平台（办公自动化）、SCM、CRM（客户关系管理）、CAM（计算机辅助制造）、CAE（循环商务模式）、HER（人力资源管理）、EIP（企业信息门户）、BI（智能商务）、商务秘书、空中会议室等项目。一年半后，强大的信息网络平台使奥克斯集团在采购、生产、销售、财务等各个环节均领先同行。四年后，人们蓦然发现，当初舆论对民营企业“上ERP是找死，不上ERP是等死”的评价，似乎是谬以千里。

我国著名经济学家吴敬琏先生在其著作《制度重于技术》中强调：“信息化要建立在社会全体成员发挥主动性和创造性的基础上”，“我国制度和文化传统对建设信息社会的阻碍可能较之它对工业化的障碍更加严重”。因此，“在中国信息化的过程中，制度和文化因素发挥的作用，远远大于技术的作用”。奥克斯实施ERP的实践鲜明而生动地印证了吴先生的话。

如今在奥克斯每位员工的计算机终端，打开“奥克斯集团办公自动化系统（OA）”，会发现在其中的“规章制度”模块中，公布了集团及其事业部的各项制度。凡涉及集团所有日常工作事项和业务流程的规章制度，均被融入和反映在OA系统中——文件审批、合理化建议、行政事务、采购价格审批、财务审批等共20余大类80多个模块，每个模块都对应着一部制度。公司员工一经登录，即可快速进行查询，省却了翻阅纸质卷宗的麻烦。过去放在各个部门案头厚逾字典的制度文件，也从此彻底消失，取而代之的是奥克斯办公自动化系统（OA）操作平台，它以“表单化”和“提示式”之特征为奥克斯人所“傻瓜型”应用。

奥克斯在启动OA之初，郑坚江一句“要连傻瓜都能用”的指令，成为其企业信息管理部门编制、改造信息化应用软件的最高指示，毕数年之功，终于将OA变成一种真正“容易上手、不易出错”的现代化管理工具。

目前在奥克斯，像会议纪要、差旅费报销、价格审批等原本需要用大段文字说明并解释其流程、细则及注意点的众多规章制度，已全部改以表单形式出现在OA的各大模块中。员工在处理和填写这些表单时，只需按照简短的文字提示进行操作或完成录入即可，根本无须查阅相应的制度原文或向别人询问；表单某处一旦漏填、误填或是填报流程出错，系统即自动及时给出“傻瓜型”的提示。

制度的“表单化”设计，是促成奥克斯的规章制度文字量逐年“消肿”的一大主因。例如其《差旅费报销制度》，最早文字量多达2500余字，但变成一张大表单后，用于提示和说明的文字全部加起来不到300字。更重要的是，像这样表单化的操作流程，直截明了，易于执行，大大提高了员工的办事效率和填写准确率，并极其显著地减少了在信息传播和命令执行过程中的损耗和误差，使管理成本得以降低。

据该公司人力资源部负责人透露，以前在新员工进来后，他们的一项重要工作是对其进行规章制度的培训，但现在几乎用不着了，因为这些制度都被表单化和“傻瓜型”了，“即使是新员工，也是一看就能懂，拿来就会用”。

在奥克斯的OA中，几乎每一次设计的改良和进步，背后都体现着郑坚江在其企业内倡导的“以提高效率为中心的企业风格”。奥克斯的“制度瘦身”之路，实际上是在不间歇地实践着“创新—调整—固化—再创新”。比如在其某段时间所有的模块中，最常用的是待办中心、下发文件和私人信箱。起初，它们被散布在主页的各处。对此大家都安之若素，没人觉得有什么不妥。直到有一天，信息管理部突然接到董事长的亲自指令，要求将上述三个模块的位置集中并一起移至最醒目的主页面下方。经此改良，员工们发现再使用这些常用模块时，已无须再费力地东找西寻了，而且鼠标摆动的幅度变小，操作起来更得心应手。这样的小小改良，其作用却显然不小，信息管理部技术人员分析：“常用模块位置没有集中之前，要在20余大类模块中找到它们还真有点费劲。以每位员工日均浪费1分钟计算，1年就意味着有2万多天的时间被白白浪费了。”

三、“制度瘦身”的成效

从制度的执行力看，举凡工作任务、上级指令以及会议纪要中给责任人下达的任务，都无一例外地规定了工作完成时间；不独如此，下属报给上级的报告，上级也必须在规定的时间里完成批复。如延误或提前，按一天20元的标准，由系统自动生成罚单或奖励单。对此，一位内部人士这样评述道：“如果是手工开具罚单，可能会因碍于情面或害怕得罪人而无法执行下去；但机器开单就完全地解决了这个问题，它最大的优点是铁面无私，对谁都不予通融！”由于制度在执行中一视同仁，企业的领导干部“打铁身先硬”，连老板也不能例外。因此，当基层员工们在同样被效率考核时，就不会有谁抱怨、叫屈和觉得不甘心；也因如此，“没有执行不了的制度”这句话，在奥克斯真正落到了实处，并保证了制度的执行力。

从办事效率看，在公司员工全面掌握应用ERP后，奥克斯财务记账效率从15天提高到2天，外贸订单的生产周期已从原来的17天缩短为11天；而PLM的应用，不仅使新产品进入市场的时间加快15%～30%、生产率提高20%～30%，而且降低开发成本10%～20%，降低制造成本10%，节省直接材料成本5%～10%，降低用于质量保证方面的费用15%～20%……“制度瘦身”后的“信息化”给奥克斯带来的，都是这样看得见、摸得着、可量化的成效，而这些成效在其企业经营的各个环节都得到了显著的体现。

总之，信息化项目的效果，可分为两个层次反映和表现出来：一种是“显性效果”；另一种是“隐形效果”。“显性效果”是明示性效果，比如成本降低、库存减少等。而“隐形效果”是一种长期效应、整合效应、不显著增量效应。这种增量和增值，往往是一种组合效应，需要时间，更需要科学的验证和评估。为此，奥克斯聘请专门评估机构进行项目实施评价，进而使项目更具有实效性和科学性。现代管理学之父彼得·杜拉克说过：“创新是企业的特效武器，这意味着，通过变化，他们找到了新的商机或者提供新的服务。”企业信息化必然带来技术的创新、管理的创新、制度的创新，这成为奥克斯进一步打开财富之门的金钥匙。

第二节　奥克斯的文化转型

奥克斯从牛棚起步，缔造出电表的世界王者，改变了中国家电的势力版图，主导了空调行业的突进，创造了一个个以小博大、以弱胜强的经典商战案例。他们让宁波制造成为消费者优质平价的代言人，让中国商业再次高扬起宁波新商帮的声音。当很多企业还处在后危机时代的迷茫之时，他们率先推出面向未来的战略，以战略生存的姿态跨越发展，向五百亿乃至更大的世界级企业目标稳健前行。这激扬的背后正是他们在金融危机之前，在狂热喧嚣中选择了静静的蛰伏，选择了以超过百亿元的“身段”埋头转变思想，实施文化转型。

“这是智慧的凝聚，更是力量的积蓄。事情没做好就没什么可说的，全面的文化转型这件事，很少有人能一下成功。尽管艰难，我们一定可以完成。等有了成效，用行动说话，用事实说话，这比什么都强。”郑坚江如此表述。

一、企业的文化转型

泰勒认为：“文化是知识、信仰、艺术、道德、法律、风俗、能力、习惯的总和。”基于这种概念，玛丽亚诺·格龙多纳提出这样的观点：经济发展是一个文化过程。

理由何在呢？理由是短期的经济行为可以由经济逻辑来解释，但长期的经济行为，经济逻辑解释不了，一定会进入文化逻辑。一个个人、一个家庭、一个民族、一个国家都是如此，短期的行为可以由经济逻辑来解释，长期的行为却不是这样的。文化价值观，决定经济发展的程度。这对于一个企业同样符合逻辑，并且是企业制度创新的基石。

从企业的视角，文化是有形的，并富有战斗力。我们所看得见的，比如各国各地的文化习性不同，导致价值的差异。我们可以有德国的设备技术、原材料，但一经过人，经过生产，经过文化，经过文化主导下的特定生产方式，会自然而然地拉开距离。同样一只手表的价格，瑞士造的是 10000 元，日本造的是 1000 元，中国造的是 100 元。文化的差异导致了这样一种现状：瑞士是精密制造，日本是标准制造，中国是普通制造。那么如何把企业做到一流呢？首先是发现你的最为擅长的文化能力，其次是使你的文化个性高度顺应你所从事的行业个性，最好使你这一文化个性成为全体人员的普遍高度的自觉行为。

企业的持续发展是一项系统工程，是不断变革的过程。当针对企业长远发展的目标需要大力推进改革时，实践证明，要成功推进企业持续发展或做到一流，企业文化转型成为必需。具体而言，当企业看到：原有的一些落后的企业文化会抵制或制约企业发展，如价值观、共识度等；原有企业文化所形成的思维、行为、管理理念等有强大的惯性，严重影响企业改革的推进；员工的忠诚度、技能、利益等，对企业发展产生一定的阻力；改变社会对企业的认知，需要借助强有力的企业文化为推手等等；这时，企业文化转型成为必要。企业文化转型就是要建立起一种既能够维持住文化千百年尊严又适合现代企业所要求的文化结构，它主要包含企业的社会责任感、战略思维、有效决策、高效管理等，体现为企业的持久的核心竞争力。

二、奥克斯对文化转型的理解与践行

百亿级的企业，并不是100个亿级企业或者10个十亿级企业的简单叠加。企业规模到了一个新台阶，需要全新的系统改造。奥克斯集团董事长郑坚江说：“我们别无选择，唯有在跨越中超越，超越自我，逾越过往。经营企业，就要不断地超越常规，突破极限。”于是，告别200亿，挺进500亿，成为奥克斯转型的最大动力，也是最大的压力，一种永不满足自我施压的前进动力。面对企业转型升级的压力，郑坚江意识到，要摆脱“大企业病”的禁锢，要在全新的基点与平台之上谋求新作为，就必须开展深刻持久的文化转型运动。因为只有文化的调和、融合与转折、转型，才能带来运营的质变。

文化是一种软实力，最易被忽视，也最需下硬功夫。与产品转型、科技进步、营销变革等具体动作相比，文化转型更让人摸不着头脑。你只是感觉到哪儿不对，但又说不清楚为什么不对，搞不明白怎么才能对。有时知道对在哪儿，却总也到达不了。文化转型，往往意味着自我否定。对奥克斯而言，过去辉煌的成功一个接一个，且不乏传奇，要摆脱过去成功经验的强大惯性并非易事。这比让他们攻克上百个技术难题、占有更多的市场份额更困难。

所有中国企业的文化转型遇到的第一大难题，就是经理人文化不够彻底市场化。经理人群体尚未形成根本意义上的市场意识、市场思维，对消费者本位的认识还不够根深蒂固。不顾及这种现实而盲目地发起文化转型，先行者遭遇失败都异常惨烈；因惧怕现实而妥协，又处处感受到掣肘。

文化转型应该如何应对这种现实？在近三年时间的探索中，奥克斯找到了一条被实践证明可行的转型路径：

(1)强调人的思想转型，提倡并且坚持"用最好的制度保障，用最好的资源匹配最优秀人才"，将激情、思考、学习、敬业、责任等作为标准化要素要求。

(2)强调做事方式方法的职业化、集约化、规范化，简单务实高效，注重抓大放小。

(3)促动价值取向的切实转变，即七大转变：局部利益转变为整体目标；点式思维转变为系统思维；罚款手段转变为激励导向；推卸责任转变为勇于承担；困难至上转变为解决为先；个人英雄转变为团队合作；短期利益转变为长远愿景。

(4)强调学习能力、勤奋精神重于一切，注重协同意识深化、内训机制强化，打造出流程化、严谨化的组织模型，职业化、高效率的管理团队。

在总结文化转型经验时，郑坚江说，转型与再造不是体量上的膨胀，不是描画品牌的冲天梦幻，也不是简单意义上的多产业延伸，而是"看问题的态度与观点，做事情的方式与方法"。

谈到为何坚决推动文化转型时，郑坚江的话发人深省：支撑企业快速发展的机会主义优势已不复存在，发展企业就必须在理性思维导引下，让企业资源、市场导向和外部环境相匹配。商业就是一场适者生存的淘汰赛、竞逐战，生存下来的才是强者。企业的发展史，其实就是遵从、尊重市场规则，发现价值、维系价值、实现价值的过程。

同时，"文化转型是提供一种清醒认识自己的思路，认清自己才能认清未来。作为率先遇到'天花板'的大型民营企业集团，我们需要重新谋求跨越发展，建立起面向未来的战略指引。"郑坚江表示。

如其所言，正是在金融危机时期，奥克斯变得无比沉静。他们结合企业实际，站在跨越发展的新高度，制定了集团三大战略：人才战略、产业升级战略、国际化战略。这些战略描绘出了奥克斯未来美好蓝图。同时，他们也拟定了使战略规划落地的各项具体措施和系列变革。

与以往相比，他们更注重内部要素和外部资源的有效匹配；更注重包含目标愿景、品牌建设、人才梯队等整体内涵的提升；更强调实现管理模式转变。特别在授权体系上，推行了“刚性集权、有序分权、充分授权、科学用权”十六字方针。

有了清醒的思路，就有了清醒的战略指引。奥克斯将随后的核心工作分为两个方面：一是打造核心竞争力；二是使战略规划落地。

奥克斯核心竞争力提升工程，又分为品牌建设、风险管控、成本领先、产品差异化四个维度。品牌建设上，奥克斯增加了集团整体品牌和影响力的推广；风险管控侧重于强化预算管理和费用审计，推进对管理层的放权，完善监督体系；继续坚持技术创新、成本领先，保证同等性能低成本，同等成本高性能，保持成本优势；提高研发技能水平，走产品差异化竞争道路，保证产品市场领先。在战略规划落地方面，明确了人才战略是企业永续发展的根本保障，产业升级战略是给企业发展提供正确的路径，国际化战略是集团发展目标；明确奥克斯最终要形成以家电为核心主导，地产为关键支撑，多元投资为有益补充的战略格局。

人才战略上，将依据奥克斯近两年总结出的八大素质模型，即人际敏感性、系统思维、资源整合、团队建设、学习能力、业务能力、执行能力、信息采集等八个方面，将这一理论与工具全面应用到人才的引进、培训和测评考核中。目标是：不仅要实现对人才录用赢在起跑线上，更要赢在“以人为本”的每个阶段，在此基础上，强化培训，关注发展，坚持学习导向来推动人才梯队建设；激励原则体现业绩导向，建立顺畅晋升通道，完善授权体系，不放弃末位淘汰制来保持适度压力与活力等等措施全面铺开。

产业升级战略上，奥克斯用一句话概括自己的升级路线：坚持主业，适度多元，即立足电力、家电、通讯三大制造业，在扩大规模、提高知名度的基础上，进行产业转型，积极向地产、医疗、投资等领域发展。

在多元化与专业化的争议中，也许重要的不是选择多元化还是专业化，而是根据自身条件和环境来判断。“中国民营企业做得不错的，60%是多元化，40%是专业化。”郑坚江说，“一方面要把所有的现有资源用足用好，充分利用机会挖掘新的经济增长点，讲究创新；另一方面也要讲究适度，强调稳健。在增长和风险中间掌握平衡，既要把握发展机遇，又不能不顾风险而失掉原则。我们总原则是坚持控制权上收，经营权下移，以保持强劲的发展潜力。”奥克斯的产业发展秉承“多元化投资、专业化经营、资本化发展、品牌化生存、创新以持续”的理念，密切关注新兴投资领域，如政府导向类、资源倾斜类产业，新材料、新能源、节能环保类产业，风险投资产业。

至于国际化战略，奥克斯强调的是主动，即主动将自己的发展放到世界范围内进行评估，希望经得起国际竞争的考验；通过瞄准国际、全球融智来逐步实行人才国际化；通过OEM、销售自有品牌和海外并购为手段推进渠道国际化；通过主动走出去来逐步实现技术国际化、资本国际化与品牌国际化等。

奥克斯始终在意的是：企业内部资源与外部环境要素相匹配。在告别200亿元奔向500亿元的高度上，他们希望自己的内部资源，不仅能与目前国内的外部环境要素相匹配，更要能与未来、与世界的外部环境要素相匹配。这也正是奥克斯人理解文化转型并不懈践行的意义所在。

三、文化转型在奥克斯的成效

在郑坚江的统率下，经过奥克斯人的执著与坚韧努力，文化转型的成果很快在奥克斯集团内外有了表现。

（一）在集团内，由于信息化的实施，管理成效可用郑坚江的切身感受和“三变”、“三有”来作答

1. 感受

在访谈中，针对管理信息化的实施，郑坚江富有激情地这样表述自己的感受：“……现在的我只要拿着一个电脑，走到哪里，都掌握企业经营管理每个环节跳动的脉搏，能掌握15000多名员工的工作行为。可以说，目前的ERP实施情况与当时我的想象有很大差别——远比想象的好得多。从昔日的‘两把菜刀闹革命’到今天的‘提着核武器闯天下’，奥克斯已完成了工具的变革，它成为我爱不释手、得心应手的管理工具，这又让我的信心倍增。”

2. 三变

（1）“纸杯变成玻璃杯”——ERP将企业内部的物流、资金流、信息流集成在一起，实现管理透明化和资源共享，为公司领导决策所用。

（2）“散装变成集装箱”——将企业内部的产、供、销、人、财、物等各环节实现电脑化、集成化，为公司的管理提供了一套先进的管理工具，特别反映在每天能承受的OEM订单数从上线前3个到上线后的25个，递增了

7.5倍。

(3)“钱包变成信用卡”——通过 MRP 的精确运行，根据生产计划、库存情况及交货时限，计算出该采购哪些物料，采购多少。经过 AMT 公司的评估，上线后减少库存资金 32%，降低不配套占用资金 35%。

3. 三有

(1)“理财有了好管家”——在财务结算上，结账时限缩短了 80%，从原来的 15 天缩短到了 3 天，并同时确保了资金的合理流向，提高了资金的控制力度。

(2)“赖账有了监督员”——通过 ERP 系统，有效地控制了客户的信用额度，对信誉不好的客户系统可以控制发货。

(3)“开车有了红绿灯”——目前奥克斯全部工作均须围绕系统进行，实现工作流程的简化、优化、固化，杜绝了管理的随意性和人为主观因素。

(二)在市场上，文化转型的潜力有所显现

奥克斯人基于文化转型的背景，在空调的产品开发上转变思路，积极开发新品，到目前已经构建变频机、高能效定频机、下乡机、工程机、柜机五大产品体系，并实现了对“家电下乡”政策、“高能效推广补贴”政策，以及家电“以旧换新”政策的针对性覆盖，搭建起企业、市场、经销商、消费者等多方共赢的商业价值链条；同时通过在技术创新、功能升级等方面的发力，重点突出企业在健康变频产品、节能技术、多层次市场营销等环节上的独到优势。

2009 年，奥克斯作为主发起人，联合鄞州 8 家民企成立了汇金小额贷款公司。这是他们服务地方经济，服务三农，帮助中小企业解决融资难问题，以及向金融领域进军的最新成果。

2009 年，奥克斯在天津的空调产业基地启动，一期年产能为 150 万套，华北市场的全面突破近在眼前，宁波、南昌基地的产能扩张也在提速，朝着年产千万套空调的目标突进。

2009 年，奥克斯地产开始由宁波区域龙头转变为全国性知名复合地产开发商，落子成都，投资 20 多亿打造成都市新城中心的城市综合体。

……

总之，“我们实践的转型，不是从产品系列、产业特性去考虑问题，而是立足行业的视角深入考量，及时捕捉企业的转型机会。管理的最大考验

是，企业效益能否随着规模的膨胀而稳健放大。”郑坚江说。在奥克斯，创新就意味着对工作的长远思考，破除常规，永葆蓬勃朝气和昂扬活力。

第三节　奥克斯的特色机制

从严格意义上讲，奥克斯开拓性的文化转型造就了本身的特色机制：秉承“以人为先、诚信立业”的企业宗旨，积极推进“管理机制、人才机制、决策机制、效率机制、变革机制”的探索与实施。奥克斯人始终抱着一种与时俱进、不断自我超越的精神，本着务实高效原则进行创新和定位，最终形成了以经济价值规律为刚性平台，以有理服从原则为柔性理念，将严密性和开放性有机统一，强调效率为中心的特色机制。机制是奥克斯实施一切战略战术的保障和依托，是奥克斯保持活力的根本。

一、奥克斯的企业宗旨——以人为本、诚信立业

郑坚江董事长将奥克斯的企业宗旨进一步解读为三句话：“一切按经济价值规律办事，一切按有理服从原则办事，一个以提高效率为中心的企业风格。”具体而言，一切按经济价值规律办事，即用经济的手段去激励员工的工作热情，用经济的手段去规范员工的工作行为；一切按有理服从原则办事，即用制度来约束管理者办事的行为，用制度来构建全员化创新竞争的平台；一个以提高效率为中心的企业风格，即用富翁贫民论来激发企业的活力，用管理工具来确保效率的最大化。它们具体体现于奥克斯的企业运行机制中。

“人对了，企业就对了。”郑坚江董事长是这样理解奥克斯人的——“企”字去“人”则为“止”，人是企业的唯一主体。什么样的人才能建立什么样的企业，什么样的企业目标需要什么样的人去完成，怎么样的一个人决定着你一生能做成怎么样的事，怎么样的一群人则决定着企业的方向和长度。这就是奥克斯的“以人为本”。

奥克斯靠诚信立业。诚是天生本能的品质，信是后天智慧、实力和行为的结晶。诚信是企业持续发展、做大做强的重要保证，这是“宁波帮”文化中的精华。正是秉承这一优秀基因，奥克斯在创业初期，在一无资金二缺市场资源的境况下，依靠“诚信”打拼天下。如今，奥克斯的发展历程进

一步证明，企业内外，“诚信”乃立业之“本”。

（一）奥克斯的经济杠杆

“一切按经济价值规律办事”，即用经济的手段去激励员工的工作热情，用经济的手段去规范员工的工作行为。作为企业，一切工作和精力，都要以经济效益为中心。企业抓质量、抓成本、抓人才、抓效率，最终都要落到经济效益这个根本目标上来。企业的唯一主体是人，市场最主要的载体则是“钱”。在奥克斯，一切的活动都要紧紧围绕“经济”这个杠杆运转，都要用经济价值的标尺去评价和衡量。所有部门、分厂都存在着一种经济纽带的关系：任何一个目标计划，都能体现出经济实物性价值，都要通过市场化交易的方式去实现。每个人都能通过他创造的经济价值去获取个人利益。这样个人的自身利益与公司利益被紧紧连为一体，从而最大限度地发挥每个员工的工作责任心，有效激发创造潜能，并逐步形成一种由企业、管理者、员工组成的牢不可破的经济利益共同体。在这个经济利益共同体里，员工既是利益的创造者，又是利益的分享者。奥克斯通过运用经济价值规律的原理，实现了企业与个人的“双赢”。

在奥克斯，“经济杠杆”的理念体现得淋漓尽致。在企业内部，大到分公司、分厂，小到车间、食堂、招待所、电梯、汽车、商务中心甚至洗手间，凡是能实行承包的都必须实行承包，凡能计算定额的均实行定额核算，凡能责任到人的坚决定位到人。

以奥克斯的一项奖罚制度为例：在奥克斯，员工是被要求 24 小时开手机的，而且有保安科的专门监督。一旦联系不上，对不起，请掏钱认罚。奥克斯的制度规定，在会议中，手机是不允许响铃的，一旦出现响铃，会被罚；会议中，不管是谁，也不管什么原因，不能接听手机，即使是不得不接的电话，比如销售旺季经销商打来的电话，销售经理接完电话，就会自觉交 100 元罚款。这似乎有些不合情理，但奥克斯人已经形成一种共识和觉悟：我打 1 分钟手机，打扰的可能会是 2 万名员工的 2 万分钟。

还有，奥克斯充分发挥“经济杠杆”的作用打破内部垄断，比如在采购上，奥克斯同时采用自制和外购两条路线，当自制的质量和价格有优势时，采用自制；而当自制明显不如外购有竞争力时，也决不含糊地采用外购，甚至决然关掉自制部门。而内部实行承包的部门，也必须引入竞争，比如，商务中心引入两组承包人，生意的好坏由员工根据服务自由选择。

正是从以上细节处，奥克斯人引申出了自己的财富公式：

省一个人＝省 10 万元

省一个环节＝省 5 万元

通用一个零件＝省 5 万元

集成一个零件＝省 10 万元

停产一天＝损失 50 万元

（二）奥克斯的诚信管理

“合理化建议、金点子奖”是奥克斯实施管理中的一项有效措施，而其“有效性”是通过“诚信”兑现来实现的。

1997 年，奥克斯设立这个奖项。起初员工们对这项规定的真正实施将信将疑，供应部的员工吴建明就曾有过这样的切身感受。2001 年国外某著名品牌空调开始使用一种改进型的截止阀，这个信息被心明眼亮的吴建明敏锐察觉。经过与供应商联系，通过改用配料比，小小的截止阀在改进后所产生的经济效益非常惊人，以生产 100 万套空调计算，就能节约成本 700 万元。

根据规定，吴建明可得到 15 万元的奖励。这笔“横财”对当时年薪收入仅有 4 万多元的吴建明而言，恍惚得好像做梦。“公司会不会找个理由‘卡’我奖金?”然而很快，公司就为吴建明办妥了一次性领奖手续，还号召所有员工向他学习，贡献更多的“金点子”。这不仅大大鼓舞了吴建明，次年他又提出一项建议，当年就为集团节约采购成本 1000 万元，喜获现金奖 23 万元；而且还激发出更多的“勇士”。汇聚他们的效益，以三年的计算为例：2005 年，奥克斯集团的 779 条合理化建议转化成了 2600 万元的经济价值，2006 年的 1573 条合理化建议转化成了 7500 多万元的经济价值，2007 年的 2142 条合理化建议所产生的经济效益，更是达到了创纪录的 9892 万元。这一组高速增长的统计数据，无疑是奥克斯集团实施诚信管理的“意外收获”。

二、奥克斯的管理机制

奥克斯的管理机制体现在：刚性集权、有序分权、充分授权、科学用权。

奥克斯在管理制度上引入了先进的现代企业管理制度，运用信息化手段实现“用工具管人”。郑坚江认为，“人管人”的传统模式“不仅管的人会很累，而且管理成本会很高”；相比之下，信息化管理系统不仅不会像人那样有惰性和出现疲态，更重要的是，它能将“刚性集权、有序分权、充分授权、科学用权”的理念融入其中，将奥克斯推行的“讲承诺、讲依据、讲对比”反映并体现出来，且提升了管理水平，提高了管理效率。

“讲承诺”——所有的工作任务都有完成时间的承诺。

“讲依据”——在处理价格审批单时，有保存在系统内的历史数据可供参考，每位员工的能力水平和绩效表现也均记录在案。

“讲对比”——各公司、各部门乃至每位员工在任何某时间段内的奖罚情况、合理化建议的报送和采用情况、质量损失情况等数据，都可直观地与其他公司（部门、个人）或自身在另一时间段的记录进行比较，查找差距。

又如在采购管理方面，相关的经验告诉他们，在制造型企业中，采购成本占到全部经营成本的80%以上，只要牢牢抓住这个环节，则企业在产品定位上就拥有了自我调节的广阔空间，就可以制订出比竞争对手更灵活、更具吸引力的销售政策，并最终让消费者得到最大实惠。因此，奥克斯在采购管理的具体制度和策略上，遵循了“刚性集权、有序分权、充分授权、科学用权”的理念。

三、奥克斯的人才机制

奥克斯的人才机制遵循“业绩导向、绩效激励、晋升通道、末位淘汰（人尽其才、人岗匹配）”。“人对了，企业就对了；拥有怎样的人才，就有怎样的企业”，这是在访谈中多次听到郑坚江董事长提起的。在奥克斯，员工会得到培养和晋升的机会，同时也会面临压力和挑战。奥克斯对待员工，注重业绩导向、能力提升、团队合作，每年有两次考评，一次加薪，多次学习和授课的要求与义务。这主要体现于五大体系和一个激励方式：薪酬体系、绩效体系、晋升体系、培训体系、招聘体系，以及竞争性激励。

（一）薪酬体系

奥克斯的薪酬体系是按职等定薪，兼顾外部竞争、内部公平的原则。其薪酬构成包括月薪、年终奖和业绩奖。其中，年终奖与职等、绩效挂钩；业绩奖在四职等以上实施，分享公司的利润。

（二）绩效体系

绩效体系包括其独特的绩效考评和绩效结果实施：

(1)奥克斯的绩效考评内容体现“四维度一追究”,即经济、质量、效率、团队“四维度”,责任“一追究”。在经济维度上,创造的利润、销售收入、降低成本的额度等作为主要考评内容;在质量维度上,万元质量、投入产出比等是主要考评内容;在效率维度上,及时率、人均效率、资金周转率等是主要考评内容;在团队维度上,培训、培养、关键人才的流失等是主要考评指标。对于责任追究,以行为规范和经营风险控制方面作为考评内容。

(2)奥克斯的绩效考评方式实施360度评估。对于某位考评对象,必须接受其上级、下级、同级和客户的全方位评价,并通过述职或演讲予以展示。

(3)绩效考评结果的兑现向杰出优秀倾斜。这主要体现在年度调薪、绩效奖金和晋升方面。

(三)晋升体系

其原则是:管理专业双通道(图5-1),三年实现自我培养。

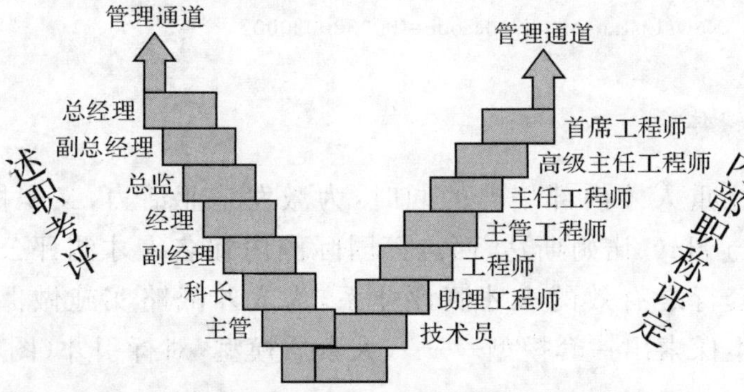

图5-1 奥克斯的管理专业双通道

资料来源:奥克斯集团网站:http://www.auxgroup.com/NewsList.aspx? Nodecode=000300020001。

奥克斯管理通道的述职考评一年一次,实施四层级评价维度:业绩考评、述职考评、360度考评和培训。对于评价结果,排前三名的管理人员可以获得晋升加薪,并被视为后备人才;排后三名的管理人员则面临着面谈补考、降薪降职的境遇。

(四)培训体系

奥克斯提出:打造学习型团队,搭建人才梯队(图5-2)。

在奥克斯，每位员工都有学习的要求，且五等职以上员工要求有授课义务。

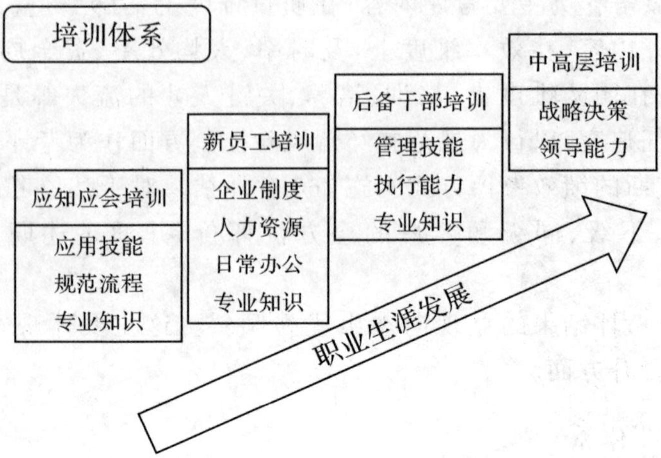

图 5-2　奥克斯的培训体系

来源：奥克斯集团网站：http://www. auxgroup. com/NewsList. aspx? Nodecode＝000300020002

（五）招聘体系

奥克斯注重人才内部培养的同时，为激发企业活力，又积极引进外部人才。他们与 Hay、诺姆斯达、西点等国际国内知名人才测评公司合作，致力于寻找一套行之有效的人才测评体系，为人才战略实施做保障。目前，奥克斯已基本探索出一套模型——八大素质模型，对标引才（图 5-3）。

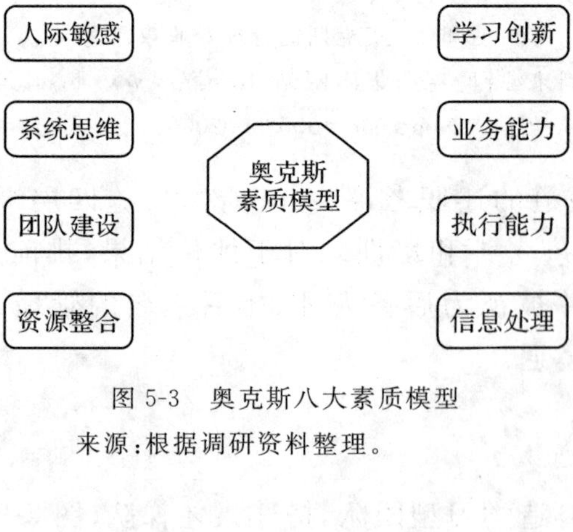

图 5-3　奥克斯八大素质模型

来源：根据调研资料整理。

在招聘体系中，奥克斯的引才渠道主要体现在：(1)与知名院校建立校企合作模式选拔人才；(2)与知名猎头公司建立战略伙伴关系探寻人才；(3)与知名人才网站形成战略同盟选择人才；(4)建立行业精英定向寻访制，打造内部猎头。

（六）竞争性激励

激励机制是企业的活力之源，是经营管理过程中的关键所在。无论是一个人还是一个企业，如果没有理想追求，没有争强好胜的意愿，那么，人要获得成功，企业要做大做强，都是不可能的。每一个人，一方面都有惰性，另一方面也都有满足个人欲望的要求。奥克斯"以人为本"，采取多种有效激励手段，引发人自觉地克服惰性，主动追求，通过实现企业目标而达到自我利益的满足，自创业至今，都在坚持不懈地研究着"激励"这门学问。

1. 奥克斯的二重理论

"三个和尚有水吃"论——一个和尚，不小心摔倒了，那么他挑的水也就全洒了；两个和尚一起挑水，洒了一个还能寄望于另外一个，有50%的喝水希望；三个和尚一起挑水，喝到水的成功概率又提高了3倍。奥克斯是基于这样一个概念来理解人才的引进和储备问题的，比如：他们规定每个部门必须引进三名有工程师职称的专业人才（引进有困难的，三个本科以上专业学历的可抵一名工程师；博士生、硕士生也可以抵一名工程师）；每个部门均需配备副职，副职主要通过竞聘活动经差额选举产生（竞聘者数量大于中选者4倍以上）；注重对部门、分厂副职和储备干部的培养，以保证一旦原有干部在竞聘活动中落选后，在短时间内就可予以替换。以上这些做法，都是为了提高关键岗位人员的可替用性，降低企业的经营风险。

激励方式的"台阶论"——激励，必须要建立一个台阶的概念，而不是坡形概念。所谓台阶，就是把99.9与100看成是0与100的概念，而坡形则是99.9与100的区别在于0.1的概念。激励，就是要通过巨大的反差，来激发全员的进取心，高效快捷地实现目标。基于此，奥克斯对员工实行的是刚性非常强的绩效考核制。比如规定某销售经理，他一年必须完成的销售额是24亿元，则他平均每月完成2亿元销售额后，就可以得到1万元的绩效奖励。如果某一个月该销售经理完成的销售额为1.999亿元，虽然只差了一点点，那么1万元的绩效奖励，他就连1分钱也得不到。或许有人认为这样规定不近人情：只差一点就完成任务，少奖励一点不就成了？但奥克斯坚定地认为，如果在激励方面没有"台阶"的概念，而讲究中庸的"坡形"概念，不管业绩好不好，多少都有奖，日久员工就会安于现状，失去争强好胜的斗志。

2. 奥克斯的主要激励方式

目标激励——比如，对销售经理，规定他一年必须完成的销售额是24亿元，即他平均每月完成2亿元销售额后，可以得到1万元的绩效奖励。

物质激励——包括合理化建议奖励、伯乐奖、承包考核制度、销售奖励政策等，按照不同的情况实施经济激励举措，从而在企业内部形成了"人人动脑筋，个个当伯乐，多得奖金是奉献"的氛围，激发全体员工的创造活力。

荣誉激励——通过通报表扬、提拔重用、授予先进称号、出国旅游、与总裁共进午餐等方式，使员工获得精神的满足，激发大家奋发向上。

竞争激励——奥克斯处处营造竞争氛围，完善并固化干部竞聘上岗、员工优胜劣汰等竞争机制，促使组织成员消除惰性思想，保持最佳战斗状态，在企业中造成"今天工作不努力，明天努力找工作"、"能者上、平者让、庸者下"的"赛马场"，为优秀人才脱颖而出创造机会。

处罚激励——通过批评、通报、罚款、降薪、降职、转岗等手段，鞭策员工改正错误缺点，端正工作态度，重新焕发工作热情。

四、奥克斯的决策机制

奥克斯有较成熟的三大决策机制，即行政决策、股东决策和专家决策。行政决策，主要依靠经营者的天赋、智慧，凭借长期实践中积累的丰富经验和敏锐直觉，具有高效快捷、强力推动的优势；股东决策，即"一切按经济价值规律办事"，就是要"用谁的钱，听谁的话"，充分广泛地听取股东的意见，这将使企业决策更加周密稳妥；专家决策，是市场经济体制下企业最重要的决策机制，是最终形成正确严密决策定位的关键所在。

奥克斯的决策机制是以行政决策为指导、以专家决策为参考、以股东决策为"终审意见"的复合型决策机制。三种决策都以不脱离市场规律为最高准则。领导的威望等于知识学历加上办事成功的概率。所谓办事成功，就包含着决策的水平。如奥克斯在评价人才时，便根据"一切按有理服从原则办事"，提出了"定薪四原则"：(1)岗位重要原则；(2)社会认同原则；(3)原薪水比较原则；(4)创造价值原则。按照这个原则办事，每个干部都可以自己对人才的价值进行准确定位，提出合理的决策。所以，在决策的过程中，干部被要求深入领会公司理念，根据“一切按经济价值规律办事，一切按有理服从原则办事”的评审标准去衡量决策的准确性。在决策的过程中，还要充分认识到任何决策都是有风险的，所以在征求决策意见时，奥克斯坚持上策、中策、下策多个方案相互比较，反复权衡利弊，从中选择最佳决策方案，以减少风险，确保企业健康发展。

五、奥克斯的效率机制

“‘快鱼吃慢鱼’、‘富翁贫民论’、用工具管理、花钱买时间”是奥克斯效率机制的典型体现。

效率机制是企业竞争力的重要体现。对效率的追求是人类克服自身缺陷，实现文明进化的动因。从原始人制造简单的石器工具，到现代社会汽车、火车、飞机、移动通讯、互联网的问世，这一切发明的根本动力，都源于人类对效率的强烈把握。市场经济是“快鱼吃慢鱼”的时代，谁最先对效率理念作出深刻理解和运用，谁就能成为竞争的主角。

“一个以提高效率为中心的企业风格”是奥克斯企业宗旨的关键理念之一。用“富翁贫民论”来激发企业的活力，用管理工具来确保效率的最大化——对效率的强烈把握是奥克斯抓住机遇，高速发展的重要因素之一。该企业在经营管理中，一直将效率作为员工素质考评的关键所在，并且打造了很多奥克斯特色的管理工具，如会议纪要、承诺书、工作联系单等，并实施 ERP 工程，推广 OA 系统，用高效务实的管理工具，确保效率最大化，形成严密快捷的资金流、工作流、信息流，使管理效率始终保持与企业高速发展同步。

“今天的生活在 20 年前是富翁，今天的生活在 20 年后是贫民。”这是奥克斯习惯以“富翁贫民论”这样一个最浅显的时间概念来折射效率观念的口号。以奥克斯当今的企业规模实力，如果放在 20 年之前，就是中国最大的企业；但如果从现在开始放弃了努力，停止了前进，在 20 年后，奥克斯将会成为中国企业界的“小儿科”。对于一个人而言更是如此：今天我们享受着 20 年之前想象不到的幸福生活，但一旦在竞争中失利，就会沦落为 20 年后中国贫民阶层中的一员。时间是金，时间也很无情；时间本身不会为你的生活、工作留下任何的精彩，只有效率才能把时间转化为金钱。

“时间就是金钱，金钱也可以买到时间。”这是奥克斯以“花钱买时间”为口号来追求工作效率理念的解读。在奥克斯，不仅是干部阶层，一般的技术人员出差都可以坐飞机。这样做，虽然出差成本加大，但他们并不认为吃亏，理由是：不论搭乘火车、汽车，还是轮船，外出处理紧急事务时更多的时间消耗在路上，会严重影响工作效率。而坐飞机可以大大缩短旅程时间，尽管费用高，但为办事争取到更多的宝贵时间。员工餐厅设立“8 元窗”的用意也如此：员工在餐厅买饭菜必须按规定排队，遇到用餐高峰时，队伍往往排成长龙，需要等较长时间。为此，专门在旁边设置一个“8 元窗”，虽然费用较隔壁价格高 60%左右，却不用排队就可买到饭菜。因此，很多事务较多的员工就“花钱买时间”，选择到“8 元窗”买饭菜。

总之，奥克斯对于效率机制的不懈追求，在企业内部建立了一种无缝隙的连续工作方式，使企业经营管理活动全过程的每个环节处于一个环环紧扣、积极互动的衔接状态，确保了这部大机器本身始终处于高性能的运转状态。

六、奥克斯的变革机制

“唯一不变的就是变”是奥克斯的变革机制所遵循的原则。

“‘不是我不知道，而是这变化实在快。’现在的社会，一切都在瞬息万变。要顺势而变。顺时而变，不学会去变，没有能力去变，绝不可能有生存的空间。”这是奥克斯集团董事长郑坚江的忧患意识。

（一）制度年年修订

在奥克斯，每份制度的“保质期”最多不会超过一年。奥克斯认为，现在看来先进的制度，一段时间后可能会变成落后的；现在看来准确的制度，一段时间后可能会变成错误的。即使再好的制度，如果一成不变，其当初的积极因素也会转变为阻碍生产力的消极因素。因此，结合实际情况的变化和制度执行中出现的问题，奥克斯会及时、主动、灵活地对制度进行完善，使之更具有可操作性和更趋实用。奥克斯为此专门成立政策研究室，负责制度的修订和合理整合。

（二）创新服务

奥克斯的企业宗旨“以人为本，诚信立业”，从服务的视角，就是始终以客户为上帝，以诚待人，以信誉取胜。以满足客户需求为最高标准的创新服务，是奥克斯快速拓展市场，在竞争中立于不败之地的根本所在。人的创造价值只有通过服务才能得到最佳体现，企业也只有通过完善的服务，才能体现对客户的关怀和对社会的贡献。奥克斯坚持服务创新，建立工厂为营销部门服务，营销部门为驻外公司服务，驻外公司为销售人员服务，销售人员为经销商服务，经销商为消费者服务的全过程服务链。

（三）"违反"常规的营销策略

2000年以前，奥克斯在空调业内还是一个无名小卒，为了能使舞台上的闪光灯聚集到自己身上，奥克斯人独创了"营销事件"来表现自己，使自己在一次次"变脸"中赢得市场。

从"爹娘革命"到"请米卢代言"，从"空调白皮书"到"9·11反恐计划"，从"中巴之战"到"一分钱空调"，奥克斯的每一步动作、每一次"变脸"都会引来公众的关注，并给企业界带来一次强烈震荡。在此过程中，奥克斯慢慢强大起来，把越来越多的消费者目光吸引了过来。

第四节 奥克斯的启示

从奥克斯的"制度瘦身"、"文化转型"到特色机制的内涵，看到奥克斯伴随着快速发展，适时创新、适势创新，使我们深悟到其变革的力量、企业制度创新的意义所在，进而认识到：加强企业制度文化建设、把握企业家精神，是家族企业保持活力的"保鲜剂"。

一、企业制度文化建设

（一）企业制度文化的内涵

企业文化是一种无形的、软性的文化，是一种隐形的人文理念。它又是一个整体系统，其结构与内容包括三个相互影响、相互作用的层次：物质文化层、制度文化层、精神文化层。其中物质文化层是企业文化结构的表层部分，制度文化层是企业文化结构的中间部分，精神文化层是企业文化结构的核心层。企业文化所指向的是人们共有的价值体系。制度是企业文化的一部分，制度文化是从广义角度界定的企业文化概念中的主要内容，而在狭义定义中的企业文化里，制度是文化的载体。制度更多地强调外在监督与控制，是企业倡导的文化底线；文化更多地强调价值观、理想信念和道德的力量，强调内在的自觉与自律，是管理的最高境界。制度与文化是互动的。当管理者认为某种文化需要倡导时，他可能通过培养或开展活动的形式来开拓和传播。要把倡导的文化渗透到管理过程中，变成人们的自觉行动，制度则是最好的载体之一。

企业制度文化是在长期的生产经营实践中形成的，是企业制度多方面内涵在观念形态上的反映，主要包括企业领导体制、企业组织结构和企业管理制度三个要素。企业的领导体制是企业领导方式、领导结构、领导制度的总称，其中主要是领导制度。企业的组织结构是企业为了有效实现企业目标而筹划建立的企业内部各组成部分及其关系，如果企业是一个生物有机体，那么组织结构就是这个有机体的骨骼。企业管理制度是企业为了求得最大效益，在生产管理实践活动中制定的各种带有强制性的义务，与能保障一定权利的各项规定或者条例，它包括人事制度、生产管理制度、民主管理制度在内的一切企业规章制度。

（二）建设优良的企业制度文化应遵循的原则

如何建设优良的企业制度文化？这是家族企业管理者在探索建设企业文化道路中常感头痛的问题。建设优良的企业制度文化，一方面要突破家族制的制约，一方面要结合现代企业制度以实现企业制度文化适应企业发展的目的。一般说来，建设企业制度文化不外乎价值观念理念化、全面地审视制度、完善制度的实施机制、完善制度的评估体系这样一个过程。但是，在整个操作过程中，往往容易出现较大偏差，其结果是最终导致整个制度体系的崩溃。我们认为，在建设企业制度时，应遵循以下原则。

1. 坚持制度文化与精神文化的统一

在企业建设中，从制度到文化，到建新制度，再到倡导新文化，二者应交互上升，企业管理正是在这种交互上升的过程中不断优化，臻于完美的。因而，企业的制度与文化之间，应该保持“同频共振”。奥克斯的“制度瘦身”与文化转型之间正是实现了这种“共振”。企业文化的优秀与否，不是单单凭提出几个口号就可以判定的。制度文化的建设应该与精神文化的内涵相一致。要将企业精神文化理念作为建设企业制度文化的指导思想，并贯穿企业制度执行的始终。要修正精神文化与制度文化中相悖的部分，用先进的精神文化来指导企业的制度文化建设；这样的企业制度文化才能进一步体现企业的精神文化，从而稳定和发扬优秀的企业文化。

2. 制度文化建设中坚持柔性管理原则

企业的制度文化表现于企业文化依托的制度之中。在制度被员工在心理上认同之前，制度仅仅是管理者的“文化”，而非真正的制度文化；只有在制度得到员工认可，并能促进企业良性发展的情况下，才能表示员工在心理上接受了这一制度内涵。此时的制度已成表面的东西，真正规范企业发展的是企业的制度文化。

制度文化相对于文化而言，属于硬文化部分。但企业文化的体现核心最终还是人。企业的制度文化有利于将人与人的对立，弱化为人与制度的对立。当然，企业的发展并不希望人与制度之间发生冲突。因此，在保证制度文化建设中要注意“以人为本”。以企业的业绩评估制度为例，如果遵从简单的人的本性，就会降低生产力；但如果过分依赖业绩尺度，必然会摧毁主动性，伤害士气。这两方面失之偏颇而建立起来的制度文化，最终实行的必然是一种机能失调的企业文化。其实，制度只是一种硬性措施。为了更加有效地贯彻落实好制度，健全企业制度文化，必须坚持柔性管理原则，即以制度为准绳，通过人文管理来落实制度，反过来让制度管理保障人文管理顺利进行，这样才能打造出独具特色的优良企业文化来。

在奥克斯，“以人为本”这一原则可谓体现得淋漓尽致。比如罚款新规的出台：针对原有罚款制度实施过程中显露出的问题，公司有关部门积极调研调整规定，出台新的罚款规定——对员工的罚款，原则上均不得在被罚人当月审批工资内扣款（除厂纪厂规和廉政制度外），一律先由财务挂账，留至年终经评审、批准后，方可执行扣款。而过去在刚性很强的罚款制度下，员工若是碰到某阶段工作差错较多，当月工资就会被扣没一大笔，无法拿全“保底工资”。这一倡导“多奖励少罚款”的新制度的出台，在许多员工眼里，是标志着企业迈入柔性管理时代的一个重要里程碑。

3. 优秀的制度文化应超越“个人文化”

企业的制度是有形的，通过规章、条例、标准、纪律、指标等表现出来，企业制度文化也是在有形的制度中渗透的文化。企业成员普遍认同一种精神文化需要比较长的时间，如果将精神文化通过制度同化规范，就会加速这种认同过程。而且，科学的企业制度逐渐成熟，会发展成优秀的企业制度文化，这样的企业将会拥有长期的生命力。

在企业的文化建设过程中特别是企业制度文化建设过程中，往往会显现我们所谓的“战略领导者”或者“企业精英”。这些人在企业的制度文化建设中起到很重要的作用，制度文化中会留下这些人深深的脚印。于是，企业的制度文化就会有可能掉入魅力型领袖的陷阱，使企业家个人的生命周期成为一个企业的生命周期，随着这个领袖的离去或消失，企业的制度文化也渐渐消亡。这是任何企业在建立企业制度文化中都必须要避免的。

通用公司总裁韦尔奇是当今伟大的商业领袖之一，但通用公司更是卓越的百年企业，韦尔奇只扮演了其中一个阶段的领导人角色。优秀的企业制度文化必须要着眼于建立使公司拥有更多卓越领导者的制度和机制，而非仅仅依靠一个企业领袖。这就要求企业制度文化要能够超越企业家个人的自然寿命，从而保证企业的持续经营和发展。

奥克斯设立的“政策研究室”，至少从形式上体现出制度的建设超越了集团董事长郑坚江的“个人文化”。

4. 制度文化应保持“与时俱进”

企业的制度文化固然会在企业文化的整个建设过程中起到重要的推动作用，但顽固的企业制度文化同样可能成为阻碍企业文化发展的主要障碍。企业文化的内涵是要使企业保持勃勃生机，适应大环境的变化。因而，企业文化需要保持不断的发展，好的文化就要用制度的形式固定下来；而诸如时间观念差、效率低下的文化，就要用制度的强制力去扭转。企业制度文化的建立过程，是企业文化固化的过程。企业发展的不同阶段需要不同的企业文化支撑，随着文化的不断发展，企业的制度文化也需要“与时俱进”。

综观奥克斯的制度变迁之路就会发现，它的“与时俱进”就是在不间歇地实践着“创新—调整—固化—再创新”。比如一份习见的《文件通知办理单》，从整理、审核、会审到签发，在奥克斯最多不会超过8天。这样惊人的高效率，其背后的秘密何在？这是因为在奥克斯，针对涉及人员最广、进度最难把握的会审环节，他们发明了“同步会签”制。由于根据该文件的重要度，会审时限最多只设定为3天，因此不管参与会签的人员有多少，他们均须在规定的时间内，对流转至其OA系统“待办中心”模块中的文件通知签署自身意见。这样做的好处是使办事效率不致受会签人数多少的影响，进而保证了会签效率。这也正是奥克斯将制度与信息化有机结合所体现的效果。

5. 加强制度文化的执行力

为了让企业文化更好地渗透到企业的各个环节，很重要的一点就是要将企业精神文化固化于制度中，仅浮于表面的制度是无法良好地传播乃至贯彻整个企业的文化的。如何让企业制度文化转化为一种企业前进的能量，最重要的一点是：执行。加强企业制度文化的执行力，对企业文化的建设来说是最关键的，也是最难以做到的。企业制度文化建设的最终结果就是要将这种文化转化为行动，失去执行力的制度文化会使员工对企业的真正价值观失去信心，甚至引起价值观的混乱，最终导致企业文化机制的失调。

"没有执行不了的制度"，这是奥克斯企业制度文化执行力强势的一句表达语。在新制度出台之前，奥克斯会将其发布在公司内部的员工论坛(BBS)上，交由员工们自由讨论、评议，畅所欲言。这些不同意见和建议，就成为起草部门对制度作出进一步完善和修正的依据。这显示出奥克斯"得人心"的制度赢得了执行力。

在解释此举的深意时，该企业的一位高管人员称：作为制度的制定者，往往是"智者千虑，必有一失"，在很多时候，对制度的适用性有考虑不周的地方；但对于员工而言，由于制度的规定无不直接关系到他们的切身利益，因此他们就会从不同角度进行仔细考量，从而提出一些真知灼见。借助合理化建议、BBS等公众信息平台将全员的智慧不断积累凝结，最终就能固化形成人人都能理解和运用的规章制度。这样做的另外一个好处在于，一旦员工也参与了部分制度的修订及完善过程，就非常有助于缓和并消除在他们潜意识中对制度及管理者的抵触、逆反情绪，而且因最终成型的制度更趋合理，在实际推行中也就不会遭遇较大的阻力。

奥克斯以它的许多实践证明，只要充分尊重民意，管理者的思想就不难赢得被管理者的认同和接受，进而提升企业制度文化的执行力。

二、企业家精神

从制度创新的视角，企业家是创新主体，企业家精神所体现的个人特质是"制度企业家"。

制度企业家诞生于企业家土壤环境中，是一些特殊的企业家。与企业家相比，其独有的特质表现在以下相互关联的几个方面。

(一)对制度变迁潜在赢利机会的敏感性和超然的判断力

新制度经济学派认为，制度变迁缘于现行制度的不均衡，即"由于种种原因现行制度安排不再是这个制度安排选择集合中最有效的一个因子了”(科斯,1995)。同时还认为,“制度不均衡将产生获利机会”。在现代市场经济中,各种原因都可能引起利润和成本的变化,从而引起制度从某个均衡点开始发生不均衡。对于制度企业家来说,应具有“制度不均衡将产生获利机会”的意识,对制度变迁潜在赢利机会具有高度敏感性。这是判断是否需要制度创新的基础。是否值得创新一项制度,要靠制度企业家的超然判断力来判断这项新制度安排能否给绝大多数人带来更多收益,使社会总福利增加。这是率先行动挑战旧有原则,为新原则的诞生提供建设性贡献的前提。

(二)敢于制度创新的超然冒险精神

制度企业家创新的是一种“特殊产品”——制度,其结果与风险的大小是一种乘数比例。从这个意义上说,企业家和制度企业家的冒险精神是两个不同层面的概念。诚然,我们不主张盲目冒险,但一旦判定一项制度创新或一项旧有规则的变迁能为社会创造财富时,就应毫不犹豫地去冒险,去倡导一群人共同变革现行规则。之所以提出超然冒险精神,是因为在现阶段某些制度的安排,已经演变成了阻碍生产力发展的桎梏,是有着国家法律强制力的制度装置,要改变它,没有一种超然的冒险精神是无法实现的。但只要制度创新能解放和发展生产力,有巨大的社会盈利前景,政府一定会给这些超然冒险的制度企业家以支持和保护,因为政府制度安排的目标正是为了变革旧的生产力,促进新的生产力发展,实现社会福利最大化。

(三)完成实际制度创新的能力

制度企业家要倡导、组织一群人响应获利机会。如果这群人都积极响应,制度企业家的交易成本就会大大降低。如果这群人不能积极响应,他们则要尽力说服这群人,让他们看到获利机会,从而以尽可能低的交易成本,推动制度变迁。对于中国家族企业的制度创新主体,制度企业家既要突破“家文化”的束缚,又要得到政府的支持,这种制度创新的能力显得更为重要。

可以说,奥克斯集团董事长郑坚江具有“制度企业家”的特质,他决然走的“信息化”之路即是很好的明证。

2001年10月,常把"唯一不变的是变化"作为口头禅挂在嘴边的郑坚江,决定引进德国SAP公司的ERP软件。这个举动在现在看来或许不算冒险,但是考虑到在2001年,当时奥克斯外部竞争环境恶劣,内部厂区建设和产能扩充均急需注资,万余名员工尚无人知晓ERP为何物,郑坚江投资3000万元启动一个据称"成功率仅为20%"的项目,这需要勇气不说,更是勇敢的冒险。

郑坚江在充分理解ERP对企业发展的重要性的基础上提出实施ERP项目,亲自参与了项目的选型、调研全过程,并不惜一切代价调派业务关键人员全职参与ERP项目的调研、设计及实施。他的决心是:任何与ERP项目有冲突的工作都必须为ERP让路。

郑坚江对ERP风险性的考虑及规避贯穿于从选型到上线的每个阶段,其中就考虑到在实施信息化过程中,难免打破一些固有管理模式,触动较多人的利益,势必会招致来自企业各个层面的抵制和阻力。为此,他在企业历史上颁布了首道《总裁令》,规定在项目上线准备阶段至上线后的稳定阶段,授予ERP项目经理四大特殊权力:一是经济奖罚权。项目经理有权调用20万专项奖励基金。二是行政处罚权。项目经理有权对部级以下人员直接作出降薪、降职、更换、调离直至劝退之决定而无须事先请示、汇报与审批。三是人事建议权。项目经理有权对部级以上干部,根据其在项目实施中的失职行为,提出降薪降职处理建议,报请总裁即行执办。四是经济决定权。根据以提高效率为核心文化理念,项目经理有权在项目实施中决定损失在1000万元内的项目更改及业务调整。这充分显示出郑坚江的制度企业家精神。

第六章　陆龙兄弟的企业治理分析

宁波市陆龙兄弟海产食品有限公司始创于1978年，从事开发、制造并销售九大系列数百个品种的海产食品及提供优质专业的服务，产销量、纳税额、企业规模等经济指标连续20余年位列全行业首位，是业内公认的全国“单打冠军”。其诚信、尚德、和谐、引领行业的企业治理文化因素为宁波当今的家族企业提供了典范。

第一节　公司的企业治理

一、公司的股权结构

陆龙是一家由六名兄弟共同创业发展起来的家族制企业，现由“陆龙”1978年起参与创业的多名兄弟共同持股，诸名股东所持股份比例一致，共同参与对企业的经营管理。为人称道的是，从1978年共同走上创业之路之后的数十年间，多位家族成员不离不弃、各司其职、和谐共处，发挥了巨大的合力优势，打造出一个中国海产领军品牌。在企业成长模式和创新管理的研究领域，它为学界提供了一则鲜活的成功案例。

俗话说，做兄弟容易共事难。人们经常可以看到听到在中国的家族企业中，关于兄弟反目、父子失和、夫妻析产的事例。但在“陆龙兄弟”，多名兄弟一起共同创业，风风雨雨中却走过了30多个年头。他们能长期共事已属不易，而致富后还能团结一心的，尤属难上加难。

令人称奇的是，30 余年来，“陆龙兄弟”的几位兄弟几乎从没红过脸，始终保持着创业初期的工作激情与和谐关系；尽管企业年销售额早已逾亿元，但他们坚持从不分红，将企业盈利所得用于扩大经营，而兄弟几人只拿月度“死工资”——从当初的五六百元到现在的不足 1 万元，没有人对此提出过抱怨；甚至于多年来，几位兄弟、股东既没有去过歌舞厅，也没有去过酒吧，既不打麻将，又不喝酒，这几乎成为他们在业内的一个口碑。

在多年的创业中，兄弟们的身份由渔民、商贩，变成企业家、股东；在企业里，他们也分别被赋予不同的职能：财务采购者、物流运输者、人力资源管理者、市场管理者、生产管理者，等等。而最大的变化不是身份上的，是兄弟们人生观、价值观的变化——由最早很单纯的改善生活，转化为为事业、为人生价值而努力。

陆龙的家族管理模式，在多年的企业经营中也固化出一些制度：一是家族成员应始终珍惜眼下拥有的亲情和财富，大家形成默契，坦诚相对，以和为贵。二是即使事业遭遇低谷、意见遇到分歧，但最终还须服从于“创百年企业”的企业愿景。三是以制度形式规范了家族成员间的责权利，并确保他们享有充分的参与权、知情权和决策权。正是“兄弟当家”的家族化管理模式，满足了陆龙过去 30 余年的发展需要。

像陆龙这样多名兄弟共事超过 30 年的例子，即使在全国范围内，都堪称绝无仅有。长期以来，许多学者都在讨论：民企是家族制管理好，还是将所有权和经营权分离好。而陆龙用自己的经营实践证明：适合企业的，就是最好的。事实上，在现代经济中，不论东方或者西方经济体中，家族企业都还是最普遍的组织形式，而且是一种非常有效的组织形式，比如在《财富》500 强中，37%的企业是家族企业。

在坚持家族管理模式的同时，陆龙也大力引进现代企业管理的先进做法，并不间断地从家族外引进了职业经理人，设计出一套公正的激励政策，给予“家”的温暖、关怀和足够的信任，促使他们报效企业，从而不断增强企业活力；此外，家族企业的当家人也重视用合乎时宜的企业家精神来武装头脑，使家族企业文化置于科学的基础之上。这些制度安排及管理创新，均为作为家族企业的陆龙不断取得进步提供了重要保证。

二、公司的董事会组成

陆龙董事会由 5 名董事组成，均为家族成员。董事会设董事长 1 人，经董事会选举后由陈苗龙先生担任董事长，董事长为公司的法定代表人。其他股东分管采购、制造、营销等领域。

董事会决议的表决，实行一人一票。董事会对所议事项作出的决议，由二分之一以上董事表决通过方为有效。其中涉及报股东会批准的事项，由三分之二以上的董事表决通过方为有效。

公司设监事会，由 3 名监事组成，其中职工监事 1 名。监事会设监事会主席 1 人，副监事会主席 2 名。股东监事经股东会选举后产生，1 名职工监事由公司工会主席担任。

三、公司的激励与约束机制特征

在陆龙内部，充满了“和谐因子”，近五年间尚未发生一例劳资纠纷。从最早的兄弟创业者，到如今近 500 人的和谐大家庭，陆龙不仅成为制造好产品的企业，更成为培养高素质员工的学校。公司坚持理解并满足员工的需求，注重用人、育人、激励人，努力为员工提供远高于行业平均水平的福利、薪酬和价值实现的机会，构筑和谐的劳资关系。在陆龙，事业的机会向人人开放，为员工提供事业发展和学习成长的广阔空间。

特别是在应对全球金融危机中，陆龙选择与员工不离不弃，紧紧地团结在一起。近两年间，企业没有因裁员而放弃一名员工。同时，公司不但没有学习许多“聪明”企业的做法，对员工实施降薪，并且在行业形势最为恶劣的 2008 年，还分别于 3 月、9 月和 12 月，对全体员工加薪三次。在陆龙，员工有免费的工作餐，有免费的宿舍，有齐全的保险金缴纳，薪资水平年均增长 10%以上，而且无下岗之愁，无后顾之忧。陆龙的发展就是为了员工的更加幸福，使每一位员工能够分享到企业的发展成就。

2009 年年初，陆龙被评为“宁波市首批和谐企业”。由宁波市人民政府评定的这个荣誉称号，在评选标准的设定上突出了企业与员工和谐、企业与社会和谐、企业与生态环境和谐“三个和谐”。陆龙得以在名企众多的宁波市首批当选，源自其在多年的创业历程中，坚持诚信和社会责任这两大基本商道，致力于内外和谐发展，使企业、员工、社会三者利益逐步协调均衡，逐渐成为业内的和谐标杆。

从最高的《宁波市陆龙兄弟海产食品有限公司章程》，到日常性的规章制度如行政办公制度、财务制度、销售制度、人力资源制度等等，经过十余年的不断提炼、优化、固化，陆龙已形成了一套较为健全、完善和行之有效的企业规章制度，助推企业的健康快速发展。

在陆龙的内部治理中，坚持尊重人、依靠人、激励人、塑造人、凝聚人，重视激励和人本管理是两大基本特色。公司建立员工帮困互助基金，定期举行评优评先活动，形成全员培训的长效机制，并将每年的 9 月 28 日定为陆龙的“感恩日”，大力倡导“感恩文化”，使之深入渗透到每一位员工心中，促使每一位陆龙的员工真正胸怀对社会、对企业、对顾客的感恩之心，更主动地提高工作质量，更主动地改善服务态度，更主动地追求细节之美，也更加尽责、敬业和纯粹。陆龙的管理风格和文化氛围，深深获得员工的认同和欢迎。近五年间，陆龙的员工主动流失率均低于 1.5％。

四、公司的组织结构与人员构成(图 6-1)

在陆龙，从创业起一路走来的多位兄弟成为公司股东，并分别履行着人力资源管理者、市场管理者、生产管理者等重要职能。从原料选购到成品包装尺寸，从生产到销售，每个环节都有股东级别高管处理，身体力行，由此建立了一整套运营体系和品质控制体系：有自己的品牌、采购线、生产基地和市场网络，深入了解源头供应商的制作过程，严格供应商的承诺和检验。由于每位股东都是伴随中国海产食品业的成长一路走来的拓路者和推动者，因此在数十年的工作实践中，他们已积累了丰富的从业经验和管理能力，带领陆龙发展，始终站在业内的前列地位。

除了股东，陆龙的其他关键岗位负责人，包括财务总监、市场总监、人力资源总监以及各级部门经理等重要人事安排，全部选聘“非家族成员”的职业经理人。他们拥有不同领域的专业经验和良好的教育背景，在陆龙企业内均能胜任相应工作，共同为企业发展贡献力量。

许多业界研究人士，都在苦苦寻求浙江企业的成长奥秘和发展动力，以及它们之所以从优秀走向卓越的核心根源。而通过陆龙的企业个案，似乎能为我们从一个侧面提供部分答案。

归纳来说，陆龙在数十年的发展中，以诚信和感恩作为企业的两大基本商道，在创造成长奇迹的同时，也日益成为一家广受尊敬的企业。

——陆龙在业内第一家将过去“上不了台面”的黄泥螺、蟹制品形成产业化生产，开辟出一个全新行当，并是多年全国“单打冠军”，成为创业标杆。

——陆龙的研发、质量、管理、营销、服务能力均处行业领先，是业界竞

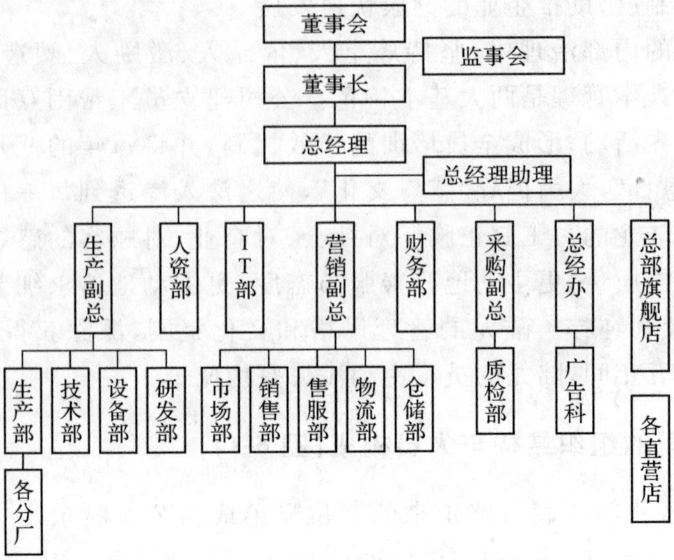

图 6-1　陆龙兄弟的组织结构

相学习和跟进的榜样，直接地引领和推动了行业的整体进步，成为行业标杆。

——陆龙多年来制作严谨，以身作则，信守“认认真真做事，清清白白做人”理念，在业内带头倡议抵制炝蟹假红膏现象等不良风气，成为诚信标杆。

——陆龙参与创业的多名家族兄弟，30余年来始终勤勉、节俭，以和为贵，不离不弃，被学界公认为是研究家族管理机制的鲜见样本，成为道德标杆。

——陆龙追求企业与员工和谐、企业与社会和谐、企业与生态环境和谐“三个和谐”，努力实现企业、员工、社会三者利益协调均衡，成为和谐标杆。

第二节　“陆龙兄弟”企业治理的思考

有一种流行的观点认为，家族企业只是在一国经济工业化的初期地位显赫，随着工业化和经济发展、企业组织进化，家族管理型公司会逐渐消亡。其实，这是一种似是而非的观点。在现代经济中，不论东方或者西方经济体中，家族企业都还是最普遍的组织形式，而且是一种非常有效的组织形式。民企是家族制管理好，还是将所有权和经营权分离好？“陆龙兄弟”的例子告诉我们：适合企业的，就是最好的。作为一个家族企业，应该怎么样把握好自身的发展方向、完善企业的治理结构？只要这个制度是适合自身发展的，那它就是最好的。

一、“陆龙兄弟”的“开拓”写照

面对复杂多变的经济形势，尤其在应对金融危机的战斗中，身处传统海产品行业的“陆龙兄弟”保持着创新的步伐。他们用一颗颗小泥螺创造了数亿元的大市场，把宁波的传统海味带上了高档餐桌，带向了五湖四海，带进了上海世博会，在成就自身中国海产领军品牌的同时，为宁波贡献了一张弥足珍贵且又经久不衰的海产特色名片。

（一）从本土中突围

从 2 万元的小木板船起步，到不足 40 平方米的小店铺，再到雄踞宁波老外滩桥头堡 5000 平方米的海产中心，“陆龙兄弟”当了多年的本土英雄，在宁波海产食品市场上，早已三分天下有其二，成为当仁不让的行业领袖。“陆龙兄弟”认为，作为宁波最具代表的特产名片，作为宁波海产文化的领军者，有责任使其继续走出宁波，走向世界。“通过我们的示范，宁波的海产品企业越来越多，这个行业也越来越拥挤。如果我们不带头走出去，在萧条背景下，恶性竞争的事情肯定会越来越多，这对整个行业来说都是一种伤害。”公司董事长陈苗龙说。他们陆续开张宁波大世界店、华严店、马园店、樱花店、慈溪店、杭州学院路店、上海打浦桥店等分店，开张一家，成功一家。

“陆龙兄弟”还打破传统观念，由坐等客户上门的“坐商”，改为主动出击，做“行商”、“网商”；他们突破门店销售的局限，在业内首家推出“一站式”配送服务，通过现代物流网络平台，将产品辐射销售到全国各地；他们借助阿里巴巴、淘宝等国内多家知名购物网站销售平台，实现传统海产食品的“虚拟经营”，目前线上销售月均能为“陆龙兄弟”贡献近两成的营业额。当今，“陆龙兄弟”产品已漂洋过海，上了新加坡、马来西亚、澳大利亚、美国等国家和地区的消费者的餐桌。

(二)从行业中突围

一直以来,以泥螺为代表的宁波海味,只是传统的开胃菜,尽管好吃,但仍然属于上不了台面的佐餐小菜,即使后来行业发展,产品也仅局限在自家厨房和餐桌上。然而,一日仅有三餐,且此等海味又不能作为正式菜品,市场容量显然有限。意识到这种情况,"陆龙兄弟"开始不断创造突破行业局限的变革:首家做报纸、电视广告,改变人们将泥螺等海味仅仅作为开胃菜、下酒菜的观念;首家推出"海产大礼包",首家推出端午、中秋"海产礼品套装",将宁波海味从私家厨房中解放出来,变成独具宁波特色的礼品。在金融危机背景下,"陆龙兄弟"使宁波海味行业完成第二次重大突破:向休闲产业成功转变,让其产品进入各类时尚休闲领地,并打出"我的休闲我做主"口号,其休闲海产品成为宁波海产品市场的一道独特风景。

在不断创造经典海产食品,如黄泥螺、红膏蟹制品、鲜曝大黄鱼、本地淡鳗鲞、对虾干、明府鲞、大开洋、醉河蟹的基础上,"陆龙兄弟"还开创出海味的食品系列,形成了休闲海产、健康礼品、脱脂大黄鱼、淡干海参等九大系列数百个品种,成就了中国最大的全品类海产食品供货商。

(三)从追求企业利润的单纯目标中突围

始创于1978年的"陆龙兄弟",作为中国海产领军品牌,其产销量、纳税额、企业规模等经济指标连续20多年位列全行业首位。这种成就是大部分企业的第一追求,但陆龙兄弟的第一追求却并非产销量和企业规模,更不是企业利润,而是消费者、员工与社会对企业的需求与信赖。陆龙兄弟认为:给社会奉献出价值,切实承担起责任,是企业长存和健康发展的不二之路。

无论是捐助、捐款汶川地震、全国特大雪灾,还是设立宁波市"见义勇为基金",或长期资助宁波聋哑学校等五所院校,"陆龙兄弟"一直竭己所能,尽企业的责任,回报社会。

即使是在海产食品这样一个小行业,"陆龙兄弟"在金融危机发生的当年,上缴的税收就有上千万元;金融危机背景下,"陆龙兄弟"在江苏100万亩无污染滩涂和东海舟山渔场建立了一级品收购的"绿色通道",投资3000多万元引进质保体系和现代化生产线,带动众多农民发家致富,还主动多次给员工加薪。

突破单纯对企业利益的追求，坚持诚信和社会责任这两大基本商道，致力于内外和谐发展，使企业、员工和社会三者利益逐步协调均衡，为成为业内和谐标杆而努力——这被“陆龙兄弟”认为是其30多年健康发展，乃至金融危机背景下逆风飞扬的最大动力和安全保障。

二、“陆龙兄弟”治理背后的文化基因

（一）以“兄弟合心”为核心的家族化管理结构特点

目前该企业采用股东制，兄弟占据同等份额的股份。除此之外，兄弟的妻眷全部约定只在家做“贤内助”，不介入公司任何经营活动。

30多年来，“陆龙兄弟”的6位兄弟几乎从没红过脸，始终保持着创业初期的工作激情与和谐关系。时至今日，即便是身为董事长的陈苗龙也不买私人轿车，兄弟几人和企业高层负责人平日拼用两辆公司的小车，而与这种“抠门”做法形成鲜明对比的是，该公司的送货车却有近20辆之多。生活习惯方面，每位兄弟几乎常年都是每天晚上9点半就寝，清晨5点起即投入工作，陈苗龙笑称这是他们创业时养成的作息习惯。“陆龙兄弟”已将这种家族管理模式，以企业机制和文化理念的形式固化下来。作为董事长的陈苗龙，在利益分配上从不搞特殊化；作出任何一项决策前，都先考虑股东们是否能够接受和理解；每周召集不少于两次的沟通例会，增加股东们的知情权、决策权；对于员工，公司努力为他们提供远高于行业平均水平的福利和薪酬。

公司董事长陈苗龙认为，正因为他们兄弟都是真正从苦难中挺过来的患难兄弟，所以分外珍惜目前拥有的亲情和财富。大家已形成默契，自觉恪守“认认真真做事，清清白白做人”的企业风格，坦诚相对，以和为贵。“我们的企业还做得不够大”。他认为，对于陆龙，“兄弟当家”的家族化管理模式，恰恰符合当前“陆龙兄弟”的企业发展需要。

（二）企业的传承计划

公司董事长陈苗龙认为，他们这一辈人的任务，就是要尽可能地将“陆龙兄弟”做精，做强，打好基础，等“老了干不动了”之时，就交棒给下一代或聘任职业经理人，在他们手中继续打造“百年陆龙”。为此，陈氏兄弟特别注重对儿辈的培养，并以自己的创业精神勉励子女勤奋读书。他们的下一

代，现多在香港科技大学、复旦大学、浙江大学等知名学府就读，有些已被培养成为上海交通大学博士生、浙江大学研究生，而且一如父辈般质朴、善良。这令陈氏兄弟深感欣慰。

三、家族企业的"保鲜法"

家族企业的行为深受家族文化的影响，使企业在"文化"上遭遇"家族"制约。这种制约是多方面的，如在产权结构上是封闭的，在治理模式上推崇家族人自治，等等。我们不是全盘否定家族对企业的制约，而是要对这种制度进行扬弃。

（一）突破"家族"制约，逐步走向现代组织形式

家族企业需要制度创新，但家族企业的当务之急不是走出家族制，而是逐步过渡到现代企业制度上来。突破"家族制约"进行制度创新，是对原家族产权结构的优化，是对原家族产权关系的扬弃，而不是抛弃和否定家族文化。我们要立足家族文化，坚持辩证否定的发展观点，才能超越这种文化对家族企业的限制。

（二）突破家族界限，增强家族企业活力

家族企业引进外部的优秀人才，必须给予足够的信任，这样才能发挥其潜能，促使他们报效企业。在家族企业中，管理专业化的重要标志，就是非家族成员也能胜任公司中的高级职位，并得到信任。为外聘非家族成员设计一套公正的激励政策非常重要。"陆龙兄弟"从"家族"外引进人才，给予"家"的温暖和关怀，增强了企业活力。

（三）优化家族企业决策机制，改进家族议事会

家族议事会体现家族的权力，家族议事会是家族作重大决策的委员会。家族议事会解决组织、战略计划等重大事件，调解家族成员间的纠纷，对重大问题如员工雇佣、股权转让、红利分配政策等进行协商，并达成一致。

很多家族企业曾得益于它独特的"发家文化"，即吃苦耐劳、敢闯敢冒、急功近利、崇尚"关系"。我们把这种发家文化的局限性归纳为"四高"：一是吃苦耐劳高于创新，二是闯劲高于理性，三是功利高于"人文"，四是"关

系”高于体制。这种“四高”文化从家族企业的发端、发展到至今，都在支配着企业行为，时至今日，它的局限性已明显地与社会主义市场经济相悖，阻碍了家族企业的可持续发展，必须加以克服。

此外，家族企业的当家人必须用合乎时宜的企业家精神来武装头脑，使家族企业文化置于科学的基础之上。

第三节 相关案例研究——希望集团的产权演变

希望集团是刘氏四兄弟凑了1000元于1983年开始创业建立的具有典型家族特征的集团公司。1994年，他们正式成立希望集团。此后，希望集团曾先后荣获中国饲料工业百强第一名、中国500家最大私营企业第一名和中国民营科技企业技工贸总收入第一名。1992年和1995年，刘氏四兄弟先后两次划分产权。刘氏四兄弟从由亲情维系的模糊产权，到明晰产权，用了13年。他们是“亲兄弟明算账”的典范，虽然也经历了感情的痛苦和挣扎，但“分家”却让创造力得以解放，并让企业实现了“裂变式”的发展——希望集团已具有“现代企业”的雏形。

一、兄弟共产主义

1983年3月，陈育新(即刘永美，从小过继给陈家，故更名为陈育新)在四川新津县古家村办起了“育新良种厂”。启动资金是和其他三兄弟一起凑起来的，一共1000元。

当时，四兄弟都拥有令人羡慕的“铁饭碗”：老大刘永言毕业于成都电子科技大学，就职于国营大厂的电子计算机室；老二刘永行有师范专科文凭，在县教育局供职；老三陈育新毕业于四川农学院，在县农业局当技术员；老四刘永好则毕业于省电大，在成都当中专教师。虽然生活稳定，但四兄弟苦于才华和抱负无法施展。他们商量好了，为了稳妥一些，陈育新先出来干，另外三人再陆续辞职。

1983年，刘氏兄弟通过卖鸡苗挣得了第一笔钱，一共720元，每人分得180元。大哥刘永言在报纸上看到一条消息：国家领导人访问朝鲜，金日成送给中国一批鹌鹑。鹌鹑蛋营养价值极高，被称为“动物人参”，而且市价也很高。刘永言便用180元买来了50只大鹌鹑和200个种蛋。不曾想到，正是鹌鹑为他们打开了财富之门。通过科学养殖和吃苦耐劳，刘氏兄弟逐渐成为了“鹌鹑大王”。当初四兄弟凑钱投入的1000元像滚雪球一样，第一年变成了3000元，第二年变成1万元，到第七年即1989年就变成了1000万元。

1986年，刘氏兄弟转做猪饲料。他们把聪明才智和勤劳精神发挥得淋漓尽致，竟然逐步研发出了具有国际水准的饲料。1989年4月，他们研发的饲料通过了饲料行业的权威认证，取名为“希望1号”，是我国第一个具有自主知识产权的饲料配方。随后，四兄弟又研发出鸡、鸭、鱼、虾等30多种饲料，陆续获得100多个科技奖项，包括11个全国性科技大奖。

凭借先进的技术和成本优势，饲料厂的销售额跳跃式上升：1987年卖了100万元；1988年卖了1000万元；1990年上升到6000万元。1990年，希望饲料在四川的销量超过了跨国公司正大，确立了在西南三省（云贵川）饲料业的主导地位。1994年，希望集团登上了中国饲料行业百强企业之首。

从创业的第一天起，刘氏兄弟就配合默契。新希望集团董事长刘永好回忆道：“又负责财务，又负责销售，又负责生产，又负责运输，又负责加工，反正就是我们四个人。”随着企业规模的扩大，四兄弟根据性格和特长进行了分工：刘永言负责技术设备；刘永行和陈育新负责技术管理和生产管理；刘永好则负责对外，处理和政府部门、供货商、分销商等的关系。没有人计较位置和名利。除了刘永行把卖鸡苗赚的第一笔钱用于治病，四兄弟再也没有分过赚来的钱，而是把资金用于扩大生产，四人只在良种厂领取一些微薄的生活费。

直到今天，四兄弟没有一个人能说清楚，当初凑1000元时各自出了多少，大家都表示“凑钱时没想到怎么分钱”。在那个商业知识极为贫乏的年代，刘氏兄弟根本没有听说过“产权”这个词。后来，考虑到在创业初期，老三陈育新和老二刘永行付出最多——陈育新率先创业，刘氏产业就诞生在他的家中；刘永行出资较多，在初期也付出了很多——因此，四兄弟曾口头约定“老三与老二占大股”，但产权上仍然处于模糊状态。

1991年成立希望集团时，为了体现兄弟间的权利均衡，他们做出了“精心安排”：老大刘永言担任集团董事局主席，老二刘永行担任集团董事长，老三陈育新担任集团总经理，老四刘永好担任集团总裁，都是“一把手”。亿万家产并不属于个人，而是四人“共有”。共同的理想、血浓于水的亲情让个人利益显得微不足道。

二、模糊的产权明晰化

1991年，希望集团已成为西南地区最大的饲料企业，拥有上亿资金。在具备对外扩张的实力后，刘氏兄弟在发展方向上产生了分歧。刘永言认为应该按照各自的价值观和特长进行发展——他是个“电子迷”，在那时已经是一个电子行业的专家，准备投身于高科技；刘永行和刘永好认为应该复制饲料厂的成功模式，到各地办分公司，拓展市场；陈育新则认为应该稳固现有的饲料业务。

在发展方向上，谁也说服不了谁。于是，四兄弟作出了“分开发展”的决定：老大刘永言向高科技领域进军；老三陈育新负责现有产业运转，并开拓房地产；老四刘永好跟随二哥刘永行到各地发展分公司，建饲料厂。

四兄弟的第一次明确分工，必然要导致刘氏产业的根本性变化——产权明晰。但之前产权是模糊的，又如何才能明晰化呢？陈育新和刘永行商量，财富是大家共同创造的，就不分谁多谁少了，放弃他俩“占大股”的最初约定，平均划分资产，兄弟四人各占25%的股份。

这次划分产权，并不是依据某人在创业时期出资的多少和作用的大小，亲情起了关键作用。由于老三陈育新和老二刘永行的谦让，划分资产进行得非常顺利。

紧接着，刘氏家族又发生一次较大变化——在1993年全国政协会议召开之前传来一个消息，本届政协将吸纳一批民营企业家为政协委员，四川省拟定安排刘氏兄弟的老三陈育新为代表。但陈育新更喜欢干实事，不愿在公众场合抛头露面，便提出让其他三位兄弟选一人。当时，老大刘永言醉心于钻研科技，一心想成为大发明家，老二刘永行又是饲料方面的技术和管理专家，而且热衷于在全国开拓分公司，所以擅长外交的老四刘永好便成为最为适合的人选。1993年3月，刘永好当选为全国政协委员，同年8月又被推举为全国工商联副主席，是12位副主席中唯一的民营企业家。从此，刘永好成为了希望集团的“形象代言人”。

到1993年年底，老三刘育新又主动提出不做法定代表人，经董事会通过，由刘永好出任。从此，刘氏家族的外部形象聚焦于刘永好身上，他的三个哥哥全力支持四弟树立公众形象，任何记者采访均由老四出面，集团业绩都归功于一人，就像当年树立陈育新一样。三位兄长自得其乐于各忙各。

刘永好作为全国政协委员和全国工商联副主席，活跃于各种社交场合，加上其在公关方面的天赋，使希望集团的知名度大大提高。与此同时，老二刘永行全力主抓向全国拓展分公司，在生产管理与开拓市场方面显示出突出才能，老三陈育新则把刘氏产业的基地管理得井井有条，老大刘永言在高科技攻关与开发上也取得长足进展。刘氏家族又进入一个红火时期。

1992 年，刘永行和刘永好开始携手在各地发展分公司。两兄弟分工明确，配合默契。刘永行“主内”，负责对目标企业作评价；刘永好“主外”，负责接下来的谈判。在禀赋上两人也极为互补：刘永行擅长内部经营管理，刘永好则擅长对外周旋、开拓。1994 年底，希望集团在各地的分公司已发展到26 家。

与此同时，希望集团被国外饲料巨头视为最大的竞争对手，不断受到冲击，国内不少私营企业也不断进入饲料领域。希望集团腹背受敌，必须迅速抢夺生存空间，才能在竞争中立于不败之地。

通过三年合作，刘永行和刘永好互相学习，互相影响，均已具备了独立运营企业的能力。经过慎重考虑，刘永行又一次提出了“分家”，他认为：“时至 1995 年，我们已经建立了 26 个分厂，市场提供给我们高速发展的机会不会太多了，至多四五年。我和四弟一起重复操作工作很多，发展思路、点子也不尽相同。与其浪费头脑思维，不如人各一块，分头布点，抢夺发展佳机。”

1995 年 3 月，希望集团召开了董事会，此次会议完全是在“绝密状态”下进行，只有刘氏四兄弟和五妹刘永红参与，各自的家属都不知道。经董事会通过，以 1995 年 4 月 13 日为界，总部所有下属分公司的资金与资产全部冻结。根据“资产基本平分”的原则，将各地的 26 家分公司一分为二，基本上以长江为界划分为东北与西南两个区域。东北区域包括上海、北京、华东、华北、东北；西南区域包括除成都之外的其他区域。因为调整和划分的方案是刘永行提出的，他让刘永好先挑选，包括总部的干部也是刘永好先选。经过估算，刘永行和刘永好共同创造的财富约 2 亿元，刘永好选择西南区域，刘永行得到东北区域。1995 年 5 月 15 日，刘氏兄弟在董事会文件上正式签字。文件规定：两个区域禁止跨区域开发；干部分配后在区域间流动必须经双方共同认可；董事会成员今后一切开支均不在集团报销。

在很多人看来，这个大型家族企业重新改组是一件错综复杂的事情，更何况刘氏兄弟的产权界定先天模糊。但是，希望集团的资产在四兄弟手里很快就划分得清清楚楚。刘永言创立大陆希望公司，刘永行成立东方希望公司，陈育新建立华西希望公司，刘永好则办起南方希望公司。

整个希望集团并没有分，分开经营的是1992年第一次产权分立以后的增量资产。四兄弟共同拥有创业时期的老家底——新津饲料厂和科研所，作为存量资产由陈育新掌管，产权均分。希望集团的冠名权和商标作为无形资产，仍为大家共有。

1996年1月12日，中国民生银行在北京成立。这是一家由民营企业出资，主要为中小民营企业服务的银行。作为大股东，刘永好担任了民生银行副董事长。跨进银行业后，刘永好感受到了金融和资本的力量，便冒出一个新想法——让自己的公司上市，把公司改造成治理结构更加合理的现代企业。刘永好认为："不单单是通过证券市场，能够得到相应的这个资金的支持，更重要的是它引入了一种现代管理制度，和这种理念，和这种法人治理结构。"

1997年年初，刘永好从南方希望公司选出10家公司，以1.6亿元的注册资金成立"新希望集团"，准备在深圳发行股票上市。

1997年11月初，希望集团公告刊出：希望集团下设4个二级公司，新希望集团只是希望集团下属南方公司的一个分支结构。这是刘氏兄弟第一次向公众宣布，希望集团已不再是传统的家族企业，已经具有产权明晰、职责分明的现代化企业的雏形。

三、希望集团分家的意义

从传统家族企业向现代企业的演进蜕变，是主动的选择，也是理性的选择。

俗话说，"兄弟一条心，黄土变成金"。从中国传统伦理上说，兄弟各立门户是一件伤感的事情，刘氏兄弟也经历了痛苦挣扎的过程。但是，刘氏兄弟都承认"分家"的积极意义：让传统家族企业能够演变成具有现代企业管理制度的企业。"实际上，分家就是把家族企业原来的一些管理方式、管理模式、经营模式和组织架构理顺了，以后发展就没有障碍了。"陈育新说。

事实也证明，刘氏兄弟的每一次分立，都让企业进入了快速发展的阶段。难能可贵的是，两次"分家"刘氏兄弟都是"好聚好散"，不见大多数情况下家族企业的是是非非。四兄弟已经创业27年，在这20多年中，中国民营企业和企业家可谓沉沉浮浮。历经两次分立而屹立不倒，四兄弟都开创了自己的一份事业，这在民营企业发展史上几乎是鲜有的。

20世纪80年代，日本学者酒井邦恭和关山博曾提出“企业分家”理论。他们认为，当企业规模过大时会影响企业发展的速度和灵活性。这时可以让企业“裂变”成几个小企业，让企业朝不同方向发展，重新焕发活力。刘氏兄弟的“分家”之路恰好佐证了这一理论。四兄弟“分家”后，每个人能够张扬自己的个性，按照自身的特长和价值取向发展企业。老大刘永言离开饲料业进军高科技，成为了一名科学家型的企业家。老二刘永行投资金融、乳业、房地产等多个领域，并把重工业发展成了第二产业。老三陈育新除了把老基地的饲料产业继续做强做大，也先后进入房地产、零售、观光农业、能源化工等领域。经过两次“分家”，刘氏兄弟的产权已经完全明晰，但希望集团这个“母体”并没有分。从法律意义上讲，四兄弟各自拥有的集团公司都属于希望集团的二级集团，刘氏兄弟可谓“财分情连”。

第七章 “宁波帮”家族企业的传承博弈

“子承父业”似乎是成本最低，也最合乎情理的传承方法。在宁波私营企业主中进行抽样调查，被调查者中89%都选择了“子承父业”的传承形式，另有5%和3%的人选择“女承父业”和“由女儿和女婿共同继承”。但不论采取何种形式，企业创始人最终还是期望将自己创下的家业永续传承。正是基于这最终目标，综观“宁波帮”家族企业发展史，其传承并非沿袭“子承父业”主流模式，而是在“宁波帮”文化影响下，遵循“经世致用”，选择恰当的传承模式，实现最终的传承目标。

第一节 宁波小港李氏家族企业的传承

一、宁波小港李氏家族企业

（一）从创业到华丽转身

小港李家是最早前往上海创业谋生的宁波人之一。早在上海开埠前的1820年前后，15岁的李也亭就从小港来到上海淘金。他先在南市曹德大糟行做学徒，后到沙船上打工。凭着宁波人的精明与勤奋，从小学徒起步的李也亭，抓住了近代上海开埠的历史机遇。

经过20余年的拼搏与苦心经营，李氏建立起包括航运（沙船业）、钱庄业在内的庞大家业。李也亭的成功奠定了小港李家在上海的基础。随后，李氏家人纷纷迁居上海，大展宏图。到19世纪末，李家在上海已拥有“余”字号钱庄近10家，“天、地、元、黄”四家房地产公司，以及其他为数众多的工商企业，经营范围涉及航运、金融、地产、仓储、码头及百货等行业。当时李家在上海还大量收购地产，自辟马路，名之“地丰路”（今乌鲁木齐北路）、“李诵清堂路”（今陕西北路），成为申江房地产巨子。

1868年，61岁的李也亭去世，将产业交付给跟随其多年的侄子李听涛（见图7-1）。李听涛16岁即到上海久大沙船号协助李也亭经营，他跟随李也亭多年，深受叔父赏识。李听涛继任久大沙船号经理时，两次鸦片战争以惨败告终，接着是羞辱的“不平等条约”，上海成为五口通商的城市之一。外国人的轮船来到上海后，老式的沙船无法和它匹敌，因而渐渐衰落。李家拥有的钱庄资金有限，主要借贷给上海老城区的小商业主。由外国和各贸易公司提供资金新成立的银行的出现使钱庄黯然失色。此时，唯有码头生意继续繁荣。于是李家沿黄浦江买进更多的地皮，扩大了原有的码头，建立了更多的仓库，码头和仓库生意继续可为船只、轮船服务。由此，小港李氏的企业重点转向地产。

（二）长袖善舞于沪甬间

在李听涛之后，其乾房的侄子李咏裳作为第三代代表出任久大沙船号经理。李咏裳（1871—1953）又名厚垣，是李濂水（听涛之弟）的次子（见图7-1），他17岁开始就在上海自家开设的钱庄学生意，接手李家家业后，还开设上海新记公司，投资上海会余、渭源、敦余、恒巽，杭州益源，宁波彝泰、彝生、天益、元益等钱庄。此外，李咏裳还投资于新式银行，曾任职四明银行、中华劝工银行董事、恒利银行董事长。1953年李咏裳以83岁高龄寿终沪寓。

（三）进入新的发展期

李家第三代的李云书于1905年投资了上海大达轮船公司，此公司为张謇、汤寿潜和许鼎霖在上海所组建。这是中国私人资本在沪创办的第一家轮船公司。

至第四、五代，李家的产业发展开始进一步拓展。

李氏第四代人物李祖韩、李祖范等人，也是当时商界颇有影响的人物。

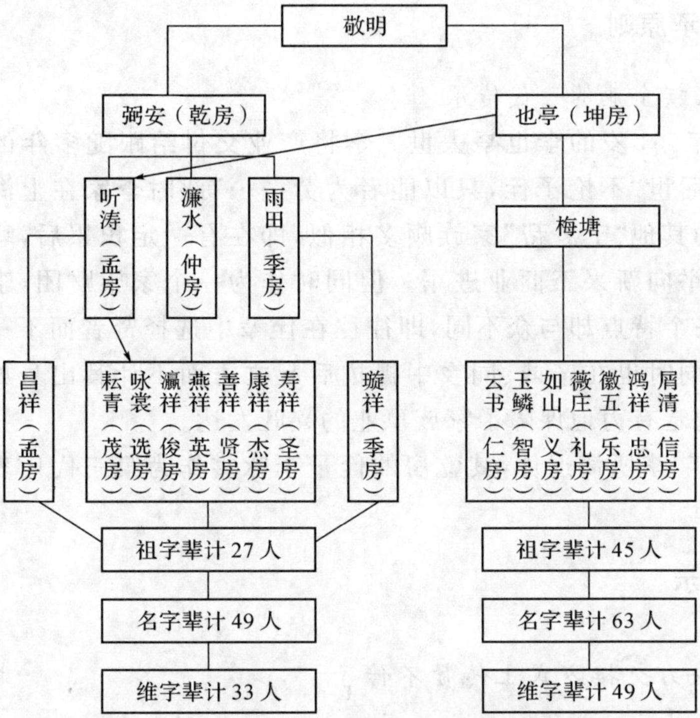

图 7-1 李氏家族企业的三代传承

资料来源:《宁波小港李氏家族》,中国文史出版社 2007 年版。

李祖韩是李也亭曾孙,曾任美商中国营业公司买办多年,又曾任其表兄弟方液仙所创办的中国化学工业社董事长。

李祖范早年留学美国,归国后曾任中国化学工业社经理,把西方的经营管理方法引入中化社。此外,李祖范自己还创办华元化工厂,以其侄李名岳为经理。

李咏裳的儿子祖华、祖恒、祖泰则转向经营工业,开办新华薄荷厂,由李祖泰主持其业务,所产白熊牌薄荷脑问世后,日货遂告绝迹。

（四）李家的高端转型

民国以后,李家开始逐步淡出商界。是时,深刻的民族危机催生“实业救国”浪潮,领风气之先的李家后人纷纷前往欧美、日本诸国求学。

由上可见,其家族企业的有形继承体现于第一代至第三代,第四代以后,伴随着家丁兴旺,李氏家族企业已难以作为一个整体而视。但其家族精神引导者李氏家族的每一代中,均有各业典范辈出,由此也值得我们探究。

二、传承原则

李氏家族企业的三代传承

1868年,61岁的李也亭去世。李将产业交付给跟随多年的侄子李听涛,并留言后世"不论子侄,只以能者为劳……"此时李家在上海的商业路数与当时的其他"宁波帮"家族颇多相似,即在有一定积累后,均以钱业致富,尔后大举向新兴工商业进军。但同时作为一个家族财团,李家传承家族事业的一个特点却与众不同,即往往在侄辈中选择贤者而不一定由儿孙继承家业,同时也在亲戚、同乡中提拔后起之秀而不计其出身如何。这些不成文的规定有力地保障了家族事业的兴旺发达。

1894年,李听涛退休,其乾房的侄子李咏裳作为第三代代表出任久大沙船号经理。

三、启示

(一)权力交接方式上传贤不传子

传统家族企业在权力交接方式上普遍存在着传子不传贤的弊端,这容易导致家族内部在权威真空时期因权力争夺而引起倾轧,众兄弟往往为了自身利益而产生对家族企业的离心倾向。其弊端还表现在:

(1)企业的非家族员工无法深入参与决策的核心,因此对企业缺乏向心力;(2)由于决策者都是血缘相近的家族成员,其经历、经验与成长比较类似,"近亲繁殖"的结果使其决策品质相对低下;(3)不利于企业内部实行现代科层组织制。

小港李家则从第一代起就比较好地解决了上述问题。作为一个家族财团,李氏家族往往在侄辈中挑选继承者而很少由儿子继承家业,如奠定李氏家族基础的李也亭即将其事业交给其兄李弼安的长子李听涛而非自己的独子李梅塘,此后李听涛又将事业传给侄子李咏裳。期间,李家在接班人问题上实际上有一条不成文的规定,即视子辈中谁最有才能、最适宜于继承事业者,即传给谁。这既保证了家族事业的延续,又在相当程度上引入了激励机制。同时,李家还在亲戚同乡中提拔后起之秀,而不计较其出身如何,如曾任宁波总商会会长、上海总商会主委的俞佐庭和著名实业家乐振葆都是李家将其从学徒提拔上来委以重任的。但即使是亲友,李家也往往让他们从底层做起，所谓吃得苦中苦，方为人上人，这使李家子弟中较少败家子现象。这些不成文的规定有力地保障了李家家族事业的兴旺发达。

（二）重视接班人的培养

据资料记载，李家第二代李梅塘虽没能继承父业，但李也亭特地为儿子挑选了一位好媳妇——张氏（1843—1918）。她堪称巾帼英雄，酬接周全，乐善好施，为乡人所敬重，且有着不凡的见识。张氏十分重视教育，曾出资10万银两办学。她说："兵家、法家，言皆不足，宜学、农、工、商、矿、理、化、医诸科，可利国济人。"在其影响下，不仅包括李氏三兄弟在内的七个子侄奋发有为，均有所成，其子孙辈更是走出国门，学习科学文化知识。随后，李氏家人纷纷迁居上海，大展宏图。

可见，重视文化教育，提高家族成员素质，是家族事业兴旺发达的基本保障。

第二节 包玉刚家族企业的传承

一、包玉刚及其家族

包玉刚（1918—1991），名起然，浙江宁波人，世界上拥有10亿美元以上资产的12位华人富豪之一，世人公推的华人世界船王。1978年，包玉刚的海上王国达到了顶峰，稳坐世界十大船王的第一把交椅，香港十大财团之一，创立了"环球航运集团"。他是第一个进入英资汇丰银行的华人董事，1976年，他被英国女王封为爵士。他热情支持祖国建设，除捐献巨资为家乡兴建兆龙学校、中兴中学、宁波大学外，还建造北京兆龙饭店、上海交通大学包兆龙图书馆，设立包兆龙、包玉刚留学生奖学金等等。

包玉刚出生于宁波一个小商人家庭。父亲包兆龙是一个商人，常年在汉口经商。13岁那年，父亲送他到上海求学，这期间因抗战爆发，他辗转到了重庆，做到重庆矿业银行经理的职位。以后，他又回到上海，担任上海市立银行的业务部经理。1949年初，包玉刚与父亲一起携着数十万元的积蓄，由上海到香港共闯天下，1955年创设环球有限公司，1970年改为环球航运集团股份有限公司，1972年创设环球国际金融有限公司。20世纪80年代，包玉刚减船登陆，以其豪气十足的海派作风，打了两场漂亮的收购战，一举夺得九龙仓和会德丰两家老牌英资机构，创造了收购史上一时无二的神话。

包玉刚与黄秀英育有四个女儿（见图7-2）：大女儿包陪庆：夫婿苏海文，奥地利人，法学博士，长期供职于汇丰银行和港英政府立法局，任香港和百慕大环球航运集团主席，1986年后继任环球航运集团主席。二女儿包陪容：夫婿吴光正，上海人，财务硕士学位，先就职于美国大通银行，后回港主持九龙大通银行业务，系包氏集团陆上王国的继任人，掌管九龙仓和会德丰等七间上市公司。三女包陪丽：夫婿渡伸一郎，日本人，获博士学位后供职于一家日本驻港公司，后负责包氏集团在日本的业务。四女包陪慧：夫婿郑维健（后离异），医学博士，曾任美国康乃尔大学医学教授，专攻癌症治疗，1987年听从包玉刚的劝说回港出任环球投资公司的董事经理。

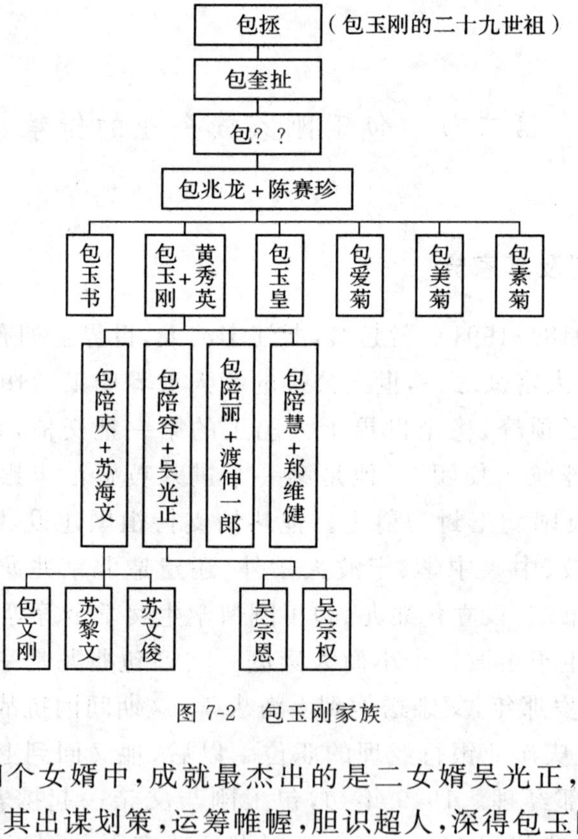

图7-2 包玉刚家族

包玉刚的四个女婿中，成就最杰出的是二女婿吴光正，在包玉刚的两次收购大战中为其出谋划策，运筹帷幄，胆识超人，深得包玉刚的喜爱。

对于女儿们的安排，包玉刚积极主张女儿参与到夫婿的业务中。四个女儿名义上为其夫婿主管集团公司的"非执行董事"，是没有权力的，但是她们要出席公司的每一次董事会议。

二、包氏之分家

早在1985年之前，包玉刚就开始部署退路，最后作出这样的安排：把包氏财产并入5个信托基金，各自划入太太和四个女儿的名下，即一人一个基金，每个基金是独立的。按照这个安排，大女儿和夫婿苏海文掌管他们名下的船队业务；二女儿和夫婿吴光正掌管他们名下的九龙仓；三女婿渡伸一郎负责一间日本风格的综合贸易公司，该公司是1987年包玉刚从隆丰国际及九龙仓控股的东京保险及贸易公司私有化的；四女婿郑维健则主理包氏家庭的投资基金。

包玉刚于1989年宣布退休，1991年9月23日病逝于香港寓所。实际上，包氏家族的海上事业由大女儿及女婿苏海文继续掌舵，而陆上王国也是包氏集团最重要的部分则由二女儿及女婿吴光正继承。

苏海文接替船王包玉刚担任环球航运集团主席后，使企业在航运事业最低潮时期取得盈利，还使其保持着油运业内世界第一的声誉。为增强中国内地液化天然气运输业务，2003年5月又斥资110亿港元控股挪威航运业巨头本格森集团，据此成为目前世界上总吨位最大的航运公司。

2004年公布的福布斯富豪榜，吴光正家族以780亿排名全球第356位，全港第6位。

三、包氏分家之启示

第一，尽早部署接班计划，以备顺利交接。早在1985年之前，包玉刚即开始部署接班计划，提早使接班人得以锻炼，进而对接班人的个人能力与特长早有掌握。这一点可谓是包氏集团接力棒成功交接的最重要因素。

第二，挑选接班人关键注重个人能力。四个女婿中吴光正的经营能力最强，颇具战略眼光，在包氏的两次收购战中表现突出，为其出谋划策，深得包玉刚的赏识，最终获得了包玉刚最看中的陆上王国的掌舵权。

第三，接班人的相关工作经验与创始人的共同兴趣爱好也成为得到交班人垂青的筹码。吴光正是上海人，且具有上海银行业工作的背景，这两点与包玉刚的经历颇相似，因此两人十分投缘，相信这也是吴深受包玉刚喜爱的一个重要原因。

第四，对继承人自身职业规划的忽视。四女婿郑维健曾是美国医学界著名的癌症专家，后听从包玉刚的规劝，加入包氏家族企业。这对包玉刚本人来说无疑是一件欣慰的事，而从郑维健个人的角度考虑，放弃自己热爱而且已颇有建树的事业对他本人、对医学界而言，很难说是一种正确的选择。

第五，继承人分别统辖不同的领域，避免家族内的竞争。包玉刚收购隆丰国际集团后，将所有的航运业务从其旗下分离出来，归并到亚洲航业。这不仅是一种归并相同业务的集团战略作为，同时也为日后的“分家”打好基础。

第三节　宁波培罗成的传承

一、史利英与培罗成

一个身材瘦小的农家女，20年前用1000元人民币，带领19个姐妹们，铸造出了今天赫赫有名的宁波培罗成集团。培罗成西服已成为中国名牌，并且连续十多年被评为浙江省著名商标和浙江名牌，连续数年被国家有关部委授予中国消费者信得过产品，企业被评为浙江省非公有制经济双文明企业、浙江省三星企业。史利英也屡获浙江省三八红旗手、十佳民营企业家、宁波市优秀共产党员、劳动模范和杰出创业女性等荣誉。

1984年2月，时为村妇女主任已经41岁的史利英女士，为了把妇女工作搞好，下决心要办工厂。作为一个女同志，她想到只有办服装加工厂才合适，于是根据当时的条件，率领19个姐妹，用1000元钱，开办了培罗成集团的前身——宁波鄞县江陆村劳保厂，主要加工手套、套袖、围裙等简单产品，利润十分微薄。1985年，史利英获悉上海西服特级大师，被人称做“裁缝状元”的红帮代表人物陆成法在宁波指导成立西服厂的消息，并了解到陆成法竟是家乡人后，用诚心打动陆成法，与上海纺织局合资创办宁波鄞县培罗成西服厂，聘请陆成法为技术厂长，为上海培罗蒙西服厂做加工。其后，在1987年以培罗成西服厂为核心成立了宁波培罗成制衣公司，在此期间，培罗成形成了以西服生产为核心业务并逐渐发展了自有品牌，1994

年更名为宁波培罗成制衣有限公司。1995年,宁波培罗成集团有限公司宣告成立,截至2008年年底,净资产达7.8亿元,员工4500余人,专业人员400多人。公司引进了德、日、意等国最先进的整套服装生产流水线,业已形成年产男西服250万套件的生产能力,2008年实现销售收入超16亿元。

二、接班人在传承中前进

1992年,史利英的小儿子陆宏国从日本回国,理所当然地加入自家企业。

1993年,史利英的大儿子陆信国从日本回国,怀揣名古屋爱知大学企管学士证书。是时,海归的企管专家在国内炙手可热,前途一片光明。陆信国想在别的企业寻求机会或者单干,似乎并不屑接管培罗成的小摊子。但母亲意志坚决:"创业难守业更难,有本事你就让培罗成做名牌,把牌子打向世界!"

愿意被激将的陆信国决定进入培罗成。1994年,他被派到培罗成的杭州办事处,从最基础的营销开始做起。也就是从那个时候起,他和培罗成一起开始了二次创业。当时的办事处其实只是杭州庆春路(现在庆春立交桥下的花坛)一间8平方米的小房子,里面只能容下一张桌子和一张双层钢丝床,其他空间都塞满了西服。因为当时还没有专卖店销售的形式,产品要进入市场,必须打开百货商场这道门。于是,陆信国天天泡在杭州的商场服装部,即使别人不理他,他也坐在一边看商场进货的定位、价格、质量等,然后把这些情况向总部汇报,丝毫没有董事长公子的架子。当一次次改进和创新积累到一定程度时,杭州百货大楼终于答应给培罗成一个衣架进行试销售。虽然那衣架只能挂二十来套服装,但陆信国充满信心:这是一种质的突破,它表明培罗成已开始走精品服装之路了。让陆信国自豪不已的是,一年不到的时间,公司的商品已经打入了杭州许多大商场。这一年,他27岁。对此,《青年时报》描述说,这种"宁波帮"惯有的"四千"精神,在民企二代的海归陆信国身上同样并不逊色。

1995年,中国某些行业的商务活动已经逐渐兴起,兄弟俩看到了企业发展的方向:既然这是一个商务化社会,既然诚信的商业原则已成为培罗成的品牌形象,培罗成为什么不生产商务服饰即职业装呢?职业装体现白领的风度和个性,为什么不尝试用量体裁衣式的生产方式来取代成衣销售呢?也正是从那年起,培罗成零星做起了"一对一"量体裁衣式职业装,每一件衣服都由专业人员上门对衣主进行测量。

同年，一个很好的机会出现，中国远洋集团正在招标员工职业装生产厂家。“我去北京投标！”当时陆信国没有任何内部消息，只拿了个皮包就匆匆上路。没有对自己的品牌夸夸其谈，陆信国以样衣的精工细作来发言。他谦虚中肯的态度为培罗成的投标带来好运，也给用户极大的信任感。1996年1月，8万套西服、2500万元的订单成为培罗成建厂以来最大的订单。

如今，培罗成产品已先后荣获中国名牌、国家免检产品、中国消费者信得过产品等称号。培罗成集团同时也跻身于中国民企500强的行列，其品牌以近26亿元的价值名列中国500个最具价值品牌榜。

三、传承的思考

（一）换代的长远安排猜想

1992年、1993年陆宏国、陆信国兄弟分别从日本归国进入母亲史利英创办的培罗成公司。

9年后的2001年，从一线开始做起的兄弟俩子承母业，哥哥陆信国出任培罗成集团公司董事长、总裁，弟弟陆宏国出任培罗成集团公司总经理。

2008年，培罗成集团销售超过16亿元，成为横跨服装、印刷、电子、投资和国际贸易等多个产业的大型现代化集团企业，拥有中国驰名商标、中国名牌、国家免检产品和中国服装企业双百强称号。

培罗成集团在宁波市区拥有多处大型物业及商业房产，在宁波市商业中心天一广场商圈有一座1万余平方米的商业大厦——培罗成大楼。集团下辖宁波保税区培罗成实业有限公司、宁波培罗成投资发展有限公司、宁波卓洋印务有限公司、宁波培罗成服饰有限公司、中外合资宁波金利成制衣有限公司、宁波卓洋航空票务有限公司。宁波培罗成投资发展有限公司还是鄞州银行（国内第一家农村信用社转为股份制银行）的大股东之一。宁波卓洋印务有限公司总投资8500万元，专业从事各种数码彩色及各类票据印刷，已成功与各家保险公司、银行、海关、邮政、航空公司建立了良好的合作关系。培罗成实施多产业发展战略，这是培罗成企业二度创业的重大举措。

陆信国对培罗成今后的发展作了整体、长远的战略规划：立足中国市场，面向国际，努力创立国际品牌。目前，国际贸易的海外市场已经占到培罗成集团业务的三分之一。

子承母业，兄长任董事长、弟弟任总经理，龙兄虎弟无间合作十多年，这种家族传承是为经典。然而我们发现，培罗成集团多元化发展被其视作二度创业的重大举措，其众多子公司除主业保留培罗成品牌外，其他多数命名为“卓洋”，且规模宏大。我们在此猜想，家族二代企业家成长后，这是否是给同样能力出众的兄弟俩的制度性安排？

（二）对接班人的精心培养

史利英在1989年先后送两个儿子赴日本留学，1992年、1993年在陆宏国、陆信国兄弟俩回国时用激将法将其留在自己企业里，但并不赋予大权，而是直接送到一线当普通员工，如陆信国就被用为销售员，独自开拓杭州市场。

9年后的2001年，史利英才退居二线，陆信国任集团董事长，陆宏国任总经理。学识经验的累积与母亲的言传身教，让兄弟俩具备接班能力；共同的留学经历和创业经历，使兄弟俩合作默契。2007年，培罗成多元化战略初见成效：位于中西部的九江制造基地顺利落成，旗下的“卓洋”系印刷、电子、投资和国际贸易公司迅速成长。

第四节 传承博弈的思考

一、家族企业接班人的选择——差序有别

中国是一个宗族观念浓重的国家。中国传统的王位世袭制便是家族企业“子承父业”的最初蓝本。始于西周时期的周公创立了嫡长子继承制，便为历代君王效仿。嫡长子继承制既延续了家的血脉，也符合儒家所宣扬的孝悌思想，并在中国文化中有着根深蒂固的影响。

正如费孝通先生所说，中国社会是一种以自己为中心，以血缘为纽带，层层外推的同心圆波纹，称为“差序格局”。据此推论，在家族企业里最中心的便是直系亲属，信任感最强，最易托付，而血缘关系越推向外圈，则信任感越弱。因此，家族企业一般都由某个家族牢牢控制，因为他们认为只

有自己家族的人才会最珍惜自己创下的基业，进而在企业传承的接班人选择上也遵循了“差序有别”的规律，这可以从以下三环图示（图 7-3）中发现这一序列。

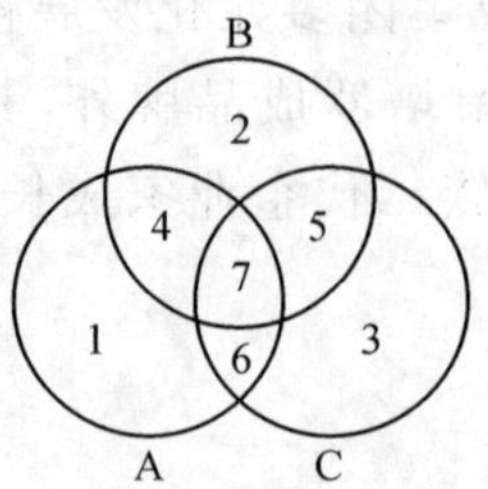

圆A：家族 圆B：企业 圆C：社会
1—仅为家族人
2—仅为企业人
3—仅为社会人
4—在企业工作的家族成员
5—从社会上招聘的在家族企业中工作的人
6—在社会上其他地方工作的家族成员
7—在社会其他地方、家族企业中都工作过的家族成员

图 7-3 接班人来源交叉图

实践证明，家族企业在选择接班人时是按照图示中 7654321 的顺序思路来甄别适宜的接班人。宁波小港李家的家族企业二代传承，印证了这一点。

这给我们以启发：结合“宁波帮”重乡谊的特点，基于接班人选择“差序有别”的思路，面对当今职业经理人市场尚不成熟的现实，在本家族内又无适宜的加班人时，计划传承的“宁波帮”家族企业在选择接班人方面可考虑同乡的优秀职业经理人。如此认为的缘由：一是宁波历来不乏优秀人才，尤其经营人才，这可重在本家族企业内挖掘和培育；二是具有相近的文化认同，更易达成一致的目标，使企业顺利传承。当然，这种思考也有弊端：一是限制了宁波以外优秀人才的进入；二是“宁波帮”文化束缚了优秀经营人才的选择，因为优秀的经营人才更喜欢自己做老板，而非职业经理人。

二、家族企业接班人的培养——文化传承

家族企业顺利交接班的前提是对接班人的精心培养。李也亭在企业对侄子李听涛十多年的言传身教；包玉刚与其女婿吴光正在拓展企业上的默契；史利英自让两个儿子进企业到向他们交班，用了约 9 年时间完成；宁波方太的创始人茅理翔先生更是提出培养接班人需要“带三年，帮三年，看三年”。可见，接班人的培养并非一蹴而就，而是需要一个身传言教、锻炼成长的过程。这一过程实质上是交班人与接班人之间对经营企业文化认同的过程，而这种共同感知、共同感悟的培养绝非短时期可以形成。

那么，这种文化认同又如何体现呢？在此，我们以宁波方太厨具有限

公司的顺畅传承为例谈谈我们的浅见。

宁波方太集团是茅氏家族二次创业的产物。1986 年,茅理翔走南闯北,寻找项目,进行第一次创业;1995 年,茅理翔进行第二次创业,时已获得上海交通大学硕士学位的儿子茅忠群放弃去美国攻读博士学位,回到慈溪与父母一起创业。如今,方太总资产超过 16 亿元,2009 年销售收入突破 18 亿元(含税),上缴税收超过 1.9 亿元。2008 年,方太品牌价值达 42.61 亿元人民币,连续多年蝉联"中国 500 最具价值品牌"行业第一。截至 2010 年,公司拥有员工 7500 多人,其中在慈溪的员工 2000 多人,分布在全国各地的市场营销人员 5500 多人。茅氏家族掌控方太集团几乎全部股权,茅理翔是董事长,茅忠群是集团总裁。茅氏家族的顺畅交接班以及二次创业的迅猛发展,呈现出以下特点。

(一)父子共同的战略思维和战略眼光

方太的战略管理突出体现为中高档厨具产品的专业化定位,它包括"行业定位——专业化,市场定位——中高档,质量定位——出精品",而这是建立在明确的中高档厨具专业化目标定位基础之上的。对此,茅理翔毫不含糊地说,方太"不做'大蛋糕',要做'金刚钻'"。方太首先是在"专"字上做足文章,通过专心和专注,使"专业"成为广大消费者能明确感知的仅方太所有的专属特质,依靠消费者对方太产生的专业认同而建立区隔。而且,方太更把专业化战略定位提升为"厨房专家"的品牌战略。对此,茅忠群说,方太要沿着"专家路线"走下去,"厨房专家"是"精"。茅理翔说,要打磨一个"精"字,产品要精,技术要精,管理要精,质量要精,成本要精。在与世界强手的竞争中,要磨炼好自己的基本功,就必须在"精"字上动脑筋、花工夫,增强核心竞争力。

方太集团的专业化战略定位以及进而提升的"厨房专家"的品牌战略定位,从父子俩的"说"上可见"如出一辙"的相通。

(二)父子共同打造企业文化理念

自 1995 年父子俩共同创业始,即在企业经营理念和授权之间的续接关系上逐步达成共识:一是理念包含的原则接替制度所包含的原则而起控制作用;二是理念的融合特性使它具有超越于制度和规则的包容性,允许有不同的思想、观点和意见等;三是理念所包含的原则和价值观起统一、协调的作用，协调个人、部门和单位的观点、意见和行动，使企业朝着统一的方向和目标发展。

方太正是在授让所有权和控制权条件不成熟的情况下，通过重视和加强企业理念和文化建设，实现了控制权续接和相应的管理制度对接。父子俩把广义的企业文化都概括和提炼为理念，即企业文化理念，这是方太的突出特色和优势。这在茅理翔先生所著的《飞翔岁月》、《管理千千结》和《家业长青》三本书中可见一斑。茅忠群与记者的“方太论剑”也是由头至尾地论“剑道”，讲理念，而其中的第六部分“利润背后的灵魂”，更是专门讲企业文化理念的。

我们从中可以得出之所以如此的原因：不仅因为企业在创业和发展的初期需要以企业理念和文化来弥补制度的欠缺与不足，而且它也是当今时代的特性及要求。以企业理念和文化超越制度的限制和缺陷，更是交接班过程中父子俩产生共同感知和感悟的基础。

（三）父子共同构建企业“信任结构”

茅理翔在创建慈溪无线电九厂时即与时任副厂长的太太约法三章：她的兄弟姐妹、亲戚，以及自己的兄弟姐妹、亲戚都不能进入这个企业，尤其不能担任干部或有实权的岗位。可见，茅氏家族成员的亲情关系是基于和超越血缘和姻缘的，是一种有着共同事业心、责任感和理想信念的亲情关系。这种“企业至上”的价值取向和任人唯贤的原则，也构成了赢得企业员工和外来经理人信任的重要因素；由此所形成和包含的“信任结构”也超越了特殊主义而向普遍的信任关系扩展，同时突破“差序格局”而提高信任水平。可以说，父子俩的顺畅交接班，正是基于这种茅氏家族的企业价值观而完成的。

茅氏家族的企业价值观，一方面是反映“顾客第一，信誉为基，服务是宝”的方太哲学以及“成为一家充满活力、令人向往和受人尊敬的世界一流企业”的方太宗旨等；另一方面是集中体现为“人品、企品、产品三品合一”的方太核心价值观。因为核心价值观是一种持久性的承诺，而且更因为方太核心价值观是由“人品、企品、产品”担保和兑现的承诺，因此也能够赢得顾客、员工和社会的实际信任。茅忠群说：“承诺是银，践诺是金。”茅理翔认为：赢得员工忠诚，贵在企业的诚心；只有真正把员工当做企业最宝贵的资源，把员工的事情当做自己的事情，为员工考虑得更多、更好、更周全，以心换心,并有切实可行的举措,员工才有可能尽职尽责,忠诚到底。

(四)父子共同塑造品牌文化

茅理翔在其专著中提到,企业理念和文化是一个不断继承和发展的过程。在飞翔(第一次创业时的企业名称)这样一个重视文化的企业里,理念和文化建设的最初源头就熠熠生光,顽强拼搏的“地摊精神”是其精髓的集中体现。从飞翔文化到方太文化的转型,是在继承和发展过去优良传统的基础上,创新文化。这就是继承党建和思想工作、“宁波帮”文化等的优良传统,着力塑造“人品、企品、产品三品合一”的方太核心价值观和“让家的感觉更好”的状态理念及企业形象,形成和发展完整的企业文化理念体系。

茅忠群说:“企业文化的‘种子’应该是从企业成立那天起就天然存在的,其成长和发展需要高水平的管理者来培养、引导。”正是飞翔公司的“地摊精神”转变和发展为方太集团的“敬业、协作、学习、创新精神”。

茅忠群在承继其父亲重视思想工作和文化建设之理念的基础上,更重视和突出目标定位、战略决策、基础管理和制度建设等理念。同时,茅理翔注重平和,茅忠群更强调卓越,父子俩彼此丰富与互补。方太已经基本形成了一个统一的包含方太哲学、方太宗旨和方太精神,以及方太逻辑理念、状态理念和方式理念等,围绕核心价值观,具有长期的先进性和灵活的适应性的能长期持续的理念体系,即在父子俩交接班过程中塑造的方太的品牌文化。

也正是基于上述的父子同构方太企业文化的精髓与内涵,方太的成功交接班才得以顺利实现。

参考文献

[1]宁波市政协文史委."宁波帮"研究.北京:中国文史出版社,2004.

[2]宁波市政协文史委.包玉刚与宁波开发开放.北京:中国文史出版社,2008.

[3]宁波市政协文史委.三北虞洽卿.北京:中国文史出版社,2008.

[4]宁波市政协文史委."宁波帮"在天津.北京:中国文史出版社,2006.

[5]宁波市政协文史和学习委,政协北仑区委员会.宁波小港李氏家庭.北京:中国文史出版社,2007.

[6]戴光中.浙江籍港台巨商.北京:中国社会科学出版社,2008.

[7]金普森,孙善根."宁波帮"大辞典.宁波:宁波出版社,2001.

[8]凿空使者.大商帮.郑州:中原出版传媒集团,中原农民出版社,2008.

[9]乐承耀,等."宁波帮"经营理念研究.宁波:宁波出版社,2004.

[10]楼百均,等.民营企业成长与治理机制创新.杭州:浙江大学出版社,2009.

[11]吕洪霞.中国家族企业制度创新研究.杭州:浙江大学出版社,2007.

[12]戴光中.江北儒商.北京:作家出版社,2009.

[13]林树建,林昱.宁波商帮.合肥:黄山书社,2007.

[14]包陪庆.我的爸爸包玉刚.杭州:浙江大学出版社,2010.

[15]戴光中.张敏玉传.北京:台海出版社,2005.

[16]宁波市地方志编纂委员会.宁波市志.宁波:宁波出版社,2005.

[17]乐承耀.宁波近代史纲(1840—1919).宁波:宁波出版社,1999.

[18]李坚.上海的宁波人研究.华东师范大学博士学位论文,1999.
[19]干春松.制度化儒家的解体.中国社会科学院研究生院博士学位论文,2001.
[20]应华根,魏玉祺.新"宁波帮".北京:中国经济出版社,2009.
[21]荆娴,姚光辉.铸造企业之魂——宁波企业的文化引领.杭州:浙江大学出版社,2009.
[22]周耀烈,姚光辉.寻找企业源泉——宁波企业技术创新案例.杭州:浙江大学出版社,2009.
[23]周耀烈,姚光辉.锻造江湖威名——宁波企业品牌发展策略.杭州:浙江大学出版社,2009.
[24]姚光辉,冯洪江,闫国庆.寻找进化标杆——宁波企业的经营法则.杭州:浙江大学出版社,2009.
[25]陈训正,等.民国鄞县通志.铅印本,1951.
[26]俞福海.宁波市志.北京:中华书局,1996.
[27]俞福海.宁波市志外编.北京:中华书局,1998.
[28]贺师三.宁波金融志.北京:中华书局,1996.
[29]张守广.超越传统——"宁波帮"的近代化历程.重庆:西南师范大学出版社,2002.
[30]"宁波帮"企业家的崛起.杭州:浙江人民出版社,1989.
[31]浙江籍资本家的兴起.杭州:浙江人民出版社,1986.
[32]虞和平.商会与中国早期现代化.上海:上海人民出版社,1993.
[33][美]克林·盖尔西克,等.家族企业的繁衍——家族企业的生命周期.北京:经济日报出版社,1998.
[34][美]科斯·斯诺.财产权利与制度变迁.上海:上海三联出版社,1994.
[35][美]V.奥斯特罗斯.制度变迁与发展的反思.北京:商务印书馆,1992.
[36][美]詹姆斯·C.柯林斯,杰里·I.波勒斯.基业长青.北京:中信出版社,2002.
[37][美]兰德尔·S.卡洛克,约翰·L.沃德.家族企业战略计划.北京:中信出版社,2002.
[38]谢俊美.西方开埠宁波的历史回顾和"宁波帮"的形成.华东师范大学学报(哲学社会科学版),2005(1):8—13.
[39]冯筱才.乡亲、利润与网络:宁波商人与同乡组织(1911—1949).中国

经济史研究,2003(2):63—73.
[40]辛太甲,侯杰,李钊.中国传统商业文化的现代转型.南方论坛,2009(1):73—85.
[41]陈国方,王红军."'宁波帮'精神"传承创新的实践探索.三江论坛,2009(3):36—38.
[42]孙善根.百年辉煌——"宁波帮"的形成与发展.宁波通讯,2009(4):54—55.
[43]鲍素萍.近代"宁波帮"的企业家精神.宁波党校学报,2006(2):83—87.
[44]张跃,孙善根.论"宁波帮"精神——"宁波帮"精神的一种历史诠释.宁波职业技术学院学报,2008(8):45—49.
[45]孙善根.民初宁波慈善事业的实态及其转型(1912—1937).浙江大学博士学位论文,2005.
[46]王遂今."宁波帮""开山鼻祖"严信厚.人物志,2004:35—37.
[47]顾海兵,余翔,稽俊杰."宁波帮"的发展及宁波人文特点研究.宁波职业技术学院学报,2008(1):40—44.
[48]金普森."宁波帮"的文化特征.建筑与文化,2008(5):37—39.
[49]孙善根."宁波帮"商业精神文化的若干分析.宁波大学学报(人文科学版),第九卷(4):9—14.
[50]乐承耀."宁波帮"研究八十年历史回顾(之二).宁波职业技术学院学报,2005(6):26—30.
[51]戴光中."宁波帮"与海洋文化.宁波大学学报(人文科学版),2007(9):31—34.
[52]桂心仪.宁波商帮的文化摇篮.浙江经济高等专科学院学报,第11卷:46—48.
[53]俞位增.宁波商帮精神与现代商帮人才培养.商场现代化,2007(8):342—344.
[54]孙善根,鲍展斌.宁波商帮崛起的传统文化因素.上海交通大学学报(社会科学版),2002(1):108—112.
[55]王洪君,牛国良.家族企业成长中的制度转型.资源与产业,2009(6):131—134.
[56]沈雨梧.论海外"宁波帮"企业家素质.浙江师范大学学报(社会科学

版),1996(3):45—49.

[57]张可葱.从世界船王到香港特首——董建华家族.家族企业,2006(6):74—75.

[58]郑春宇.分家制度对家族企业继任机制的影响研究.浙江大学硕士学位论文,2005.

[59]黄梓棋.家族企业传承问题研究.暨南大学硕士学位论文,2008.

[60]陈厥祥.包氏家族与“宁波帮”精神.宁波大学学报(人文科学版),2003(12):50—53.

[61]Upton and Petty. Venture Capital Investment and US Family Business. *Venture Capital*,2000,2(1):27-39.

[62]Jim Grote. Confliting Generations:A New Theory of Family Business Rivalry. *Family Business Review*,2003,16(2):113-124.

[63]Robert H. Brockhaus. Family Succession:Suggestions for Future Research. *Family Business Review*,2004,17(2):165-177.

[64]P. Sharma. An Overview of the Field of Family Business Studies:Current Status and Directions for the Future. *Family Business Review*,2004,17(1):1-36.

[65]B. Bird,H. Welsch,J. H. Astrachan & D. Pistrui. Family Business Research:The Evolution of an Academic Field . *Family Business Review*,2002,15(4):337-348.

[66]J. J. Chrisman,J. H. Chua & L. Steier. Editorial:An Introduction to Theories of Family Business . *Journal of Business Venturing*,2003,18(4):441-448.

图书在版编目（CIP）数据

"宁波帮"家族企业制度创新研究 / 吕洪霞著. —杭州：浙江大学出版社，2011.7

ISBN 978-7-308-08836-7

Ⅰ. ①宁… Ⅱ. ①吕… Ⅲ. ①家族—私营企业—企业管理制度—制度建设—研究—宁波市 Ⅳ. ①F279.245

中国版本图书馆 CIP 数据核字（2011）第 127889 号

"宁波帮"家族企业制度创新研究

吕洪霞 著

责任编辑 吴伟伟 weiweiwu@zju.edu.cn
封面设计 十木米
出版发行 浙江大学出版社
（杭州市天目山路 148 号 邮政编码 310007）
（网址：http://www.zjupress.com）
排　　版 杭州中大图文设计有限公司
印　　刷 杭州日报报业集团盛元印务有限公司
开　　本 710mm×1000mm 1/16
印　　张 17.25
字　　数 291 千
版 印 次 2011 年 10 月第 1 版 2011 年 10 月第 1 次印刷
书　　号 ISBN 978-7-308-08836-7
定　　价 39.00 元
